普通高等教育“十三五”规划教材

审计学实训

SHENJIXUE SHIXUN

主编 沈 航 朱纪红 伍赛君

中南大學出版社 www.csupress.com.cn 长沙

前　言

《审计学实训》是依据财政部新的会计准则、审计准则以及内部控制准则而编写的，力求在内容上体现审计改革的新要求。本教材精心设计了 7 大模块，每个模块都设有实训目的、实训要求、实训内容等。通过对上述模块内容的训练，学生能够根据每个模块的实际资料，运用审计的理论知识和方法，独立完成一项企业财务审计任务，进而培养其观察问题、发现问题、解决问题的能力，同时也能提高其判断能力、表达能力和沟通能力，有利于培养高层次的应用型人才。

本教材的特色体现在以下几个方面：

1. 与时俱进。本教材按照新修订的中国注册会计师审计准则编写，整体框架充分体现风险导向审计模式；被审计单位的会计资料完全按照新的企业会计准则进行设计，同时根据新的增值税税率进行了修订。

2. 身临其境。本教材创设了仿真的审计执业氛围，模拟会计师事务所财务报表审计执业全过程，使学生进入逼真的审计情境，在较短的时间和有限的空间内，掌握审计的基本方法，以训练审计技能，熟悉审计流程，形成审计思维，锻炼审计职业判断能力，并加深对审计基本理论的理解。

3. 可操作性。本教材精心设计被审计单位的交易业务，精心设计审计情形与参考数据，便于参与实训的学生了解被审计单位的业务全貌，同时增强实训的可操作性。

本教材由湖南工学院沈航、朱纪红、伍赛君老师担任主编，学生谢咏春、胡明煌、蒋雅倩、梅亚玲、谢琳提出了很多合理性建议。尽管我们在教材建设方面做出了许多努力，但由于会计准则、制度及有关法律法规仍处于适时调整状态，且随着市场经济的不断发展，还会产生一些新的情况和新的问题，再加上编者的水平有限，所以不足之处在所难免，恳请各相关高等院校师生和读者在使用本教材的过程中给予理解和关注，并将意见及时反馈给我们，以便下次修订时做进一步完善和修改。

目　录

实训一

审计业务约定书的签订

一、实训目的

(1)了解承接审计业务的流程及应当注意的事项;

(2)熟悉审计业务约定书的概念、作用、内容;

(3)掌握审计业务约定书的性质及审计业务约定书的格式与编写的具体要求，培养学生的沟通能力。

二、理论知识点

(一)审计业务约定书的含义

审计业务约定书是指会计师事务所与被审计单位签订的，用以记录和确认审计业务的委托与受托关系、审计目标和范围、双方的责任以及报告的格式等事项的书面协议。

(二)签订审计业务约定书之前应做的工作

(1)明确审计业务的性质和范围;

(2)初步了解被审计单位的基本情况;

(3)会计师事务所评价其会计师的专业胜任能力;

(4)商定审计收费;

(5)明确被审计单位应协助的工作;

(6)就审计业务约定条款达成一致意见。

《中国注册会计师审计准则第 1111 号——就审计业务约定条款达成一致意见》(会协〔2009〕83 号)指出，注册会计师应当就审计业务约定条款与管理层或治理层(如适用)达成一致意见。注册会计师应当将达成一致意见的审计业务约定条款记录于审计业务约定书或其他适当形式的书面协议中。

(三)审计业务约定书的内容

1. 审计业务约定书的基本内容

(1)财务报表审计的目标与范围;

(2)注册会计师的责任;

(3)管理层的责任;

(4)用于编制财务报表所适用的财务报告编制基础;

(5)注册会计师拟出具的审计报告的预期形式和内容,以及对在特定情况下出具的审计报告可能不同于预期形式的内容和说明。

2. 审计业务约定书的特殊考虑

一是特定需要。如果情况需要,注册会计师应当考虑在审计业务约定书中列明下列内容:

(1)详细说明审计工作的范围,包括适用的法律法规、审计准则以及注册会计师协会发布的职业道德守则和其他公告;

(2)对审计业务结果的其他沟通形式;

(3)说明由于审计和内部控制的固有限制,即使审计工作按照审计准则的规定得到恰当的计划和执行,仍不可避免地存在某些重大错报未被发现的风险;

(4)计划和执行审计工作的安排,包括审计项目组的构成;

(5)管理层确认将提供书面声明;

(6)管理层同意告知注册会计师在审计报告日至财务报表报出日之间注意到的可能影响财务报表的事实;

(7)管理层同意向注册会计师及时提供财务报表草稿和其他所有附带信息,以使注册会计师能够按照预定的时间表完成审计工作;

(8)收费的计算基础和收费的安排;

(9)管理层确认收到审计业务约定书并同意其中的条款;

(10)在某些方面对利用其他注册会计师和专家工作的安排;

(11)对审计涉及的内部审计人员和被审计单位其他员工工作的安排;

(12)在首次审计的情况下,与前任注册会计师(如存在)沟通的安排;

(13)说明对注册会计师责任可能存在的限制;

(14)注册会计师与被审计单位之间需要达成进一步协议的事项;

(15)向其他机构或人员提供审计工作底稿的义务。

二是集团审计。如果负责集团财务报表审计的注册会计师同时负责组成部分财务报表审计,注册会计师应当考虑下列因素,决定是否与各个组成部分单独签订审计业务约定书:

(1)组成部分注册会计师的委托人;

(2)是否对组成部分单独出具审计报告;

(3)法律法规的规定;

(4)母公司、总公司或总部占组成部分的所有权份额;

(5)组成部分管理层的独立程度。

三是连续审计。注册会计师可以与被审计单位签订长期审计业务约定书,但如果出现下列情况，应当考虑重新签订审计业务约定书：

(1)有迹象表明被审计单位误解审计目标和范围；

(2)需要修改约定条款或增加特别条款；

(3)高级管理人员、董事会或所有权结构近期发生变动；

(4)被审计单位业务的性质或规模发生重大变化；

(5)法律法规的规定；

(6)管理层编制财务报表采用的会计准则和相关会计制度发生变化。

四是审计业务的变更。在完成审计业务前，如果被审计单位要求注册会计师将审计业务变更为保证程度较低的鉴证业务或相关服务，注册会计师应当考虑变更业务的适当性。下列原因可能导致被审计单位要求变更业务：

(1)情况变化对审计服务的需求产生影响；

(2)对原来要求的审计业务的性质存在误解；

(3)审计范围存在限制。

如果没有合理的理由，注册会计师不应当同意变更业务。如果不同意变更业务，被审计单位又不允许继续执行原审计业务，注册会计师应当解除业务约定，并考虑是否有义务向被审计单位董事会或股东大会等说明解除业务约定的理由。

三、实训内容

实训内容一　承接业务委托前的工作

(一)实训所需条件

本实训所需资料如下：

衡阳新世纪股份有限公司主营百货文化用品、五金交电器材、油墨及印刷器材、家具、食品、针纺织品、日用杂货、烟酒等，自2002年上市以来，业务迅速扩张，股价也不断攀升。2016年和2017年的财务报表及其前任注册会计师的审计报告显示，公司2016年和2017年分别实现主营业务收入34.82亿元和70.46亿元，同比增长152.69%和102.35%，同时，总资产也分别增长了178.25%和60.43%，但总资产利润率从2016年开始出现明显的下降，由2016年的2%下降到2017年的0.69%，远远低于商贸类上市公司的平均水平(3.7%)。

2017年公司利润总额中的40%为投资收益，这些投资收益系衡阳新世纪股份有限公司利用银行承兑汇票(承兑期长达3～6个月)进行账款结算，从回笼货款到支付货款之间有3个月的时间差，把这笔巨额资金委托华南证券进行短期套利所得。自2002年以来，衡阳新世纪股份有限公司已经4次更换了会计师事务所。

(二)实训要求

1. 在承接衡阳新世纪股份有限公司业务委托前，如何进行初步了解和评估？

分析：

在承接衡阳新世纪股份有限公司业务委托前，注册会计师应当初步了解和评估以下因素，以决定是否承接业务，并初步了解和评估审计风险。

(1)注册会计师可控因素。①专业知识和人员配备：事务所的员工是否具备或能够获取必要的专业知识，是否可以按照执业准则及时完成审计业务。②独立性：事务所是否独立于客户，能否提供无偏见的结论。

(2)注册会计师必须加以评估的因素。①诚信：公司管理层的诚信是否足以让事务所有理由相信管理层不会有意进行重大欺诈或作出违法行为。②声誉和形象：公司的声誉是否良好，事务所接受其作为客户是否会给事务所带来损失或麻烦。③会计实务：公司是否积极遵守会计准则，其财务报表是否能全面、公允地反映公司的财务状况、经营成果和现金流量。④财务状况：公司是否存在极差的业绩或其他负面因素导致其近期内面临停业的危险。⑤盈利情况：接受并完成这项审计业务约定是否能给事务所带来合理的利润。

2. 请讨论在承接客户业务委托时，注册会计师应当关注的履约风险及其原因。

分析：

在承接客户业务委托时，注册会计师应当关注的履约风险及其原因是：

(1)被起诉。如果事务所因为客户破产、存在舞弊或者违法行为被起诉，那么即便打赢了这场官司也极有可能遭受损失。因为在很多情况下，事务所虽然胜诉了，但它因诉讼而花费的成本会比承接该审计业务所取得的收入要大。

(2)职业名誉的损失。如果事务所与一个声名狼藉的客户合作，事务所很可能失去一些潜在的名誉较好的客户，因为这些客户通常会认为与声名败坏的公司有联系的事务所很可能有不诚信嫌疑。

(3)缺乏盈利性。在审计业务完成时，事务所可能会发现它所获得的收入尚不足以弥补服务成本，而客户也不愿意再多掏钱。事实上，除非存在一个很好的继续业务合作的理由，否则事务所不会承接没有盈利的业务。

3. 如果事务所承接衡阳新世纪股份有限公司 2018 年财务报表的审计工作，请综合考虑注册会计师应当关注的风险。

分析：

(1)经营风险。衡阳新世纪股份有限公司自 2002 年上市以来，业务迅速扩张，股价也不断攀升。2016 年和 2017 年的财务报表及其前任注册会计师的审计报告显示，公司 2016 年和 2017 年分别实现主营业务收入 34.82 亿元和 70.46 亿元，同比增长 152.69% 和 102.35%，同时，总资产也分别增长了 178.25% 和 60.43%。但总资产利润率从 2016 年开始出现明显的下降，由 2016 年的 2% 下降到 2017 年的 0.69%，远远低于商贸类上市公司的平均水平(3.7%)。而且 2017 年公司利润总额中的 40% 为投资收益，这些投资收益系衡阳新世纪股份有限公司利用银行承兑汇票(承兑期长达 3～6 个月)进行账款结算，从回笼货款到支付货款之间有 3 个月的时间差，把这笔巨额资金委托给华南证券进行短期套利所得。这说明衡阳新世纪股份有限公司 2017 年的经营出现了问题，正常经营下滑，依靠投资收益才能有些利润，但投资收益的取得风险很大。

(2)事务所更换风险。由于衡阳新世纪股份有限公司经营每况愈下，自 2002 年以来，衡阳新世纪股份有限公司已经 4 次更换了会计师事务所。

4. 如果征得衡阳新世纪股份有限公司的同意，注册会计师与前任注册会计师联系时，应当如何沟通？

分析：

征得衡阳新世纪股份有限公司的同意，注册会计师与前任注册会计师联系时，应当从以下几个方面与前任注册会计师沟通：

(1)更换注册会计师的原因；

(2)前任注册会计师与管理层发生冲突的性质；

(3)重要风险领域的确定；

(4)在欺诈、违法行为和内部控制等方面与客户交流的情况；

(5)获取前一年度审计的工作底稿。

(三)实训组织方法及步骤

将上课班级学生划分几组，每组 3 ~5 人，组成模拟审计小组，逐一讨论上述问题，形成结论。

(四)实训考核方法

按每组学生完成实训要求的情况打分。

实训内容二　承接业务委托应考虑的事项

(一)实训所需条件

本实训所需资料如下：

2017 年 2 月 3 日，宏光会计师事务所的注册会计师张凡接到好朋友强子的电话，说他弟弟叶华开办了专门收购和买卖古董字画的新华有限责任公司，2016 年的财务报告拟委托会计师事务所审计，正在寻找合适的会计师事务所。强子希望张凡能够承接对新华有限责任公司财务报告的审计。张凡听了之后觉得，一方面受好朋友强子所托，另一方面也是开拓一个新客户的机会，于是非常爽快地答应了，并于 2017 年 2 月 6 日由其带领审计小组亲自到新华有限责任公司实施审计。

新华有限责任公司属于私营企业，自开业 5 年来，业务发展很好，但是从没接受过注册会计师的审计。注册会计师张凡是宏光会计师事务所的出资人之一，其业务专长是对工业企业尤其是对国有工业企业进行财务报告审计。

(二)实训要求

1. 请结合本实训讨论注册会计师承接业务应当考虑的因素。

分析：

注册会计师承接业务应当考虑的因素主要有两个方面：

一是事务所及其注册会计师的独立性及专业胜任能力。由于宏光会计师事务所张凡与新华有限责任公司管理层存在关联关系，且注册会计师张凡的业务专长是对工业企业尤其是国有工业企业进行财务报告审计，如果张凡作为该业务的项目负责人，其独立性和专业胜任能力是存在问题的。

二是被审计单位的诚信、声誉和形象、会计实务、财务状况和盈利情况。新华有限责任公司属于私营企业，自开业5年来业务发展良好，但从没有接受过注册会计师审计，且其业务属于收购和买卖古董字画的特殊行业，这些特殊性要求应当体现在所委派的注册会计师应关注会计实务特殊风险方面。

2. 请指出本实训中承接业务存在的不适当地方。

分析：

本案例中委派张凡作为新华有限责任公司的项目负责人不适当，其原因是宏光会计师事务所注册会计师张凡与新华有限责任公司管理层存在关联关系，且注册会计师张凡的业务专长是对工业企业尤其是国有工业企业进行财务报告审计，如果让张凡作为该业务的项目负责人，其独立性和专业胜任能力是存在问题的。

3. 请给宏光会计师事务所如何承接业务（包括承接业务的质量控制、签订业务约定书等）提出建议。

分析：

（1）在综合考虑了注册会计师独立性和专业胜任能力的基础上，建议张凡应当实施回避，委派能够胜任收购和买卖古董字画的特殊业务审计的注册会计师承担该审计业务。

（2）了解和评价对于收购和买卖古董字画的特殊业务审计的风险，必要时聘请专家一起工作。

（3）在签订审计业务约定书时，需要与被审计单位沟通，对审计时间、利用其他专家工作以及被审计单位提供的相关资料等方面进行详细约定，以保证审计工作的顺利进行。

4. 如果宏光会计师事务所决定承接业务，应当如何评估利用专家的工作？

分析：

在利用专家工作时，注册会计师应当获取充分、适当的审计证据，以确保专家的工作可以满足审计的需要。注册会计师应当实施以下程序，以获取专家工作能够满足审计需要的充分、适当的审计证据。

（1）在确定是否利用专家工作时，应考虑专家工作涉及项目的性质、复杂程度和重大错报风险，是否可获取其他审计证据以支持审计结论，以及项目组成员是否具有相关的知识和经验。

（2）在计划利用专家工作时，对专家的专业胜任能力和客观性进行评价，并考虑专家的工作范围是否可以满足审计的需要。

（3）在将专家的工作结果作为审计证据时，应评价专家工作的适当性。

（三）实训组织方法及步骤

将上课班级学生划分几组，每组3~5人，组成模拟审计小组，逐一讨论上述问题，形成结论。

（四）实训考核方法

按每组学生完成实训要求的情况打分。

实训内容三　签订审计业务约定书

(一)实训所需条件

本实训所需资料如下：

1. 被审计单位的营业执照

企业法人营业执照

（副本）

注册号 2301021056580

名称 衡阳新世纪股份有限公司

住所 衡阳市珠晖区黄海西四路 199 号

法人代表 王刚

注册资本 人民币陆佰伍拾万元整

企业类型 股份有限公司

经营范围 销售 A、B 商品

营业期限 自二〇一〇年一月六日至

二〇三〇年一月五日

成立日期 二〇一〇年一月六日

说明

1.《企业法人营业执照》是企业取得企业法人资格和合法经营的凭证。

2.《企业法人营业执照》分正本和副本，正本和副本具有同等法律效力。营业执照正本应放在企业法人住所醒目的位置。企业法人应根据业务需要，向登记机关申请领取若干副本。

3. 营业执照不得伪造、涂改、出租、出借、转让。除登记机关外，其他任何单位和个人均不能扣留、收缴和吊销。

4. 企业法人应在核准登记的经营范围内从事经营活动。

5. 企业法人登记经营事项发生变化时，应向原登记机关申请变更登记。

6. 每年一月一日至四月三十日，登记机关对企业法人进行年度检验。

7. 企业注销登记时，应交回营业执照正、副本。营业执照被登记机关吊销后即自行失效。

企业法人年检情况

证照编号 23000001021680009

企业标识 230000001026680058

执照有效期 2010 年 1 月 6 日至 2030 年 1 月 5 日

登记机关

二〇一〇年一月六日

2. 验资报告

验资报告

衡阳新世纪股份有限公司全体股东：

我们接受委托，审验了贵公司截至2016年12月31日申请设立登记的注册资本实收情况。按照国家相关法律、法规的规定和协议、章程的要求出资，提供真实、合法、完整的验资资料，保护资产的安全完整是全体股东及贵公司的责任。我们的责任是对贵公司新增注册资本及实收资本（股本）的情况发表审验意见。我们的审验是依据《中国注册会计师审计准则第1602号——验资》进行的。在审验过程中，我们结合贵公司的实际情况，实施了检查等必要的审验程序。

根据公司章程的规定，贵公司申请登记的注册资本为人民币650万元，由全体股东于2016年12月31日之前缴足。经我们审验，截至2016年12月31日，贵公司已收到全体股东缴纳的注册资本合计人民币650万元，其中货币出资650万元。

本验资报告仅供贵公司申请设立登记及据以向全体股东签发出资证明时使用，不应将其视为是对贵公司验资报告日后资本保全、偿债能力和持续经营能力等的保证。因使用不当所造成的后果，与执行本验资业务的注册会计师及会计师事务所无关。

附件：

1. 注册资本实收情况明细表；
2. 验资事项说明；
3. 出资单位净资产额验证证明；
4. 银行进账单、银行询证函；
5. 验资证明表。

衡阳宏光会计师事务所有限公司

中国注册会计师：

中国注册会计师
冯巩

中国注册会计师
方文凤

报告日期：2016年12月31日

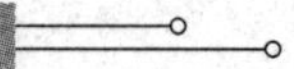

3. 公司内部组织机构及人员分布

衡阳新世纪股份有限公司现有员工22人，内部组织机构及人员分布情况如图1-1所示。

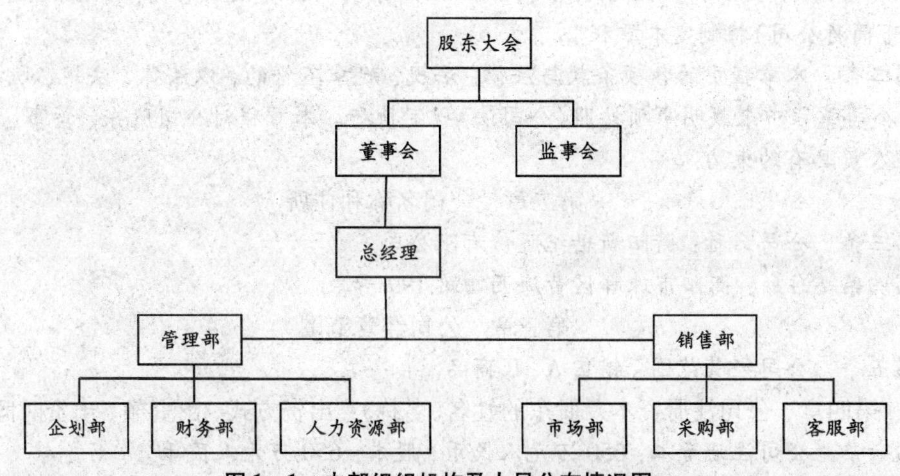

图1-1　内部组织机构及人员分布情况图

公司主要部门负责人

董事长：王刚

监事：张勇

总经理：刘华强

企划部部长：李静

人力资源部部长：李宗伟

市场部部长：田华

采购部部长：王杰

客服部部长：王丽

财务部部长：刘俪

财务部主要人员

会计主管：钱庄

会计：赵丽

会计：陈红

出纳：张平

复核：孙佳

4. 衡阳新世纪股份有限公司章程

衡阳新世纪股份有限公司章程

第一章　总则

第一条　依据《中华人民共和国公司法》(以下简称《公司法》)和《中华人民共和国公司登记管理条例》有关法律、法规的规定，由三名股东共同出资设立的衡阳新世纪股份有限公司(以下简称公司)特制定本章程。

第二条　本章程中的各项条款与法律、法规、规章不符的，以法律、法规、规章的规定为准；公司章程中未载明事项按照《公司法》规定执行。本章程对公司股东、董事、监事、高级管理人员具有约束力。

第二章　公司名称和住所

第三条　公司名称：衡阳新世纪股份有限公司。

第四条　住所：衡阳市珠晖区黄海西四路199号。

第三章　公司经营范围

第五条　公司经营范围：销售A、B商品。

第四章　公司注册资本及股东的姓名(名称)、出资方式、出资额、出资时间

第六条　公司注册资本：650万元人民币，股本：650万元人民币。

公司增加或减少注册资本，必须经代表三分之二以上表决权的股东通过并作出决议。公司减少注册资本，应当自作出减少注册资本决议之日起十日内通知债权人，并在三十日内在报纸上公告。公司减资后的注册资本不得低于法定的最低限额。

公司增加或减少注册资本，应当依法向公司登记机关办理变更登记。

第七条　股东的姓名(名称)、认缴及实缴的出资额、出资时间、出资方式如下：

1. 股东王刚，出资额为400万元人民币，占总资本的61.5%。出资时间：2010年12月6日。

2. 股东刘华强，出资额为150万元人民币，占总资本的23.1%。出资时间：2010年12月8日。

3. 股东李敏，出资额为100万元人民币，占总资本的15.4%。出资时间：2010年12月16日。

第八条　股东应当按期足额缴纳公司章程中规定的各自所认缴的出资额。股东以货币出资的，应当将货币出资足额存入公司在银行开设的账户；以非货币资产出资的，应当依法办理其财产权的转移手续。

股东不按照前款规定缴纳认缴的出资，应当向足额缴纳出资的股东承担违约责任。

第九条　本公司成立后，应当向股东签发出资证明书。出资证明书应当载明下列事项：

(一) 公司名称；

(二) 公司成立日期；

(三) 公司注册资本；

(四) 股东的姓名或者名称、缴纳的出资额和出资日期；

（五）出资证明书的编号和核发日期；

（六）出资证明书由公司盖章。

第五章　公司的机构及其产生办法、职权、议事规则

第十条 股东大会由全体股东组成，是公司的权力机构，行使下列职权：

（一）决定公司的经营方针和投资计划；

（二）选举和更换非由职工代表担任的董事、监事，决定有关董事、监事的报酬事项；

（三）审议批准董事会的报告；

（四）审议批准监事会的报告；

（五）审议批准公司的年度财务预算方案、决算方案；

（六）审议批准公司的利润分配方案和弥补亏损的方案；

（七）对公司增加或者减少注册资本作出决议；

（八）对发行公司债券作出决议；

（九）对公司合并、分立、解散、清算或者变更公司形式作出决议；

（十）修改公司章程。

第十一条　股东大会的首次会议由出资最多的股东召集和主持。

第十二条　股东大会由股东按照出资比例行使表决权。

第十二条　股东大会分为定期会议和临时会议。

召开股东大会，应当于会议召开二十日之前通知全体股东。定期会议定时召开。代表十分之一以上表决权的股东、董事会、监事会提议召开临时会议的，应当召开临时会议。

第十四条　股东大会由董事长召集和主持；董事长不能履行职务或者不履行职务的，由半数以上董事共同推举一名董事主持；董事会不能履行或者不履行召集股东大会职责的，由监事会召集和主持；监事会不召集和主持的，持有十分之一以上股份的股东可以自行召集和主持。

第十五条　股东大会会议作出修改公司章程、增加或者减少注册资本的决议，以及公司合并、分立、解散或者变更公司形式的决议，必须经出席会议的股东所持表决权的三分之二以上通过。

第十六条　公司设董事会，其成员五人，非职工代表董事由股东大会选举产生。董事任期每届为三年，任期届满可连选连任。

第十七条　董事会行使下列职权：

（一）负责召集股东大会，并向股东大会报告工作；

（二）执行股东大会的决议；

（三）审定公司的经营计划和投资方案；

（四）制定公司的年度财务预算方案、决算方案；

（五）制定公司的利润分配方案和弥补亏损方案；

（六）制定公司增加或者减少注册资本以及发行公司债券的方案；

（七）制定公司合并、分立、变更公司形式、解散的方案；

（八）决定公司内部管理机构的设置；

（九）决定聘任或者解聘公司总经理及其报酬事项，并根据总经理的提名决定聘任或者解聘公司副总经理、财务负责人及其报酬事项；

（十）制定公司的基本管理制度。

第十八条　公司设总经理，由董事会决定聘任或者解聘。总经理对董事会负责，行使下列职权：

（一）主持公司的生产经营管理工作，组织实施股东大会决议；

（二）组织实施公司年度经营计划和投资方案；

（三）制定公司内部管理机构设置方案；

（四）制定公司的基本管理制度；

（五）制定公司的具体规章；

（六）提请聘任或者解聘公司副总经理、财务负责人。

第十九条　公司设监事会，其成员三人，其中包括一名职工代表，非职工代表监事由股东大会选举产生。监事的任期每届为三年，任期届满可连选连任。监事可以列席股东大会。

第二十条　监事会行使下列职权：

（一）检查公司财务；

（二）对董事、高级管理人员执行公司职务的行为进行监督，对违反法律、行政法规、公司章程或者股东大会决议的董事、高级管理人员提出罢免的建议；

（三）当董事、高级管理人员的行为损害公司的利益时，要求董事、高级管理人员予以纠正；

（四）提议召开临时股东大会会议，在董事会不履行本章程规定的召集和主持股东大会职责时，召集和主持股东大会；

（五）向股东大会提出提案；

（六）依照《公司法》第一百五十二条的规定，对董事、高级管理人员提起诉讼。

第二十一条　监事行使职权所必需的费用，由公司承担。

第六章　公司财务、会计

第二十二条　公司应当依照法律、行政法规和国务院财政主管部门的规定建立本公司的财务、会计制度。

公司应当在每一会计年度终了时编制财务会计报告，并依法经会计师事务所审计。财务会计报告应当包括下列财务会计报表及其附属明细表以及财务情况说明书：

（一）资产负债表；

（二）利润表；

（三）股东权益变动表；

（四）利润分配表；

（五）现金流量表；

（六）财务情况说明书。

公司应当在每一会计年度终了后三十日内将财务会计报告送交各股东。

公司分别按照职工工资总额2%和1.5%的比例提取工会经费和职工教育经费。

公司分配当年税后利润时，应当提取利润的10%列入公司法定公积金。公司法定公积金累计额达到公司注册资本的50%以上的，可不再提取。公司的法定公积金足以弥补上一年度公司亏损的，在依照前款规定提取法定公积金后，经股东大会决议，可以提取任意公积金。公司弥补亏损和提取公积金后剩余的利润，按照股东的出资比例分配。

股东大会或者董事会违反前款规定，在公司弥补亏损和提取法定公积金之前向股东分配利润的，必须将违反规定分配的利润退还给公司。

公司的公积金用于弥补公司的亏损，扩大公司生产经营规模或者转为增加公司资本。法定公积金转为资本时，所留存的该项公积金不得少于转增前公司注册资本的25%。

公司除法定的会计账册外，不得另立会计账册。对公司资产，不得以任何个人名义开立账户存储。

第七章　公司的法定代表人

第二十三条　董事长为公司的法定代表人，任期三年，由股东大会选举产生，任期届满可连选连任。

第八章　股东大会会议认为需要规定的其他事项

第二十四条　股东持有的股份可以依法转让。

第二十五条　公司的营业期限十年，自公司营业执照签发之日起计算。

第九章　附则

第二十六条　公司登记事项以公司登记机关核定的为准。

第二十七条　本章程一式两份，并报公司登记机关一份。

全体股东亲笔签字、盖章：王刚　刘华强　李敏

5. 衡阳新世纪股份有限公司财务管理制度

衡阳新世纪股份有限公司财务管理制度

第一章　总则

一、为了保障公司资产的安全、完整，保护投资者的合法权益，规范公司财务行为，有利于公司的发展，加强财务管理，根据《中华人民共和国会计法》(以下简称《会计法》)、《企业财务通则》，结合本公司的实际情况，制定本制度。

二、公司财务管理的基本任务和方法是，做好各项财务收支的计划、控制、监督、分析和考核工作，依法合理筹集资金，有效利用公司各项资产，努力提高经济效益。

三、公司应当认真执行国家各项法律、法规，建立健全财务管理制度，加强财产物资的管理和资金运用全过程的监控，严格内部牵制制度，防止弊端。

四、公司应当加强财务管理基础工作。生产经营活动中的产量、质量、工时、设备利用，存货的消耗、收发、领退、转移以及各项财产物资的毁损等，都应当及时做好完整的原始记录。公司各项财产物资的进出消耗，都应当做到手续齐全、计量准确，定期或者不定期地进行资产清查。

第二章　财务管理的结构体系和职责权限

五、本公司财会人员必须持证上岗，遵守国家有关法规、公司各项规章制度，认真履行职责，如实反映和严格监督各项经济业务。出纳等重要岗位必须由具有衡阳市常住户口的人员担任。公司财务人员有权拒绝承办不合法、不真实和损害投资者利益的经济业务，必要时可直接向上级财务主管部门反映。

六、公司财务应接受财政、税务、审计机关的监督，定期、及时、准确地上报财务报表和财务分析资料。

第三章　资金管理

七、本制度所称资金管理包括：

1. 资本金筹集；

2. 现金及现金等价物管理；

3. 结算资金(应收款项)管理。

八、资金管理应遵循的原则包括：

1. 取之合法，使用合规；

2. 开源节流，讲求效益；

3. 内部牵制，防范风险；

4. 管理有序，责任到人。

九、资金筹集

1. 公司倡导多方式、多渠道筹集资金，包括：吸收现金、非现金投资，长期、短期借款，发行股票、债券等；

2. 资本金的增加、减少，应按法律程序经批准和会计师事务所验资确认，不得弄虚作假；

3. 借款应根据经可行性论证的项目和经营需要，有可靠的投资回报和还款来源并讲求资金成本。

十、现金及现金等价物管理

1. 内部牵制

(1) 货币资金实行账款分管，印鉴分管；

(2) 出纳不行兼任稽核、会计档案保管和收入、支出、费用、债权债务账目的登记工作；

(3) 出纳与本公司主要领导人或财务负责人有亲属关系的应实行回避原则。

2. 财经纪律

(1) 现金的提取、保管、使用应遵守国家的《现金管理条例》，不得坐支现金；

(2) 银行账号的设立、使用应遵守国家的《银行结算办法》、《银行账户管理办法》，严禁设立账外账或公款私存，一经发现，严肃追查并追究责任；

(3) 出纳必须凭经审核、编号、手续齐全的记账凭证办理收付款业务，不得“先斩后奏”或以借条、白条原始凭证冲抵库存；

(4) 外汇的收入、使用应符合国家外汇管理的各项法规、政策。

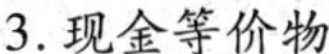

3. 现金等价物

短期投资的购入或证券账号的开设必须遵守证券管理有关法律、法规，并按企业内部职责、权限、程序批准后办理，严禁私自炒作。

十一、结算资金管理

1. 应收款项管理应遵循以下原则：

(1) 入账有据，处理合规；

(2) 跟踪管理，掌握动态；

(3) 清理及时，回款迅速；

(4) 节约资金，力戒损失；

(5) 职责明确，失误必究。

2. 债权的成立应符合以下条件：

(1) 各类业务发生应收账款应符合确认销售成立的有关条款；

(2) 应收股利、应收利息应符合有关投资项目的规定和文件；

(3) 暂借和垫付款项应按内部规定经批准，附件和手续齐全。

3. 跟踪管理和清理回款。

实行"源头负责制"，谁经办的业务，发生的款项，谁负责到底，并纳入业绩考核。

4. 债务重组事项应按程序，经批准后执行，并预测分析可能发生的重组损益。

第四章　投资管理

十二、本公司对全资、控股、联营企业以现金、实物和无形资产进行投资，兼并、收购其他企业的股权，购入一年内不予出售的股票以及其他有价证券(包括国债、金融债、企业债券等)均构成公司的长期投资。

十三、对外投资的计价方法，应以投资时支付的价款或者评估确定的金额计价，即按成本法计价。公司对外投资需取得中国注册会计师出具的验资报告，分清占股比例、投资总额等并妥善保管所涉及的原始凭证。对公司溢价或折价购入的长期债券，其溢价或折价差额，应采用直线法在债券存续期内分期摊销。对短期投资或者长期债券的转让，应严格审批手续，正确计算损益。中期或年度终了，应对长期投资逐项检查，如果由于市价持续下跌，或被投资单位经营状况恶化等原因，导致其可收回金额低于账面价值，并且此项降低的差额在可预计的未来期间内不可能恢复，应按此差额计提长期投资跌价准备。

十四、公司根据拥有被投资单位股权比例分别采用成本法、权益法进行核算，企业对外投资股权在20%以下(不含20%)的采用成本法，股权在20%~50%的采用权益法，股权在50%以上(不含50%)的应采用成本法并编制合并财务报表。

十五、本公司对外投资实行风险抵押制。项目负责人应按照投资额或承包方式，依一定比例向本公司缴纳风险抵押金。项目投资按期收回或完成利润上缴计划的，逐步退还风险抵押金并按同期银行存款利率支付利息；到期未收回投资或未完成利润上缴计划的，由本公司财务部按比例扣减风险抵押金。

十六、本公司对投资项目实行专人跟踪管理，财务部门应做好项目投资成本与收益的核算。凡是本公司投资的项目，都要建立项目投资档案，按照投资对象反映和记录自该项目资金投入之日起的投资成本(包括应计利息和有关费用)和投资回报(实现上缴利润)，并对每个项目的投资回报率进行定期与不定期考核。

第五章 财产物资管理

十七、企业应建立健全财产物资管理制度，对非货币性资产的购置、建造、增加、出售、耗用、减少、盘存、计价、管理作出规定，规范操作。

十八、财产物资管理应遵循的原则：

1. 全员管理：物资管理是企业各部门、有关人员共同的任务；

2. 全过程监控：从采购、出售到收、发、存动态监控；

3. 综合管理与分级归口管理相结合；

4. 遵守内部牵制制度，涉及采购、验收、保管、使用环节的业务，实行物、款、账三分管原则，不得由同一人单独完成；

5. 实行资金管理、物资管理业务工作相结合，管物的部门和人员，必须对相应的采购成本、资金占用等负责。

十九、物资增加管理应遵循的原则：

1. 企业应建立物资询价制度，掌握市场价格信息，货比三家，主要生产物资应有定点供应单位；

2. 采购、盘盈及接受投资、捐赠或债务重组的物资应按规定计价；

3. 物资应按归口管理坚持质量检验，核实数量，凭证验收；

4. 固定资产的购置，应符合企业投资业务管理的要求；

5. 禁止使用部门自行采购物资，必要时可以先经批准并办理入库手续。

二十、物资减少管理应遵循的原则：

1. 不论什么原因发出和减少物资都必须按规定办理手续，严禁以购代耗或以便条、借条发货和冲抵库存；

2. 存货减少应按企业会计政策进行计价；

3. 处置、转让固定资产应按内部管理权限经批准办理；

4. 商品销售应加强合同管理，落实货款回笼的保障程序，对赊销业务应慎重，并需了解客户资信程度和信誉；

5. 盘亏、报损物资应按规定权限经批准，并分别情况由保险公司、责任人赔偿后按净损失处理；

6. 经营耗用物资应符合公司计划指标管理、费用指标管理规定，并使用凭证办理手续，产品报废应由质检人员确认；

7. 贵重物资出库应按规定的权限实行双签。

二十一、物资保管和盘存应遵守下列规定：

1. 仓库保管人员对库房实物数量完整、质量完好、账务记录正确、手续完备、库房整洁安全及资金定额负责；

2. 有关业务人员对经营的分销网点、代销点、展品、陈列品安全完好负责；

3. 各类存货根据不同情况分别采用永续盘存制或实地盘存制，每月自行盘点，年度中期组织抽查，年末全面清查，并在部门自查的基础上进行复查，符合率低于规定指标的应扩大抽查面；

4. 各部门涉及物资保管、使用业务的人员离岗时，应先办妥交接手续，并按规定退还使用或借用的物资。

二十二、其他事项规定：

1. 年度中期和年末对符合规定条件的物资应计提存货跌价准备；

2. 按公司确定的会计政策正确计提固定资产折旧。

第六章　计划和预算

二十三、为确保公司年度经营发展目标的实现，做到心中有数，应编制年度分季度财务计划，通过组织实施、过程控制、分析考核，确保预定经济效益目标的实现。

二十四、编制的依据：

1. 根据本公司年度“战略决策指导委员会”的专家决策会议制定的发展方向、投资规划、经营目标、效益指标，在财务计划中体现和落实；

2. 根据市场调查反馈信息，对计划及时进行检查修订、调整；

3. 根据上一年度计制执行情况的分析判断，发现管理中存在的问题，在本年计划中防止和纠正。

二十五、编制的原则：

1. 真实、积极、可靠、适当留有余地，保障公司资产及资本增值；

2. 计划的严肃性与灵活性相结合，在保障年度总目标实现的前提下，在进度安排、项目构成等方面允许有变动、调整；

3. 强调计划的科学性，计划数据应建立在充分的、可靠的市场信息以及运用适当的数学模型进行科学预测、判断的基础上。

二十六、财务计划的主要内容：

1. 销售收入、利润计划；

2. 物资供应保障计划；

3. 资金筹集方式、规模及投资收益计划；

4. 产品、工程、资金成本计划及费用预算；

5. 投资方式及支出计划；

6. 现全流量计划；

7. 利润分配及税收缴纳计划；

8. 其他收入、支出计划。

二十七、综合平衡的主要指标：

1. 利润总额、净利润；

2. 净资产增长率；

3. 资产负债率；

4. 速动比率；

5. 净资产利润率。

二十八、公司应建立、健全分析考核制度、分析考核标准以及业绩与工资福利挂钩的奖惩条例。

二十九、考核的主要内容和指标：

1. 对公司及其负责人主要考核净利润、现金流量净增加额、速动比率和净资产利润率、净资产增长率；

2. 对部门考核其所分管业务的指标，如资金定额、存货周转率、费用计划、采购成本、货款回收(应收账款周转率)、筹资成本、投资报酬率等；

3. 对个人考核其所分管业务的工作质量和指标完成情况；

4. 对于难以量化的工作，应建立总结、汇报、讲评制度，撰写述职报告和登记业绩登记簿。

第七章　内部稽核

三十、为加强财务管理，确保财产安全、资本增值和经营业绩真实，信息数据正确，根据有关法规拟定内部稽核制度。

三十一、企业应建立内部稽核制度，设置稽核部门、人员或岗位，明确职责、权限、业务范围、职业纪律、工作程序和对相关部门的要求，确保顺利开展工作。

三十二、内部稽核的职责：

1. 以各项财经法律、法规为准绳，对公司筹资、投资、经营活动中的经济事项的合法性进行核查；

2. 对公司的各项制度、内部政策、办法的合规性进行核查；

3. 对公司计划、预算、会计记录、会计凭证的真实性进行核查；

4. 对公司财产物资的采购、管理、使用、安全、效益进行核查；

5. 对公司内部牵制的完善性和执行情况进行核查；

6. 对公司分析、考核、业绩评价的公正性进行核查；

7. 对外勤单位业务人员进行督导、抽查、考核；

8. 对特殊案件进行调查、审议、核实。

三十三、财务部应相应设置财务稽核人员或岗位，按《内部稽核制度》和《会计基础工作规范》要求进行财务稽核。

1. 对会计各岗位处理的原始凭证、记账凭证，账簿启用、结转，以及财务报告进行核查；

2. 对计划、预算及其执行情况进行核查；

3. 对银行及证券保证金账号开设的管理、账款清理、税收缴纳进行核查；

4. 对财产物资出入库凭证及账实相符等情况进行稽核；

5. 对重要票证管理情况进行核查；

6. 其他必要的内容。

第八章　附则

三十四、附则

下属企业应根据本制度规定并结合具体情况拟定具体的实施细则，报本公司备案。

本制度由公司财务部负责解释和修订。

本制度自下发之日起生效。

6. 其他资料

(1)客户的风险级别评定为中等;

(2)审计收费 40 000 元，预计成本 30 000 元;

(3)约定书签署之日起 10 日内支付 50% 的审计费用;

(4)决定接受委托，并要求企业在 2017 年 3 月 1 日之前提供审计所需的全部资料;

(5)对 2016 年度的财务报告进行审计并出具审计报告;

(6)2017 年 3 月 10 日前出具审计报告。

(二) 实训要求

(1)请结合上述资料将下列审计工作底稿(表 1-1、表 1-2)以及审计业务约定书填写完整。

(2)总结审计业务约定书组成要素。

(三) 实训组织方法及步骤

将上课班级学生划分几组，每组 3~5 人，组成模拟审计小组。

(四) 实训考核方法

按每组学生完成实训要求的情况打分。

表 1-1　初步业务活动程序表

被审计单位: 项目: 编制: 日期:	索引号: 财务报表截止日期/期间: 复核: 日期:

初步业务活动目标:

确定是否接受业务委托。如接受业务委托，确保在计划审计工作时达到下列要求: (1)注册会计师已具备执行业务所需要的独立性和专业胜任能力; (2)不存在因管理层诚信问题而影响注册会计师承接或保持该项业务意愿的情况; (3)与被审计单位不存在对业务约定条款的误解。

初步业务活动程序	索引号	执行人
1. 如果首次接受审计委托，实施下列程序: (1)与被审计单位面谈，讨论下列事项: ①审计的目标; ②审计报告的用途; ③管理层对财务报表的责任; ④审计范围; ⑤执行审计工作的安排，包括出具审计报告的时间要求; ⑥审计报告格式和对审计结果的其他沟通形式;		

续表 1－1

⑦管理层提供必要的工作条件和协助； ⑧注册会计师不受限制地接触任何与审计有关的记录、文件和其他信息； ⑨利用被审计单位专家和内部审计人员的程度(必要时)； ⑩审计收费。 (2)初步了解被审计单位及其环境，并予以记录。 (3)征得被审计单位书面同意后，与前任注册会计师进行沟通。		
2. 如果是连续审计，实施下列程序： (1)了解审计的目标、审计报告的用途、审计范围和时间安排等。 (2)查阅以前年度审计工作底稿，重点关注非标准审计报告涉及的说明事项、管理建议书的具体内容、重大事项概要等。 (3)初步了解被审计单位及其环境发生的重大变化，并予以记录。 (4)考虑是否需要修改业务约定条款，以及是否需要提醒被审计单位注意现有的业务约定条款。		
3. 评价是否具备执行该项审计业务所需要的独立性和专业胜任能力。		
4. 完成业务承接评价表或业务保持评价表。	B11	
5. 签订审计业务约定书(适用于首次承接业务委托，以及连续审计中修改审计有业务约定条款的情况)。	B11	

表 1－2　业务承接评价表

被审计单位名称： 项目： 编制： 日期：	索引号： 财务报表截止日期/期间： 复核： 日期：

1. 客户法定名称(中/英文)：

2. 客户地址：

电话：　　传真：

电子信箱：　　网址：

联系人：

3. 客户性质(国有/外商投资/民营/其他)：

4. 客户所属行业、业务性质与主要业务：

---

5. 最初接触途径(详细说明)：

(1)本所职工引荐

(2)外部人员引荐

(3)其他(详细说明)

6. 客户要求我们提供审计服务的目的以及出具审计报告的日期：

7. 治理层及管理层关键人员(姓名与职位)

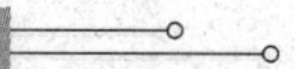

续表 1-2

姓名	职位

8. 主要财务人员(姓名与职位)

姓名	职位

9. 根据对客户及其环境的了解，记录下列事项：

客户的诚信

信息来源：向本会计师事务所上年度审计项目负责人询问得知，治理层、管理层行为正直，会计人员作风诚实。

考虑因素：客户主营业务复杂性较低；主要管理人员对财务工作较为重视，对审计收费可以接受，未发现可能涉及违法犯罪迹象，高层管理人员较为稳定。

经营风险

信息来源：向高层管理人员询问，从相关数据库中搜索客户的背景信息。

考虑因素：管理层经营风格较为稳健，经营商品市场供求稳定，近年相关国家政策未发生重大变化。

财务状况

信息来源：近两年财务报表。

考虑因素：销售利润率相对较高，现金流可以满足日常经营需要，贷款无延期清偿现象，资本金充足，未使用衍生金融工具，近年来未发生异常重大交易，未发生对持续经营能力产生怀疑的事项。

客户的风险级别(高/中/低)：

10. 根据本所目前的情况，考虑下列事项：

项目组的时间和资源

考虑因素：

①根据本所目前的人力资源情况，拥有足够的具有必要素质和专业胜任能力的人员组建项目组。

②能够在提交报告的最后期限内完成业务。

项目组的专业胜任能力

考虑因素：项目组关键人员熟悉相关行业和业务对象，具有执行类似业务的经验，具有必要的技能和相关的知识。

独立性

续表 1－2

考虑因素：本所或项目组成员不存在经济利益对独立性的损害。	
自我评价	
考虑因素：本所或项目组成员不存在经济利益对独立性的损害。	
关联关系	
考虑因素：本所或项目组成员不存在关联关系对独立性的损害。	
外界压力	
考虑因素：本所或项目组成员不存在外界压力对独立性的损害。	
预计收取的费用及可收回比率	
预计审计收费： 预计成本：	
项目负责合伙人：赵广 基于上述方面，我们(接受或不接受)此项业务。 签名： 日期：	风险管理负责人：(必要时) 基于上述方面，我们(接受或不接受)此项业务。 签名： 日期：
最终结论： 签名：日期：________	

索引号：B12

审计业务约定书

甲方：________公司

乙方：________会计师事务所

兹有甲方委托乙方对________度财务报表进行审计，经双方协商，达成以下约定：

一、业务范围与审计目标

1. 乙方接受甲方委托，对甲方按照企业会计准则编制的________年____月____日的资产负债表，________年度的利润表、股东权益变动表和现金流量表以及财务报表附注(以下统称财务报表)进行审计。

2. 乙方通过执行审计工作，对财务报表的下列方面发表审计意见：

(1)财务报表是否按照企业会计准则的规定编制；

(2)财务报表是否在所有重大方面公允反映甲方的财务状况、经营成果和现金流量。

二、甲方的责任与义务

(一)甲方的责任

1. 根据《中华人民共和国会计法》及《企业财务会计报告条例》，甲方及甲方负责人有责

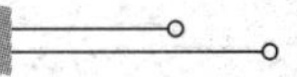

任保证会计资料的真实性和完整性。因此，甲方管理层有责任妥善保管和提供会计记录(包括但不限于会计凭证、会计账簿及其他会计资料)，这些记录必须真实、完整地反映甲方的财务状况、经营成果和现金流量。

2. 按照企业会计准则的规定编制财务报表是甲方管理层的责任。这种责任包括：

(1)设计、实施和维护与财务报表编制相关的内部控制制度，以使财务报表不存在由于舞弊或错误而导致的重大错报；

(2)选择和运用恰当的会计政策；

(3)作出合理的会计估计。

(二)甲方的义务

1. 及时为乙方的审计工作提供所需的全部会计资料和其他有关资料(在________年____月____日之前提供审计所需的全部资料)，并保证所提供资料的真实性和完整性。

2. 确保乙方不受限制地接触任何与审计有关的记录、文件和所需的其他信息。

3. 甲方管理层对其作出的与审计有关的声明予以书面确认。

4. 为乙方派出的有关工作人员提供必要的工作条件和协助，主要事项将由乙方于外勤工作开始前提供清单。

5. 按本约定书的约定及时足额支付审计费用以及乙方人员在审计期间的交通、食宿和其他相关费用。

三、乙方的责任和义务

(一)乙方的责任

1. 乙方的责任是在实施审计工作的基础上对甲方财务报表发表审计意见。乙方按照中国注册会计师审计准则(以下简称审计准则)的规定进行审计。审计准则要求注册会计师遵守职业道德规范，计划和实施审计工作，对财务报表不存在重大错报获取合理保证。

2. 审计工作涉及实施审计程序，以获取有关财务报表金额和披露的审计证据。选择的审计程序取决于乙方的判断，包括对由于舞弊或错误导致的财务报表重大错报风险的评估。在进行风险评估时，乙方考虑与财务报表编制相关的内部控制，以设计恰当的审计程序，但目的并非对内部控制的有效性发表意见。审计工作还包括评价管理层选用会计政策的恰当性和作出会计估计的合理性，以及评价财务报表的总体列报。

3. 乙方需要合理计划和实施审计工作，以使乙方能够获取充分、适当的审计证据，为甲方财务报表不存在重大错报获取合理保证。

4. 乙方有责任在审计报告中指明所发现的甲方在某重大方面没有遵循企业会计准则编制财务报表且未按乙方的建议进行调整的事项。

5. 由于测试的性质和审计的其他固有限制，以及内部控制的固有局限性，不可避免地存在着某些重大错报在审计后可能仍然未被乙方发现的风险。

6. 在审计过程中，乙方若发现甲方内部控制存在乙方认为的重大缺陷，应向甲方提交管理建议书。但乙方在管理建议书中提出的各种事项，并不代表已全面说明所有可能存在的缺陷或已提出所有可行的改善建议。甲方在实施乙方提出的改善建议前应全面评估其影响。未经乙方书面许可，甲方不得向任何第三方提供乙方出具的管理建议书。

7. 乙方的审计工作不能减轻甲方及甲方管理层的责任。

(二)乙方的义务

1. 按照约定时间完成审计工作，出具审计报告。乙方应于________年____月____日前出具审计报告。

2. 除下列情况外，乙方应当对执行业务过程中收集的甲方信息予以保密：

(1)取得甲方的授权；

(2)根据法律法规的规定，为法律诉讼准备文件或提供证据，以及向监管机构报告所发现的甲方违反法律法规的行为；

(3)接受行业协会和监管机构依法进行的质量检查；

(4)监管机构对乙方进行行政处罚(包括监管机构处罚前的调查、听证)以及乙方对此提起的行政复议。

四、审计收费

1. 本次审计服务的收费是以乙方各级别工作人员在本次工作中所耗费的时间为基础计算的。乙方预计本次审计服务的费用总额为人民币________万元。

2. 甲方应于本约定书签署之日起________日内支付________%的审计费用，其余款项于审计报告草稿完成日结清。

3. 如果由于本次无法预见的原因，致使乙方从事本约定书所涉及的审计服务实际时间较本约定书签订时预计的时间有明显的增加或减少时，甲、乙双方应协商，相应调整本约定书“四、审计收费”第 1 项下所述的审计费用。

4. 如果由于无法预见的原因，致使乙方人员抵达甲方的工作现场后，本约定书所涉及的审计服务不再进行，甲方不得要求退还预付的审计费用；如上述情况发生于乙方人员完成现场审计工作，并离开甲方的工作现场后，甲方应另行向乙方支付人民币________元的补偿，该补偿费应于甲方收到乙方的收款通知之日起________日内支付。

5. 与本次审计有关的其他费用(包括交通费、食宿费等)由甲方承担。

五、审计报告和审计报告的使用

1. 乙方按照《中国注册会计师审计准则第 1501 号——审计报告》和《中国注册会计师审计准则第 1502 号——非标准审计报告》规定的格式和类型出具审计报告。

2. 乙方向甲方提交审计报告一式________份。

3. 甲方在提交或对外公布审计报告时，不得修改乙方出具的审计报告及其后附已审财务报表。当甲方认为有必要修改会计数据、报表附注和所作的说明时，应当先通知乙方，乙方将考虑有关的修改对审计报告的影响，必要时将重新出具审计报告。

六、本约定书的有效时间

本约定书自签署之日起生效，并在双方履行完本约定书约定的所有义务后终止。但其中的三(二)2、四、五、八、九、十项并不因本约定书终止而失效。

七、约定事项的变更

如果出现不可预见的情况，影响审计工作如期完成，或需要提前出具审计报告，甲、乙双方均可要求变更约定事项，但应及时通知对方，并由双方协商解决。

八、终止条款

1. 如果根据乙方的职业道德及其他有关专业职责、适用的法律法规或其他任何法定的要求，乙方认为已不适宜继续为甲方提供本约定书约定的审计服务时，乙方可以采取向甲方提出合理通知的方式终止履行本约定书。

2. 在终止业务约定的情况下，乙方有权就其于本约定书终止之日前对约定的审计服务项目所做的工作收取合理的审计费用。

九、违约责任

甲、乙双方按照《中华人民共和国合同法》的规定承担违约责任。

十、适用法律和争议解决

本约定书的所有方面均适用中华人民共和国法律进行解释并受其约束。本约定书履行地为乙方出具审计报告所在地。本约定书所引起的或与本约定书有关的任何纠纷或争议(包括关于本约定书条款的存在、效力或终止，或无效的后果)，双方选择以下第______种解决方式：

1. 向有管辖权的人民法院提起诉讼。

2. 提交仲裁委员会。

十一、双方对其他有关事项的约定

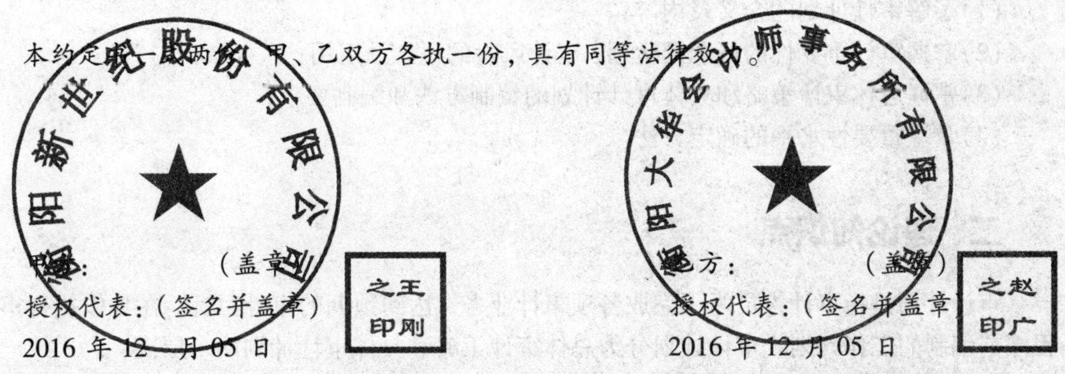

本约定书一式两份，甲、乙双方各执一份，具有同等法律效力。

甲方：（盖章）	乙方：（盖章）
授权代表：（签名并盖章）	授权代表：（签名并盖章）
2016 年 12 月 05 日	2016 年 12 月 05 日

实训二

审计计划工作

一、实训目的

(1)了解审计计划的含义及内容;

(2)掌握审计重要性的概念及运用、审计风险的概念及运用;

(3)掌握总体审计策略和具体审计计划的编制方法和编制要求;

(4)掌握重要性水平的确定方法。

二、理论知识点

审计计划是指审计人员为了完成各项审计业务,达到预期的审计目标,在具体执行审计程序前编制的工作计划。审计计划分为总体审计策略和具体审计计划两个层次。

(一)总体审计策略

注册会计师应当为审计工作制定总体审计策略。总体审计策略用以确定审计范围、时间安排和方向,并指导具体审计计划的制定。在制定总体审计策略时,应当考虑以下事项:

1. 审计范围

在确定审计范围时,需要考虑下列具体事项:

(1)编制财务报表适用的会计准则和相关会计制度;

(2)特定行业的报告要求,如某些行业的监管部门要求提交的报告;

(3)预期的审计工作涵盖范围,包括需审计的集团内组成部分的数量及所在地点;

(4)母公司和集团内其他组成部分之间存在的控制关系的性质,以确定如何编制合并财务报表;

(5)其他注册会计师参与审计集团内组成部分的范围;

(6)简述审计的业务部分性质,包括是否需要具备专门知识;

(7)外币业务的核算方法及外币财务报表折算和合并方法;

(8)除对合并财务报表审计之外,是否需要对其组成部分的财务报表单独进行法定审计;

(9)内部审计工作的可利用性及对内部审计工作的依赖程度；

(10)被审计单位使用服务机构的情况，以及注册会计师如何取得有关服务机构内部控制设计、执行和运行有效性的证据；

(11)预期利用在以前期间审计工作中获取的审计证据的程度，如获取的与风险评估程序和控制测试相关的审计证据；

(12)信息技术对审计程序的影响，包括数据的可获得性和预期使用计算机辅助审计技术的情况；

(13)根据中期财务信息审阅及在审阅中所获信息对审计的影响，相应调整审计涵盖范围和时间安排；

(14)与为被审计单位提供其他服务的会计师事务所人员讨论可能影响审计的事项；

(15)被审计单位的人员和相关数据的可利用性。

2. 报告目标、时间安排及所需沟通

为计划报告目标、时间安排及所需沟通，需要考虑下列事项：

(1)被审计单位的财务报告时间表；

(2)与管理层和治理层就审计工作的性质、范围和时间所举行的会议的组织工作；

(3)与管理层和治理层讨论预期签发报告和其他沟通文件的类型及提交时间(报告和其他沟通文件，既包括书面的，也包括口头的，如审计报告、管理层建议书和与治理层沟通函等)；

(4)就组成部分的报告及其他沟通文件的类型及提交时间与组成部分的注册会计师沟通；

(5)项目组成员之间预期沟通的性质和时间安排，包括项目组会议的性质和时间安排及复核校正工作的时间安排；

(6)是否需要与第三方沟通，包括与审计相关的法律法规规定和业务约定书约定的报告责任；

(7)与管理层讨论在整个审计过程中通报审计工作进展及审计结果的预期方式。

3. 审计方向

总体审计策略的制定应当包括考虑影响审计业务的重要因素，以确定项目工作方向，包括确定适当的重要性水平，初步识别可能存在较高的重大错报风险的领域，初步识别重要的组成部分和账户余额，评价是否需要针对内部控制的有效性获取审计证据，识别被审计单位所处行业、财务报告要求及其他相关方面最近发生的重大变化等。在确定审计方向时，注册会计师需要考虑下列事项：

(1)重要性方面，具体包括：①为计划目的确定重要性；②为组成部分确定重要性，与组成部分的注册会计师沟通；③在审计过程中重新考虑重要性；④识别重要的组成部分和账户余额。

(2)重大错报风险较高的审计领域。

(3)评估的财务报表层次的重大错报风险对指导、监督及复核的影响。

(4)项目组人员的选择(在必要时包括项目质量控制复核人员)和工作分工，包括向重大错报风险较高的审计领域分派具备适当经验的人员。

(5)项目预算，包括考虑为重大错报风险可能较高的会计领域分配适当的工作时间。

(6)如何向项目组成员强调在搜集和评价审计证据过程中保持职业怀疑必要性的方式。

(7)以往审计中对内部控制运行有效性评价的结果，包括所识别的控制缺陷的性质及应对措施。

(8)管理层重视设计和实施健全的内部控制的相关证据，包括这些内部控制得以适当记录的证据。

(9)业务交易量规模，以基于审计效率的考虑确定是否依赖内部控制。

(10)对内部控制重要性的重视程度。

(11)影响被审计单位经营的重大发展变化，包括信息技术和业务流程的变化，关键管理人员的变化，以及收购、兼并和分立的情况。

(12)重大的行业发展情况，如行业法规变化和新的报告规定。

(13)会计准则及会计制度的变化。

(14)其他重大变化，如影响被审计单位的法律环境的变化。

4. 审计资源

注册会计师应当在总体审计策略中清楚地说明审计资源的规划和分配，包括确定执行审计业务所必需的审计资源的性质。

(1)向具体审计领域调配的资源，包括向高风险领域分派有适当经验的项目组成员，就复杂的问题利用专家工作等；

(2)向具体审计领域分配资源的数量，包括安排到重要存货存放地现场观察存货盘点的项目组成员的数量，对其他注册会计师工作的复核范围，对高风险领域安排的审计时间预算等；

(3)何时调配这些资源，包括是在期中审计阶段还是在关键的截止日期调配资源等；

(4)如何指导、监管这些资源的利用，包括预期何时召开项目组成员进行复核、是否需要召开项目质量控制总结会、预期项目复核等。

(二) 具体审计计划

具体审计计划的内容包括为了获取充分的适当审计证据以将审计风险降到可接受的低水平，项目组成员拟实施的审计程序的性质、时间和范围。具体审计计划应当包括风险评估程序、计划实施的进一步审计程序和其他审计程序。

1. 风险评估程序

具体审计计划应当包括按照《中国注册会计师审计准则第1211号——通过了解被审计单位及其环境识别和评估重大错报风险》的规定，为了足够识别和评估财务报表重大错报风险，注册会计师计划实施的风险评估程序的性质、时间和范围。

2. 计划实施的进一步审计程序

具体审计计划应当包括按照《中国注册会计师审计准则第1231号——针对评估的重大错报风险采取的应对措施》的规定，针对评估的认定层次的重大错报风险，注册会计师计划实施的进一步审计程序的性质、时间和范围。进一步审计程序包括控制测试和实质性程序。需要强调的是，随着审计工作的推进，对审计程序的计划会一步步深入，并贯穿于整个审计过程。例如，计划风险评估程序通常在审计开始阶段进行，计划进一步审计程序则需要依据风险评估程序的结果进行。因此，为达到制定具体审计计划的要求，注册会计师需要完成风险评估程序，识别和评估重大错报风险，并针对评估的认定层次的重大错报风险确定计划实施进一步审计程序的性质、时间和范围。

3. 计划实施的其他审计程序

具体审计计划应当包括根据审计准则的规定，注册会计师针对审计业务需要实施的其他审计程序。计划实施的其他审计程序可以包括上述进一步审计程序的计划中没有涵盖的、根据其他审计准则的要求注册会计师应当执行的既定程序。在审计计划阶段，除了按照《中国注册会计师审计准则第1211号——通过了解被审计单位及其环境识别和评估重大错报风险》进行计划工作，注册会计师还需要兼顾其他准则中规定的、针对特定项目在审计计划阶段应执行的程序及记录要求。由于被审计单位所处行业、环境各不相同，特别项目可能也有所不同。例如，有些企业可能涉及环境事项、电子商务等，在实务中注册会计师应根据被审计单位的具体情况确定特定项目并执行相应的审计程序。

（三）总体审计策略和具体审计计划的关系

制定总体审计策略和具体审计计划的过程紧密联系，并且两者的内容也紧密相关。总体审计策略一经制定，注册会计师应当针对总体审计策略中所识别的不同事项，制定具体审计计划，并考虑通过有效利用审计资源以实现审计目标。值得注意的是，虽然制定总体审计策略的过程通常在具体审计计划之前，但是两者并不是孤立、不连续的过程，而是内在紧密联系的，对其中一项的决定可能会影响甚至改变对另外一项的决定。

《中国注册会计师审计准则第1201号——计划审计工作》第十条第二款规定，注册会计师应当根据实施风险评估程序的结果，对总体审计策略的内容予以调整。在实务中，注册会计师将制定总体审计策略和具体审计计划结合进行可能会使计划审计工作更有效率及效果，并且注册会计师也可以采用将总体审计策略和具体审计计划合并为一份审计计划文件的方式，以提高编制及复核工作效率，增强其效果。

（四）审计过程中对计划的更改

《中国注册会计师审计准则第1201号——计划审计工作》第十六条规定，计划审计工作并非审计业务的一个孤立阶段，而是一个持续的、不断修正的过程，贯穿于整个审计业务的始终。由于未预期事项、条件的变化或在实施审计程序中获取的审计证据等，注册会计师应当在审计过程中对总体审计策略和具体审计计划作出必要的更新和修改。审计过程可以分为不同的阶段，通常前一阶段的工作结果会对后一阶段的工作计划产生影响，而后一阶段的工作过程中又可能发现需要对已制定的相关计划进行相应的更新和修改。通常，这些更新和修改涉及比较重要的事项，包括对重要性水平的修改，对某类交易、账户余额和列报的重大错报风险的评估和对进一步审计程序的更新和修改等。一旦计划被更新和修改，审计工作也就应当进行相应调整。

（五）指导、监督与复核

注册会计师应当对项目组成员工作的指导、监督与复核的性质、时间和范围制定计划。对项目组成员工作的指导、监督与复核的性质、时间和范围主要取决于下列因素：

(1) 被审计单位的规模和复杂程度；

(2) 审计领域；

(3) 重大错报风险；

(4)执行审计工作的项目组成员的素质和专业胜任能力。

注册会计师应在评估重大错报风险的基础上，计划对项目组成员工作的指导、监督与复核的性质、时间和范围。当评估的重大错报风险增加时，注册会计师通常会扩大指导与监督的范围，增强指导与监督的及时性，执行更详细的复核工作。在计划复核的性质、时间和范围时，注册会计师还应考虑单个项目组成员的素质和专业胜任能力。

三、实训内容

实训内容一　总体审计策略与具体审计计划的制定

（一）实训所需条件

本实训所需资料如下：

宏光股份有限公司企业财务报表审计

大华会计师事务所接受宏光股份有限公司(以下简称宏光公司)的委托，审计其2015年度的财务报表。大华会计师事务所委派注册会计师李志豪担任项目经理，负责编制审计计划。

李志豪分派了助理人员张勇、佟姣艳对宏光公司财务报表项目进行趋势分析性测试，见表2-1、表2-2、表2-3。

李志豪在复核张勇、佟姣艳编制的趋势分析性测试工作底稿的基础上形成了分析性测试汇总表，见表2-4。

表2-1　利润表纵向趋势分析　　索引号：C11

被审计单位：宏光公司　　编制人：张勇　　编制时间：2016年1月26日

会计期间或截止日：2015年12月31日　　复核人：李志豪　　复核时间：2016年1月26日

单位：万元

财务报表项目	2014年	2015年	2015年比2014年增长		说明
	已审数	未审数	金额	百分比	
	①	②	③=②-①	④=③/①	
营业收入	38 019	28 399			
营业成本	29 842	21 762			
营业利润	7 685	6 159			
利润总额	310	-1 017			
净利润	277	-1 017			
存货	23 034	19 206			
应收账款	21 847	25 488			
速动资产	22 661	26 907			

续表 2-1

财务报表项目	2014 年	2015 年	2015 年比 2014 年增长		说明
	已审数	未审数	金额	百分比	
	①	②	③=②-①	④=③/①	
流动资产	52 125	55 023			
流动负债	50 088	51 979			
固定资产	45 354	46 811			
在建工程	1 822	1 036			
资产总额	82 837	85 367			
负债总额	63 351	66 276			
实收资本	13 421	14 053			
净资产额	19 486	19 091			

说明：说明栏仅分析增减比例超过 10% 的项目。

表 2-2　资产负债表纵向趋势分析　　索引号：C12

被审计单位：宏光公司　　编制人：张勇　　编制时间：2016 年 1 月 26 日

会计期间或截止日：2015 年 12 月 31 日　　复核人：李志豪　　复核时间：2016 年 1 月 26 日

单位：万元

财务报表项目	2014 年	2015 年	2015 年比 2014 年增长		说明
	已审数	未审数	金额	百分比	
	①	②	③=②-①	④=③/①	
流动资产	52 125	55 023			
长期投资	554	554			
固定资产净额	27 857	27 358			
在建工程	1 822	1 036			
长期待摊费用	479	1 285			
无形资产	0	111			
资产合计	82 837	85 367			
流动负债	50 088	51 979			
长期负债	13 263	14 297			
负债合计	63 531	66 276			
实收资本	13 421	14 053			
其他权益	6 065	5 038			
权益合计	19 486	19 091			

说明：说明栏仅分析增减比例超过 10% 的项目。

表 2－3　比率趋势分析

索引号：C13

被审计单位：宏光公司　　编制人：佟姣艳　　编制时间：2016 年 1 月 26 日

会计期间或截止日：2015 年 12 月 31 日 复核人：李志豪　复核时间：2016 年 1 月 26 日

比率指标	计算公式	2014 年	2015 年	增减数	说明
		①	②	③＝②－①	
偿债能力比率					
1. 流动比率	流动资产/流动负债				
2. 速动比率	速动资产/流动负债				
财务杠杆比率					
1. 负债比率	负债总额/资产总额				
2. 资本对负债比率	资本总额/负债总额				
3. 利息保障倍数	（税前利润＋利息支出）/利息支出				
经营效率比率					
1. 存货周转率	营业成本/平均存货				
2. 应收账款周转率	营业收入/平均应收账款				
3. 总资产周转率	营业收入/平均资产				
获利能力比率					
1. 销售利润率	利润总额/营业收入				
2. 净报酬率	净利润/平均净资产				

说明：说明栏仅分析增减比例超过 50% 的项目。

表 2－4　分析性测试情况汇总表

索引号：C14

被审计单位：宏光公司　　编制人：佟姣艳　　编制时间：2016 年 1 月 26 日

会计期间或截止日：2015 年 12 月 31 日 复核人：李志豪　　复核时间：2016 年 1 月 26 日

测试项目	重要事项说明
资产负债表横向趋势分析表	
资产负债表纵向趋势分析表	
利润表横向趋势分析表	
比率趋势分析表	
项目经理对测试结果的综合分析或初步确定的审计重点	

总体审计策略见表2－5。

表2－5　总体审计策略　　索引号：C15

被审计单位：宏光公司　　编制人：李志豪　　编制时间：2016年1月27日

会计期间或截止日：2015年12月31日　　复核人：王欢　　复核时间：2016年1月28日

一、委托审计的目的、范围

二、审计策略（是否实施预审，是否进行内部控制测试；实质性程序按业务循环还是按报表项目等）

三、评价内部控制和审计风险

四、重要会计问题及重点审计领域

五、重要性方面初步估计

六、计划审计日期

外勤工作自2016年1月26日至2月2日，共计8天。

编写报告自2016年2月3日至2月10日，共计8天。

七、审计小组组成及人员分工

姓名	职务或职称	分工	备注

八、修订计划记录

具体审计计划见表2－6、表2－7。

表2－6　应收账款审计程序表　　索引号：C7

查验人员：　　日期：

复核人员：　　日期：

一、审计目标

1. 确定应收账款是否存在
2. 确定应收账款是否归被审计单位所有
3. 确定应收账款增减变动的纪录是否完整
4. 确定应收账款是否可收回，准备的计提是否恰当
5. 确定应收账款年末余额是否正确
6. 确定应收账款在财务报表上的披露是否恰当

二、审计程序

审计重点	审计程序	执行情况说明	索引号
	1. 核对应收账款明细账余额与总账、报表余额是否相符		
	2. 获取或编制应收账款余额明细表，复核加计数额是否正确		

续表 2-6

审计重点	审计程序	执行情况说明	索引号
	3. 分析应收账款的账龄及余额构成，选取账龄长、金额大的应收款项向债务人进行函证，并根据回函情况编制函证结果汇总表。回函金额不符的，要查明原因并作出记录或适当调整		
	4. 对未回函的或未发询证函的应收账款，可采用替代审计程序进行检查，根据替代检查结果判断其债权的真实性和可收回性		
	5. 检查应收账款中是否有无法收回的款项		
	6. 检查有无不属于结算业务的债权，如有，应作出记录或作适当调整		
	7. 对于用非记账本位币结算的应收账款，检查其采用的汇率及折算方法是否正确	不适用	
	8. 分析应收账款明细账余额，对于出现贷方余额的项目，应查明原因，必要时作重分类调整		
	9. 验明应收账款是否已在资产负债表上恰当披露		

表 2-7　应收账款工作底稿　　索引号：C7-1

查验人员：　　日期：

复核人员：　　日期：　　单位：元

上期期末审定数	未审数核对			调整分录金额（+、-）	重分类分录金额（+、-）	审定数
	索引号	项目	金额			
127 804 532.78		报表数	151 670 893.14	-1 531 128.25		150 139 764.89
		明细账				
		AB	458 812	-8 088.12		450 723.88
		AC	22 543.65	-225.44		22 318.21
		AD	2 121 567.32	-212 156.78		1 909 410.54
		AE	325 858.32	-3 258.58		322 599.74
		AF	545 966	-16 378.98		529 587.02
		AG	129 102 034.85	-1 291 020.35		12 7811 014.50
		合计	151 670 893.14			150 139 764.89

说明：

1. 获取或编制应收账款明细表（客户名称、金额、账龄）。
2. 应收账款函证情况表。
3. 应收账款函证未回函替代程序检查表。

（二）实训要求

(1)根据已有资料，将利润表纵向趋势分析表填写完整，见表2－1。

(2)根据已有资料，将资产负债表纵向趋势分析表填写完整，见表2－2。

(3)根据已有资料，将比率趋势分析表填写完整，见表2－3。

(4)根据已有资料，将分析性测试情况汇总表填写完整，见表2－4。

(5)根据已有资料，将总体审计策略表填写完整，见表2－5。

(6)观察表2－6和表2－7，并结合所学知识，概括总结具体审计计划的内容。你认为在制定总体审计策略和具体审计计划时是否需要与治理层或管理层进行沟通，你认为审计计划制定的参与者应包括哪些人。

(7)根据所学知识及上述资料，你认为在正式编制审计计划之前，注册会计师的初步业务活动应该有哪些。

（三）实训组织方法及步骤

将上课班级学生划分组，每组3～5人，组成模拟审计小组。

(1)各组选出组长，担任该审计项目经理，然后由其分配审计任务，赋权组员分别为该审计中的审计助理。

(2)按照组长的赋权分别完成上述审计工作底稿的编制。

（四）实训考核方法

按每组学生完成实训要求情况打分。

实训内容二　重要性水平的确定

（一）实训所需条件

本实训所需资料如下：

注册会计师李红对宏光公司2015年度财务报表进行审计时，取得未经审计的有关财务报表项目金额，见表2－8。

表2－8　未经审计的有关财务报表项目金额　　　　金额单位：万元

财务报表项目名称	金额
资产总计	180 000
股东权益合计	88 000
主营业务收入	240 000
利润总额	36 000
净利润	24 120

（二）实训要求

(1)如果以资产总额、净资产(股东权益)、主营业务收入和净利润作为判断基础，采用固定比率法，并假定资产总额、净资产、主营业务收入和净利润的固定百分比数值分别为0.5%、1%、5%和5%，请你代李红注册会计师计算确定宏光公司2015年度财务报表层次的重要性水平，并列示计算过程。

(2)简要说明重要性和审计证据的关系。

(3)简要说明重要性和审计风险的关系。

（三）实训组织方法及步骤

将上课班级学生划分几组，每组3~5人，组成模拟审计小组。

(1)运用上课所学知识计算重要性水平。

(2)思考并分析重要性水平和审计证据与审计风险的关系。

（四）实训考核方法

按每组学生完成实训要求情况打分。

实训内容三　审计程序的对与错

（一）实训所需条件

本实训所需资料如下：

衡阳注册会计师协会在对衡阳市的会计师事务所的审计质量进行检查时，摘录了以下3个会计师事务所的部分审计工作底稿如下：

1. 瑞华会计师事务所

瑞华会计师事务所接受委托，对甲公司2017年度的财务报表进行审计，并委派A注册会计师为项目负责人。在接受委托后，A注册会计师发现甲公司业务流程采用ERP软件，而审计项目组成员均缺少这方面的专业技能。A注册会计师了解到某软件公司张先生曾参与甲公司ERP系统的设计工作，因此聘请张先生加入审计项目组，测试该系统并出具测试报告。在审计过程中，A注册会计师要求审计项目组成员相互复核所执行的工作，并在工作底稿复核人员栏签字。在复核过程中，审计项目组成员之间在某个专业问题上存在分歧，A注册会计师就此问题专门致函有关部门进行咨询，始终没有得到回复。考虑到该项业务的高风险性，在出具审计报告后，瑞华会计师事务所专门指派未参与该项业务的经验丰富的注册会计师实施了项目质量控制复核。

2. 中德会计师事务所

注册会计师李琳负责对常年审计客户甲公司2017年度财务报表进行审计，撰写了总体审计策略和具体审计计划。其部分内容摘录如下：

(1) 初步了解2017年度甲公司及其环境未发生重大变化，拟信赖以往审计中对管理层、治理层诚信形成的判断。

(2) 因对甲公司内部审计师的客观性和专业胜任能力存在疑虑，拟不利用内部审计的

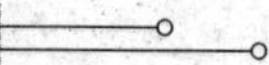

工作。

(3) 如对计划的重要性水平做出修正，拟通过修改计划实施的实质性程序的性质、时间和范围降低重大错报风险。

(4) 假定甲公司在收入确认方面存在舞弊风险，拟将销售交易及其认定的重大错报风险评估为高水平，不再了解和评估相关控制的合理性并确定是否已得到执行，直接实施细节测试。

(5) 因甲公司于 2017 年 9 月关闭某地办事处并注销其银行账户，拟不再函证该银行账户。

(6) 因审计工作时间安排紧张，拟不函证应收账款，直接实施替代审计程序。

(7) 2017 年度甲公司购入股票作为可供出售金融资产核算。除实施询问程序外，预期无法获取有关管理层持有意图的其他充分、适当的审计证据，拟就询问结果获取管理层书面声明。

3. 天职会计师事务所

A 和 B 注册会计师在编制 T 公司 2017 年度财务报表的审计计划前，按审计准则的要求对被审计单位 T 公司及其环境进行了全面了解和记录。相关的工作底稿显示，T 公司 2017 年度存在以下情况：

(1)2017 年 6 月 30 日，T 公司于 2015 年 6 月 30 日从 P 银行借入金额为 6 000 万元、期限为两年的长期借款到期。虽然 T 公司最高管理人员多次与 P 银行信贷部协商，希望延长还款期限半年，但 P 银行在委托 K 会计师事务所对 T 公司进行专项审计后，于 2017 年 7 月份收回了款项。

(2)为扩展业务，T 公司出资 1 000 万元于 2017 年 6 月 30 日成功兼并了西部某省的两家公司。此举增加了 T 公司在西部市场的立足点，提高了在西部市场的竞争力。

(3)2017 年 10 月，为开拓国际市场，T 公司董事会决定在中东地区设立分公司。由于该地区除伊拉克以外的各国商家云集，均难以获得市场准入，公司董事会决定投入 500 万美元在伊拉克设立分公司。到 2017 年年底，该分公司已正式开始营业。虽然该地区时常发生绑架等刑事案件，但分公司的经营基本未受影响。

(4)直到 2017 年 10 月底，T 公司一直采用手工记账。为提高财务工作效率和质量，T 公司投资 600 万元于 2017 年 11 月份实现了会计电算化。考虑到这一变化对财务人员的影响，财务部门分期分批对全体财务人员进行了轮训，同时还聘请了外部专家进行经常性业务指导。到 2017 年年底，相关轮训工作和计算机信息系统调试工作均已进行完毕。

(5)自 2017 年 11 月起，T 公司将原存放在 Q 银行的 2 000 万元款项全部转入 3 名高级管理人员及财务经理的信用卡，与所有客户的往来以及公司职员薪酬的发放均通过信用卡结算。

(二) 实训要求

1. 请你指出瑞华会计师事务所(包括审计项目组) 在业务质量控制方面存在的问题，并说明理由。

分析：

(1) 没有制定承接业务的有关质量控制方面的政策和程序。根据业务质量控制准则的要求，会计师事务所接受审计业务需要满足 3 个总体要求：客户是否诚信，是否具有执行业务所必要的素质、专业胜任能力、时间和资源以及是否能够遵守职业道德规范。瑞华会计师事务所是在承接业务之后才考虑专业胜任能力，发现其缺少计算机软件专家的。

（2）项目组缺乏独立性。根据注册会计师职业道德规范和会计师事务所业务质量控制准则的要求，张先生是项目组成员，他曾参与甲公司 ERP 系统的设计工作，即为鉴证客户提供属于鉴证业务对象的数据或其他记录，项目组存在自我评价威胁而影响独立性。

（3）项目组内部复核人员安排不恰当。根据会计师事务所业务质量控制准则的要求，应当由项目组内经验较多的人员复核经验较少的人员执行的工作，而不是简单的相互复核。

（4）在出具审计报告之前未处理好意见分歧。根据会计师事务所业务质量控制准则的要求，项目组与被咨询者之间存在未解决的意见分歧，项目负责人只有在项目组内部、项目组以及项目负责人与项目质量控制复核人员之间的意见分歧解决后才能出具报告。

（5）实施项目质量控制复核的时间不恰当。项目质量控制复核应当在出具报告前进行，并且是对项目组做出的重大判断和在准备报告时形成的结论做出的客观评价。

2. 针对中德会计师事务所上述事项，逐项指出审计师拟订的计划是否存在不当之处。如有不当之处，简要说明理由。

分析：

（1）不当。对管理层、治理层的诚信判断不能依赖于以往的判断。

（2）无不当。

（3）不当。重大错报风险是客观存在的，控制测试并不能降低评估的重大错报风险：通过修改计划实施的实质性程序，只能降低的是检查风险。

（4）不当。对内部控制的了解程序是必需的，控制测试程序具有选择性。

（5）不当。应当选择在财务报表期间所有发生过业务的银行函证，包括零账户和已注销的账户。

（6）不当。正常情况下，对应收账款实施函证是必要程序。注册会计师不能由于时间、成本等原因减少必要的审计程序。

（7）不当。管理层声明书是证明力较弱的证据，询问不足以测试控制运行的有效性，必须结合其他审计程序。

3. 针对天职会计师事务所上述各种情况，指出是否会导致 T 公司产生重大错报风险，并简要说明理由。

分析：

第（1）种情况表明 T 公司的融资能力受到限制，很可能导致流动资金不足，增加重大的错报风险。

第（2）种情况表明 T 公司发生了重大的购并行为，很可能占用大量资金，增加重大错报风险。

第（3）种情况表明 T 公司在治安形势不稳定的国家开展业务，很可能难以收回成本，从而增加重大错报风险。

第（4）种情况表明 T 公司的信息技术环境发生了变化，很可能导致相当长一段时期内的信息技术难以与经营活动融合，从而增加重大的错报风险。

第（5）种情况属于重大的异常情况，很可能意味着 T 公司与 Q 银行之间有纠纷，增加重大的错报风险。

情况(4) 最有可能导致T公司财务报表产生重大错报风险。对此，A和B注册会计师应当要求会计师事务所聘请电算化方面的专家参与审计工作。情况(5) 属于重大的异常情况，最有可能导致T公司存在特别风险。该情况意味着T公司的资金运作脱离了银行的监管，为舞弊行为提供了客观条件。对此，A和B注册会计师应当向Q银行询问，并要求T公司提供全部信用卡结算的清单，以便作进一步调查。情况(2) 和(3) 最有可能导致T公司的经营风险上升。前者是在经济不发达的地区开展业务，后者是在经济不稳定的地区开展业务，很可能导致难以收回成本的情况发生，影响公司的经营成果。

(三) 实训组织方法及步骤

将上课班级学生划分几组，每组3~5人，组成模拟审计小组。

(1)运用上课所学知识以及网络上关于审计程序和会计人员应具备的能力和道德方面的知识，总结归纳会计人员应具备的专业技能和职业道德。

(2)运用上述知识，指出上述审计程序不正确的地方。

(四) 实训考核方法

按每组学生完成实训要求情况打分。

实训内容四　管理层认定、审计目标与审计程序的关系

(一)实训所需条件

本实训所需资料如下：

注册会计师通常依据各种交易、账户余额和列报的相关认定确定审计目标，根据审计目标设计审计程序。以下给出了采购交付的审计目标，并列举了部分实质性程序。

1. 审计目标

A. 所记录的采购交易已发生；

B. 所有应当记录的采购交易均已记录；

C. 与采购交易有关的金额及其他数据已恰当记录；

D. 采购交易已记录于恰当的账户；

E. 采购交易已记录于正确的会计期间。

2. 实质性程序

F. 将采购明细账中记录的交易与购货发票、验收单和其他证明文件比较；

G. 根据购货发票反映的内容，检查会计科目表上的分类；

H. 从购货发票追查至采购明细账；

I. 从验收单追查至采购明细账；

J. 将验收单和购货发票上的日期与采购明细账中的日期进行比较；

K. 检查购货发票、验收单、订货单和请购单的合理性和真实性；

L. 追查存货的采购至存货永续盘存记录。

（二）实训要求

根据题中给出的审计目标，指出对应的相关认定：针对每一审计目标，选择相应的实质性程序（一项实质性程序可能应对一项或多项审计目标，每一审计目标可能选择一项或多项实质性程序）。请将财务报表的相关认定及选择的实质性程序字母顺序号填入给定的表格中，见表2－9。

表2－9　管理层认定、审计目标与审计程序的关系表

相关认定	审计目标	实质性程序
	所记录的采购交易已发生，且与被审计单位有关	
	所有应当记录的采购交易均已记录	
	与采购交易有关的金额及其他数据已恰当记录	
	采购交易已记录于恰当的账户	
	采购交易已记录于正确的会计期间	

（三）实训组织方法及步骤

将上课班级学生划分几组，每组3～5人，组成模拟审计小组。

（四）实训考核方法

按每组学生完成实训要求情况打分。

实训三

审计技术与方法

一、实训目的

(1)掌握并能熟练运用各种审计技术方法，掌握审计抽样中样本的设计与选取技术；
(2)熟悉审计抽样在控制测试和实质性程序中的运用；
(3)了解审计方法的发展和种类。

二、理论知识点

(一) 审计抽样

1. 审计抽样的含义

审计抽样是指注册会计师从具有审计相关性的总体中选取欲实施审计程序的项目。审计抽样要求所有抽样单元都有被选取的机会。审计抽样为注册会计师针对整个总体得出结论提供合理基础。审计抽样能够使注册会计师获取和评价有关所选取项目某一特征的审计证据，以及形成或有助于形成有关总体的结论。总体，是指注册会计师从中选取样本并期望据此得出结论的整个数据集合。抽样单元，则是指构成总体的个体项目。

2. 审计抽样的分类

(1) 按照审计抽样决策的依据分类，审计抽样可以分为统计抽样和非统计抽样。

①统计抽样，是指审计人员运用数理统计方法确定样本及样本量，进而随机选择样本，根据样本的审查结果来推断总体特征的一种审计抽样方法。

②非统计抽样，是指审计人员运用专业经验和主观判断来确定样本规模和选取样本的一种审计抽样方法。非统计抽样的优点在于两个方面：一是简单易行，二是能充分利用审计人员的实践经验和判断能力。缺点是审计人员全凭主观标准和个人经验来确定样本规模，往往导致要么样本量过大，浪费了人力和时间；要么样本量过小，易得出错误的审计结论。

值得注意的是，统计抽样和非统计抽样的选用，主要影响的是审计程序实施的范围，并不影响运用样本的审计程序的选择，也不影响获取单个样本项目证据的适当性，以及审计人员对发现样本错误所做的适当反应。

(2) 按照审计抽样的目的分类，审计抽样可以分为属性抽样和变量抽样。

①属性抽样，是指一种用来对总体中某一事件发生率得出结论的统计抽样方法。属性抽样在审计中最常见的用途是测试某一控制的偏差率，以支持注册会计师评估的控制有效性。在属性抽样中，设定控制的每一次发生或偏离都被赋予同样的权重，而不管交易金额的大小。

②变量抽样，是指一种用来对总体金额得出结论的统计抽样方法。变量抽样通常回答下列问题：金额是多少或账户是否存在错报？变量抽样在审计中的主要用途是进行细节测试，以确定记录金额是否合理。

一般而言，属性抽样得出的结论与总体中某一事件发生率有关，而变量抽样得出的结论与总体的金额有关。

(二) 审计基本方法

1. 审查书面资料的方法

(1)按审查书面资料的技术分类，审查书面资料的方法可以分为审阅法、核对法、验算法、分析法。

①审阅法。审阅法是审计人员对被审计单位的会计资料和其他资料进行详细阅读和审查的一种审查方法。审阅法侧重于审查书面资料的真实性、合法性，多用于审阅会计凭证、会计账簿和财务报表。

原始凭证审阅的内容：原始凭证上反映的经济业务是否符合规定；原始凭证上记载的抬头、日期、数量、单价、金额等方面的字迹是否清晰、数字是否相符、有无涂改情况；审查填制原始凭证的单位名称、地址和公章，以及原始凭证的各项手续是否完备。如有不符合规定的情况，就有可能存在问题。

记账凭证审阅的内容：合规性审阅，审阅记账凭证是否附有合法的原始凭证；完整性审阅，审阅记账凭证的审批传递手续是否符合规定程序，有无制单、复核、记账和主管人员的签章；正确性审阅，审阅记账凭证上载明的原始凭证张数是否与原始凭证的张数一致，记账凭证的记录是否符合会计制度的规定，会计分录编制及金额是否正确，是否正确记入总账、明细分类账，业务摘要是否与原始凭证所记载的经济活动内容相一致。

账簿审阅主要是审阅明细分类账和日记账。审阅内容为：审阅账簿启用手续、使用记录和交接记录是否齐全完整；期初和期末余额的结转、承前页、转下页、月结和年结是否符合规定；账簿各项记录是否规范和完备，如业务摘要、对应科目是否齐全，有无涂改痕迹，是否按规定方法更正记账错误；账簿记录的内容是否真实、正确。特别是要注意审阅应收应付账款、材料成本差异、长期待摊费用、管理费用、制造费用等容易掩盖错弊和经常反映会计转账事项的账簿。

财务报表审阅的内容：审阅财务报表的编制是否符合《企业会计准则》及国家有关财务会计制度的规定；审阅财务报表项目是否完整，各项目的对应关系和钩稽关系是否正确，相关数据是否一致；审阅财务报表附注是否对应予揭示的重大问题做了充分的披露。

其他相关资料审阅的内容：审阅计划、预算和定额时，可以结合上期拟定的计划、预算和定额与实际的执行结果和完成情况进行对比，审阅计划、预算和定额的制定偏高还是偏

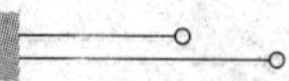

低，是否适度，有无冒进或保守的情况，还要根据本期的计划、预算和定额的执行情况，查看各项指标是否完成。审阅合同时，主要审阅合同的签订是否合法，是否有效；审阅合同内容是否符合合同法的规定，合同条款是否齐全，合同签订手续是否完备；审阅实际执行结果是否与合同一致。审阅规章制度时，主要审阅单位内部制定的规章制度是否符合企业的实际情况、内部控制制度是否健全等。

②核对法。核对法是指对被审计单位的凭证、账簿和报表等书面资料之间的有关数据，按照其内在联系进行相互对照检验，以获取审计证据的方法。核对法侧重审查各种有关资料的一致性。

核对法核对的主要内容有：原始凭证上记载的数量、单价、金额及其合计数是否与相关原始凭证及记账凭证一致；日记账或明细分类账的账户记录是否与原始凭证或记账凭证的记录一致；总分类账的账户记录是否与所属明细分类账的账户记录一致；总分类账各账户的发生额和余额合计是否和财务报表上相应项目的金额相等；财务报表上各有关项目的数字计算是否正确，各报表之间的有关数字是否一致，如果涉及前期的数字则要核对是否与前期财务报表上的有关数字相符；实物盘存记录与本期有关账目的记录是否相符。

③验算法。验算法是指审计人员对被审计单位书面资料的有关数据进行重新计算，以验证原计算结果是否正确的方法。验算法的主要内容包括：对凭证、账簿、报表中有关项目的积数、小计、合计数和累计数等进行验算；对某些业务的计算结果进行验算，如固定资产折旧额、职工福利费的计提、有关税费的计算等的验算；对有关成本、费用归集和分配的结果进行验算，以验证成本、费用的分配标准和方法是否正确；对其他书面资料有关数据的验算，如财务分析资料中的流动比率、速动比率、销售利润率等指标的计算。

④分析法。分析法是指审计人员对被审计单位重要的比率或趋势进行分析的方法，主要包括比较分析法、比率分析法。比较分析法是通过对被审计单位某一具体项目与既定标准进行比较，寻找差异，发现问题，以获取审计证据的一种技术方法。相关标准有该项目的计划数、预算数、上期实际数或同行业标准等。比较分析法可比较绝对数，也可比较相对数。绝对数比较分析法是将有关资料的数量、金额与相关标准进行直接比较，看其差额的程度是否在正常范围内，是否合乎情理。相对数比较分析法是指对有关同类指标的相对数进行比较，分析增减变化程度是否正常合理，从中找出问题或者反常情况的一种比较分析法。

比率分析法是指通过对两个性质不同但又相关的指标所构成的比率进行分析，从中发现疑点，进一步查明原因的一种技术方法，如利用资产负债率、流动比率、速动比率可以分析企业负债水平和偿债能力。

（2）按审查书面资料的顺序分类，审查书面资料的方法可以分为顺查法和逆查法。

①顺查法，是指按照会计核算处理顺序，依次对证、账、表各个环节进行审查的方法。其具体操作是：首先，审查原始凭证是否真实正确、合理合法，并核对记账凭证；其次，以记账凭证核对账簿，审查账证是否一致，总分类账余额同所属明细分类账余额的合计是否一致；最后，以账簿核对财务报表，审查调整结账事项同所编制的报表是否一致。

②逆查法，是指按照与会计核算相反的处理顺序，依次对表、账、证各个环节进行审查的方法。

（3）按审查书面资料的数量分类，审查书面资料的方法分为详查法和抽查法。

①详查法，是指对被审计单位审计期内被审事项的所有凭证、账簿和报表进行详细审查

的一种审计方法。这种方法审计成本高，难以普遍采用。详查法的特点是，对被审期间的全部会计资料和其反映的经济活动进行全面、详细的审查，以查找其中的错弊为主要目标。

②抽查法，是指从被审计单位审查期内特定审计事项的全部会计资料中选取部分资料进行审查，根据审查结果推断全部资料有无错弊的一种审计方法。抽查法的特点是：根据审查期间的审计对象总体的具体情况、审计目的和要求选取具有代表性的样本，然后根据抽取样本的审查结果来推断总体的正确性，或推断其余未抽查部分有无错弊。

2. 证实客观事物的方法

(1)盘点法。盘点法是指对被审计单位各项财产物资进行实地盘点，以确定其数量、品种、规格及金额等的实际情况，借以证实有关实物账户余额是否真实正确，从中搜集实物证据的一种方法。盘点法包括直接盘点法和监督盘点法两种。

直接盘点法是指审计人员亲自到现场盘点实物，并要求被审计单位有关人员协同执行，以证实书面资料同有关的财产物资是否相符的方法。这种方法在实际中应用较少，常用于数量较小但容易出现舞弊行为的贵重财物。

监督盘点法是指审计人员现场监督被审计单位各种实物资产及库存现金、有价证券等的盘点并进行适当抽查的方法。一般而言，实物资产的盘点是被审计单位管理层的责任，应由被审计单位进行计划、组织和实施，审计人员只进行现场监督并适当抽查复点。审计人员抽查部分如发现差异，除应督促被审计单位更正外，还应扩大抽查范围，如发现差错过大，则应要求被审计单位重新盘点。

(2)查询及函证法。查询法是审计人员对有关人员进行书面或口头询问以获取审计证据的方法；函证法是指审计人员为印证被审计单位会计记录所载明事项真实性而向第三者发函询证的一种方法，分为积极式函证法和消极式函证法。

(3)观察法。观察法是指审计人员通过实地观察取得审计证据的一种审计方法。

(4)调节法。调节法是指审查某个项目时，由于被审计单位结账日数据和审计日数据不一致，通过对有关数据进行增减调节，用来证实结账日数据账实是否一致的审计方法。

(5)鉴定法。鉴定法是指对书面资料、实物和经济活动等的分析、鉴别超过审计人员能力和知识水平时，聘请有关专业部门或人员运用专门技术进行确定和识别以获取审计证据的方法。

三、实训内容

实训内容一　原始凭证和记账凭证的审阅

(一)实训所需条件

本实训所需资料如下：

审计人员在审计星华公司 2017 年度财务收支及相关会计资料时发现：2017 年 8 月 2 日第 5 号记账凭证(见表 3 -1)附发票两张，如图 3 -1、图 3 -2 所示。

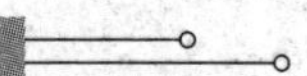

表 3－1　记账凭证

2017 年 8 月 2 日　　　　付　字第 05 号

摘要	会计科目		记账	借方金额											记账	贷方金额										
	总账科目	明细科目	√	亿	千	百	十	万	千	百	十	元	角	分	√	亿	千	百	十	万	千	百	十	元	角	分
报销办公用品	管理费用	办公费							6	0	0	0	0	0												
报销办公用品	库存现金																				6	0	0	0	0	0
合计								¥	6	0	0	0	0	0						¥	6	0	0	0	0	0

附单据 2 张

会计主管：钱庄　　记账：赵丽　　出纳：张平　　审核：孙佳　　制单：陈红

101040310　　**湖南省商业零售统一发票**　　No4005010

开票日期：2017 年 8 月 1 日

购货单位	名称：王炜 纳税人识别号： 地址、电话： 开户行及账号：					密码区	
货物或应税劳务名称	规格型号	单位	数量	单价	金额	税率	税额
办公用品					5 382.00		
合计					5 382.00		
价税合计（大写）	伍仟叁佰捌拾贰元整				（小写）¥5 382.00		
销货单位	名称：文东文具店 纳税人识别号：230103489103 单位地址、电话：衡阳市开发区 99 号 开户行及账号：工行珠江办事处 035－1010－8212008					备注	

收款人：　　复核：　　开票人：曹燕　　销货单位：（章）

图 3－1　湖南省商业零售统一发票

101040209　　湖南省商业零售统一发票　　No4005010

开票日期：2017年8月1日

<table>
<tr><td>购货单位</td><td colspan="5">名称：星华公司
纳税人识别号：370982310042
地址、电话：衡阳市解放路12号
开户行及账号：工行解放路营业部 2403115432</td><td>密码区</td><td></td></tr>
<tr><td>货物或应税劳务名称</td><td>规格型号</td><td>单位</td><td>数量</td><td>单价</td><td>金额</td><td>税率</td><td>税额</td></tr>
<tr><td>计算器
复写纸
账本
合计</td><td></td><td>个
盒
本</td><td>2
2
10</td><td>144.00
5.00
32.00</td><td>288.00
10.00
320.00
618.00</td><td></td><td></td></tr>
<tr><td>价税合计(大写)</td><td colspan="7">陆佰壹拾捌元整　　　(小写)￥618.00</td></tr>
<tr><td>销货单位</td><td colspan="5">名称：五一文具用品公司
纳税人识别号：230103489105603
单位地址、电话：衡阳市中山路99号
开户行及账号：工行珠江办事处 035－1010－8212007</td><td>备注</td><td></td></tr>
</table>

收款人：　　复核：　　开票人：曹燕　　销货单位：(章)

图3－2　湖南省商业零售统一发票

(二)实训要求

(1)阐述原始凭证和记账凭证审核的内容。

(2)简述审查会计资料的方法。

(3)运用审计方法审查上述原始凭证和记账凭证，指出存在的问题，编制调整分录，见表3－2。

(三)实训组织方法及步骤

将上课班级学生划分几组，每组3～5人，组成模拟审计小组。

(1)引导学生思考在基础会计学中学习的有关原始凭证和记账凭证审核的内容。

(2)引导学生思考审计方法的种类及应用范围。

(3)运用学习过的审计方法，结合原始凭证和记账凭证审核的内容，对表3－1、图3－1、图3－2进行审阅，找出其存在的问题。

(4)编制调整分录，填写在表3－2中。

表 3－2　记账凭证

2017 年 8 月 2 日　　　　字第 5 号

摘要	会计科目		记账	借方金额											记账	贷方金额										
	总账科目	明细科目	√	亿	千	百	十	万	千	百	十	元	角	分	√	亿	千	百	十	万	千	百	十	元	角	分
合计																										

附单据　　张

会计主管：钱庄　　记账：赵丽　　出纳：张平　　审核：孙佳　　制单：陈红

（四）实训考核方法

按每组学生完成实训要求情况打分。

实训内容二　主营业务收入审计

（一）实训所需条件

本实训所需资料如下：

审计人员王明审查胜利公司会计资料时的主营业务收入明细账，见表 3－3。

（二）实训要求

运用审阅法、验算法、核对法、分析法，指出上述资料存在的问题。

（三）实训组织方法及步骤

将上课班级学生划分几组，每组 3～5 人，组成模拟审计小组。

（1）复核主营业务收入明细账，复核合计数是否正确。

（2）采用审阅法审查第 77 号记账凭证（见表 3－4）存在的问题。

（3）将调整分录填写在表 3－5 的记账凭证中。

表 3－3 明细账

会计科目 主营业务收入　　　　明细科目　　　　子目

2017 年		凭证号	摘要	借方											贷方											核对号	借或贷	余额									
月	日			亿	千	百	十	万	千	百	十	元	角	分	亿	千	百	十	万	千	百	十	元	角	分			千	百	十	万	千	百	十	元	角	分
12	1	1	销售甲产品																6	0	0	0	0	0	0												
12	7	12	销售乙产品																4	8	0	0	0	0	0												
12	14	38	销售甲产品																1	5	0	0	0	0	0												
12	23	77	销售甲产品折让						1	0	0	0	0	0																							
12	25	89	销售乙产品															2	0	0	0	0	0	0	0												
12	28	98	销售 A 材料															1	0	0	0	0	0	0	0												
12	30	126	结转本年利润				4	5	5	0	0	0	0	0																							
			本月合计				4	5	6	0	0	0	0	0				4	5	6	0	0	0	0	0		平										
			本年累计				4	5	6	0	0	0	0	0				4	5	6	0	0	0	0	0		平										
			结转下年																																		

表 3-4 记账凭证

2017 年 12 月 23 日　　　　字第 77 号

摘要	会计科目		记账	借方金额											记账	贷方金额										
	总账科目	明细科目	√	亿	千	百	十	万	千	百	十	元	角	分	√	亿	千	百	十	万	千	百	十	元	角	分
销售甲产品折让	主营业务收入	甲产品							1	0	0	0	0	0												
	库存现金																				1	0	0	0	0	0
合计								¥	1	0	0	0	0	0						¥	1	0	0	0	0	0

会计主管：钱庄　　记账：赵丽　　出纳：张平　　审核：孙佳　　制单：陈红

表 3-5 记账凭证

2017 年 12 月 23 日　　　　字第 77 号

摘要	会计科目		记账	借方金额											记账	贷方金额										
	总账科目	明细科目	√	亿	千	百	十	万	千	百	十	元	角	分	√	亿	千	百	十	万	千	百	十	元	角	分
合计																										

(四)实训考核方法

按每组学生完成实训要求情况打分。

实训内容三　审计调节法的运用

(一)实训所需条件

本实训所需资料如下：

大胜公司2017年12月31日库存商品明细账结存数量、2018年1月1日至18日收发记录、2018年1月18日盘点数据见表3-6。

表3-6　库存商品收发、结存记录

单位：件

品名	2017年12月31日账存数	2018年1月18日盘点数	2018年1月1日至18日		2017年12月31日应存数	2017年12月31日是否账实相符
			发出数	收入数		
A产品	7 198	8 060	10 720	11 400		
B产品	7 720	7 580	1 293	12 800		
C产品	4 150	3 790	5 660	5 300		

(二)实训要求

(1)阐述什么是审计调节法。

(2)运用调节法完成表3-6。

(3)如果库存商品账实不符，应该如何处理？

(三)实训组织方法及步骤

将上课班级学生划分几组，每组3~5人，组成模拟审计小组。

(1)引导学生回忆审计调节法的含义。

(2)引导学生思考期末库存商品结存数量确定的计算公式。

(3)将表3-6填写完整，并写出计算过程。

(4)如果库存商品账实不符，会计人员应该如何处理？

(四)实训考核方法

按每组学生完成实训要求情况打分。

实训内容四　主营业务收入(成本)审计

(一)实训所需条件

本实训所需资料如下：

审计人员对金马股份有限公司审计时，取得如下资料：

(1)2017年12月31日资产负债表，见表3-7。

表3－7　资产负债表

编制单位：金马股份有限公司　　　　2017年12月31日　　　　单位：元

资产	金额	负债和所有者权益	金额
库存现金	2 000	短期借款	40 000
银行存款	96 640	应收账款	136 000
应收账款	22 516	应交税费	12 000
存货	250 800	其中：增值税	2 400
其中：原材料	120 000	所得税	9 600
在产品	130 800	负债合计	188 000
产成品	0	实收资本	400 000
固定资产净值	247 200	盈余公积	10 000
		未分配利润	21 156
		所有者权益合计	431 156
资产总计	619 156	负债和所有者权益总计	619 156

(2)2017年12月原材料总账，见表3－8。

表3－8　总账

会计科目：原材料　　　　明细科目　　　　子目

2017年		凭证号	摘要	收入										支出										核对号	借或贷	结存									
月	日			千	百	十	万	千	百	十	元	角	分	千	百	十	万	千	百	十	元	角	分			千	百	十	万	千	百	十	元	角	分
12	1		期初结余																										2	6	0	0	0	0	0
12	2	2	购入			1	5	0	0	0	0	0	0															1	7	6	0	0	0	0	0
12	16	13	购入			2	4	0	0	0	0	0	0															4	1	6	0	0	0	0	0
12	31	77	生产领用													2	9	6	0	0	0	0	0					1	2	0	0	0	0	0	0
12	31		本月合计			3	9	6	0	0	0	0	0			2	9	6	0	0	0	0	0					1	2	0	0	0	0	0	0

(3)2017 年 12 月生产成本总账，见表 3－9。

表 3－9　生产成本总账

单位：元

成本项目	直接材料	直接人工	制造费用	合计
期初在产品	40 000	4 000	8 000	52 000
本期投入	296 000	32 000	50 000	378 000
费用合计	336 000	36 000	58 000	430 000
单位成本	1 120	144	232	1 496
结转产成品(200 件)	224 000	28 800	46 400	299 200
期末在产品(100 件)	112 000	7 200	11 600	130 800

(4)2017 年 12 月生产成本总账，见表 3－10。

表 3－10　原材料收发存月报表

材料种类		A 材料	B 材料	C 材料	D 材料	合计
期初	数量	300 件	80 千克	80 套	400 千克	
	单价(元)	40.00	100.00	50.00	5.00	
	金额(元)	12 000.00	8 000.00	4 000.00	2 000.00	26 000.00
收入	数量	5 200 件	1 000 千克	1 440 套	1 600 千克	
	单价(元)	40.00	100.00	50.00	5.00	
	金额(元)	208 000.00	100 000.00	72 000.00	10 000.00	390 000.00
发出	数量	4 100 件	720 件	400 套	1 600 千克	
	单价(元)	40.00	100.00	50.00	5.00	
	金额(元)	164 000.00	72 000.00	20 000.00	8 000.00	264 000.00
结存	数量	1 400 件	360 千克	1 120 套	800 千克	
	单价(元)	40.00	100.00	50.00	5.00	
	金额(元)	56 000.00	36 000.00	56 000.00	4 000.00	152 000.00

(5)2017 年 12 月 31 日存货盘存表，见表 3－11。

表 3－11　存货盘存表

2017 年 12 月 31 日

存货名称	单位	数量
材料：A 材料	件	1 400
B 材料	千克	360
C 材料	套	1 120
D 材料	千克	800
在产品	件	100
产成品	件	0

(6) 该公司所得税税率为 25%。

(二) 实训要求

对资产负债表进行检查，指出存在的问题，并作出调整。

(三) 实训组织方法及步骤

将上课班级学生划分几组，每组 3～5 人，组成模拟审计小组。

(1) 带领学生复习有关存货收入、发出相关知识。

(2) 带领学生复习资产负债表中存货列报的方法及存货的内容。

(3) 对资产负债表进行检查，指出存在的问题，并作出调整。

(四) 实训考核方法

按每组学生完成实训要求情况打分。

实训内容五　应付账款审计

(一) 实训所需条件

本实训所需资料如下：

2018 年 2 月 2 日，瑞华会计师事务所注册会计师王明带领审计助理张宏审计华星公司 2017 年 12 月 31 日的资产负债表的应付账款时，得到了应付账款总账及明细账的资料，见表 3－12 至表 3－19。

表 3－12　总账

会计科目：应付账款　　　　明细科目：　　　　子目

2017 年		凭证号	摘要	收入										支出										核对号	借或贷	结存									
月	日			千	百	十	万	千	百	十	元	角	分	千	百	十	万	千	百	十	元	角	分			千	百	十	万	千	百	十	元	角	分
12	1		期初结余																						贷			5	3	6	0	0	0	0	0
12	10	34	1－10 日汇总			1	0	7	0	0	0	0	0				9	2	7	5	0	0	0					5	2	1	7	5	0	0	0
12	20	35	11－20 日汇总			1	4	0	0	0	0	0	0			5	0	8	4	4	0	0	0					8	9	0	1	9	0	0	0
12	31	36	21－31 日汇总			4	5	0	2	0	0	0	0			3	3	6	9	6	0	0	0					7	7	6	9	5	0	0	0
12	31		本月合计			6	9	7	2	0	0	0	0			9	3	8	1	5	0	0	0		贷			7	7	6	9	5	0	0	0
			本年累计			6	9	7	2	0	0	0	0			9	3	8	1	5	0	0	0		贷			7	7	6	9	5	0	0	0
			结转下年																																

表 3－13　明细账

会计科目：应付账款　　　　明细科目：上海五金公司　　　　子目

2017 年		凭证号	摘要	收入											支出											核对号	借或贷	结存									
月	日			亿	千	百	十	万	千	百	十	元	角	分	亿	千	百	十	万	千	百	十	元	角	分			千	百	十	万	千	百	十	元	角	分
12	1		期初余额																								贷			1	0	0	0	0	0	0	0
12	18	55	购进产品															5	0	8	4	4	0	0	0					6	0	8	4	4	0	0	0
12	31		本月合计															5	0	8	4	4	0	0	0		贷			6	0	8	4	4	0	0	0
			本年累计															5	0	8	4	4	0	0	0		贷			6	0	8	4	4	0	0	0
			结转下年																																		

表 3-14　明细账

会计科目　应付账款　　　　明细科目：深圳科技公司　　　　子目

2017 年		凭证号	摘要	收入											支出											核对号	借或贷	结存									
月	日			亿	千	百	十	万	千	百	十	元	角	分	亿	千	百	十	万	千	百	十	元	角	分			千	百	十	万	千	百	十	元	角	分
12	1		期初余额																								贷			4	3	6	0	0	0	0	0
12	2	5	支付部分货款				1	0	7	0	0	0	0	0																3	2	9	0	0	0	0	0
12	31		本月合计				1	0	7	0	0	0	0	0													贷			3	2	9	0	0	0	0	0
			本年累计				1	0	7	0	0	0	0	0													贷			3	2	9	0	0	0	0	0
			结转下年																																		

表 3-15　明细账

会计科目：应付账款　　　　明细科目：北京车床厂　　　　子目

2017 年		凭证号	摘要	收入											支出											核对号	借或贷	结存									
月	日			亿	千	百	十	万	千	百	十	元	角	分	亿	千	百	十	万	千	百	十	元	角	分			千	百	十	万	千	百	十	元	角	分
12	8		购进产品															3	3	6	9	6	0	0	0					3	3	6	9	6	0	0	0
12	31	5	本月合计															3	3	6	9	6	0	0	0		贷			3	3	6	9	6	0	0	0
			本年累计															3	3	6	9	6	0	0	0		贷			3	3	6	9	6	0	0	0
			结转下年																																		

表 3 – 16 明细账

会计科目：应付账款　　明细科目：沈阳机械厂　　子目

2017 年		凭证号	摘要	收入											支出											核对号	借或贷	结存									
月	日			亿	千	百	十	万	千	百	十	元	角	分	亿	千	百	十	万	千	百	十	元	角	分			千	百	十	万	千	百	十	元	角	分
12	8	27	购进产品																5	0	6	3	0	0	0						5	0	6	3	0	0	0
12	31		本月合计																5	0	6	3	0	0	0		贷				5	0	6	3	0	0	0
			本年累计																5	0	6	3	0	0	0		贷				5	0	6	3	0	0	0
			结转下年																																		

表 3 – 17 明细账

会计科目：应付账款　　明细科目：北京通达公司　　子目

2017 年		凭证号	摘要	收入											支出											核对号	借或贷	结存									
月	日			亿	千	百	十	万	千	百	十	元	角	分	亿	千	百	十	万	千	百	十	元	角	分			千	百	十	万	千	百	十	元	角	分
12	9	30	购进产品																4	2	1	2	0	0	0						4	2	1	2	0	0	0
12	31		本月合计																4	2	1	2	0	0	0		贷				4	2	1	2	0	0	0
			本年累计																4	2	1	2	0	0	0		贷				4	2	1	2	0	0	0
			结转下年																																		

表 3－18　明细账

会计科目：应付账款　　　　明细科目：南京金星公司　　　　子目

2017 年		凭证号	摘要	收入											支出											核对号	借或贷	结存									
月	日			亿	千	百	十	万	千	百	十	元	角	分	亿	千	百	十	万	千	百	十	元	角	分			千	百	十	万	千	百	十	元	角	分
12	12	50	预付货款				1	4	0	0	0	0	0	0																1	4	0	0	0	0	0	0
12	31		本月合计				1	4	0	0	0	0	0	0													贷			1	4	0	0	0	0	0	0
			本年累计				1	4	0	0	0	0	0	0													贷			1	4	0	0	0	0	0	0
			结转下年																																		

表 3－19　明细账

会计科目：应付账款　　　　明细科目：长沙造纸厂　　　　子目

2017 年		凭证号	摘要	收入											支出											核对号	借或贷	结存									
月	日			亿	千	百	十	万	千	百	十	元	角	分	亿	千	百	十	万	千	百	十	元	角	分			千	百	十	万	千	百	十	元	角	分
12	12	51	预付货款				4	5	0	2	0	0	0	0																4	5	0	2	0	0	0	0
12	31		本月合计				4	5	0	2	0	0	0	0													贷			4	5	0	2	0	0	0	0
			本年累计				4	5	0	2	0	0	0	0													贷			4	5	0	2	0	0	0	0
			结转下年																																		

(二)实训要求

使用核对法对华星公司应付账款进行审核，并编制应付账款核对审计工作底稿，见表3－20。

(三)实训组织方法及步骤

将上课班级学生划分几组，每组3～5人，组成模拟审计小组。

(1)指导学生将应付账款总账和明细账进行账账核对。

(2)指导学生完成审计工作底稿(见表3－20)的编制。

表3－20　应付账款核对审计工作底稿

被审计单位： 项目：应付账款核对 编制： 日期：			索引号：FD－2 财务报表截止日期： 复核： 日期：		
账户名	期初余额	本期借方发生额	本期贷方发生额	期末余额	备注

审计结论：

（四）实训考核方法

按每组学生完成实训要求情况打分。

实训内容六　审计抽样技术的运用

（一）实训所需条件

本实训所需资料如下：

A注册会计师负责审计甲公司2017年度财务报表。A注册会计师采用统计抽样技术测试现金支付授权控制是否有效运行。其部分做法摘录如下：

（1）A注册会计师为测试现金支付授权控制是否有效运行，从2013年1月1日至2013年12月31日期间的所有已得到授权的项目中抽取样本。

（2）在对所选取的样本实施检查过程中，A注册会计师将抽样单元定义为每一张现金支付单据。

（3）在对样本检查的过程中，A注册会计师发现一笔现金支付单据后没有附上盖了“已付”戳记的发票和订购单，被审计单位总经理解释：该发票因为管理不善丢失。A注册会计师没有将其视为控制偏差。

（4）在对选取的样本项目进行检查后，A注册会计师将样本中发现的偏差数量除以样本规模计算出样本偏差率。样本偏差率就是对总体偏差率的最佳估计。

（5）A注册会计师确定的可容忍偏差率为8%，样本规模为90。测试样本后发现3例偏差，当可接受的信赖过度风险为10%时，确定的风险系数为6.7，则A注册会计师计算得出的总偏差率上限为7.4%，低于可容忍偏差率8%，因此可以接受总体。

（二）实训要求

针对上述第（1）项至第（5）项，逐项指出A注册会计师的做法是否正确。如不正确，简要说明理由。

简要提示：

（1）不正确。A注册会计师如果从已得到授权的项目中抽取样本，不能发现控制偏差，因为该总体不包含那些已支付但未得到授权的项目。因此A注册会计师应当将所有已支付现金的项目作为总体。

（2）正确。

（3）不正确。没有附上盖了“已付”戳记的发票和订购单等原始凭证的现金支付应该视为控制偏差。

（4）正确。

（5）不正确。A注册会计师计算得出的总体偏差率上限为7.4%，低于但接近可容忍偏差率8%，应该结合其他审计程序的结果，考虑是否接受总体，并考虑是否需要扩大控制测试范围，以进一步证实计划评估控制的有效性和评估重大错报风险水平。

（三）实训组织方法及步骤

将上课班级学生划分几组，每组 3 ~ 5 人，组成模拟审计小组。

（1）指导学生判断上述 A 注册会计师的做法是否正确。

（2）指导学生说明上述 A 注册会计师的做法不恰当的原因。

（四）实训考核方法

按每组学生完成实训要求情况打分。

实训四

风险评估与应对

一、实训目的

(1)掌握内部控制方法及风险评估程序;
(2)识别、评估及应对重大错报风险;
(3)理解控制测试和实质性程序;
(4)理解内部控制各要素的内容与目标。

二、理论知识点

注册会计师应当了解被审计单位及其环境，以充分识别和评估财务报表重大错报风险，设计和实施进一步审计程序。

(一)风险评估的作用

了解被审计单位及其环境是必要程序，特别是可以为注册会计师在下列关键环节作出职业判断提供重要基础。

(1)确定重要性水平，并随着审计工作的进程评估对重要性水平的判断是否仍然适当;
(2)考虑会计政策的选择和运用是否适当，以及财务报表的列报是否适当;
(3)识别需要特别考虑的领域，包括关联方交易、管理层运用持续经营假设的合理性，或交易是否具有合理的商业目的等;
(4)确定在实施分析程序时所使用的预期值;
(5)设计和实施进一步审计程序，以将审计风险降至可接受的低水平;
(6)评价所获取审计证据的充分性和适当性。

(二)风险评估程序

注册会计师应当实施下列风险评估程序，以了解被审计单位及其环境:

1. 询问程序

询问程序是指注册会计师询问被审计单位管理层和内部其他相关人员以了解与审计相关情况的程序。注册会计师可以考虑向管理层和财务负责人询问下列事项：

(1)管理层所关注的主要问题，如新的竞争对手、主要客户和供应商的流失、新的税收法规的实施以及经营目标或战略的变化等；

(2)被审计单位最近的财务状况、经营成果和现金流量；

(3)可能影响财务报告的交易或事项，或者目前发生的重大会计处理问题，如重大的并购事项等；

(4)被审计单位发生的其他重大变化，如所有权结构、组织结构的变化，以及内部控制的变化等。

2. 分析程序

分析程序是指注册会计师通过研究不同财务数据之间以及财务数据与非财务数据之间的内在关系以对财务信息作出评价的程序。分析程序还包括调查识别财务数据与其他相关信息不一致或与预期数据严重偏离的情况。

分析程序既可用作风险评估程序和实质性程序，也可用于对财务报表的总体复核。注册会计师实施分析程序有助于识别异常的交易或事项，以及对财务报表审计产生影响的金额、比率和趋势。在实施分析程序时，注册会计师应当预期可能存在的合理关系，并与被审计单位记录的金额、依据记录金额计算的比率或趋势相比较。如果发现异常或未预期到的关系，注册会计师应当在识别重大错报风险时考虑这些比较结果。

如果使用了高度汇总的数据，实施分析程序的结果仅可能初步显示财务报表存在重大错报风险，注册会计师应当将分析结果连同识别重大错报风险时获取的其他信息一并考虑。例如，被审计单位存在很多产品系列，各个产品系列的毛利率存在一定差异。对总体毛利率实施分析程序的结果仅可能初步显示销售成本存在重大错报风险，因此注册会计师需要实施更为详细的分析程序。例如，对每一产品系列进行毛利率分析，或者将总体毛利率分析的结果连同其他信息一并考虑。

3. 观察和检查程序

观察和检查程序可以印证对管理层和其他相关人员询问的结果，并可提供有关被审计单位及其环境的信息。注册会计师应当实施下列观察和检查程序：

(1)观察被审计单位的生产经营活动；

(2)检查文件、记录和内部控制手册；

(3)阅读由管理层或治理层编制的报告；

(4)实地察看被审计单位的生产经营场所和设备；

(5)追踪交易在财务报告信息系统中的处理过程(穿行测试)。

(三)了解被审计单位及其环境

注册会计师应当从下列方面了解被审计单位及其环境：

1. 行业状况、法律环境、监管环境以及其他外部因素

(1)了解行业状况有助于注册会计师识别与被审计单位所处行业有关的重大错报风险。注册会计师应当了解被审计单位的行业状况，主要包括：所处行业的市场供求与竞争、生产

经营的季节性和周期性、产品生产技术的变化、能源供应与成本、行业的关键指标和统计数据。

(2)注册会计师应当了解被审计单位所处的法律环境与监管环境，主要包括：适用的会计准则、会计制度和行业特定惯例；对经营活动产生重大影响的法律法规及监管活动；对开展业务产生重大影响的政府政策，包括货币、财政、税收和贸易等政策；与被审计单位所处行业和所从事经营活动相关的环保要求。

(3)注册会计师应当了解影响被审计单位经营的其他外部因素，主要包括：宏观经济的景气度、利率和资金供求状况、通货膨胀水平及币值变动、国际经济环境和汇率变动。

2. 被审计单位的性质

注册会计师应当了解被审计单位的性质，包括所有权结构、治理结构、组织结构、经营活动、投资活动、筹资活动等。

3. 被审计单位对会计政策的选择和运用

注册会计师应当了解被审计单位对会计政策的选择和运用，包括下列方面：重要项目的会计政策和行业惯例；重大和异常交易的会计处理方法；在新领域和缺乏权威性标准或共识的领域，采用重要会计政策产生的影响；会计政策的变更；被审计单位何时采用，以及如何采用新颁布的会计准则和相关会计制度。

4. 被审计单位的目标、战略以及相关经营风险

注册会计帅了解被审计单位的目标、战略以及相关经营风险，包括下列方面：被审计单位的目标、战略与经营风险，经营风险对重大错报风险的影响，被审计单位的风险评估过程，对小型被审计单位的考虑。

5. 被审计单位财务业绩的衡量和评价

被审计单位管理层经常会衡量和评价关键业绩指标(包括财务和非财务的)，预算及其差异分析，分部信息，分支机构、部门或其他层次的业绩报告以及与竞争对手的业绩比较。此外，外部机构也会衡量和评价被审计单位的财务业绩，如分析机构的报告和信用评级机构的报告。

(1)在了解被审计单位财务业绩衡量和评价情况时，注册会计师应当关注下列信息：关键业绩指标；业绩增长趋势；预测、预算和差异分析；管理层和员工业绩考核与激励性报酬政策；分部信息与不同层次部门的业绩报告；与竞争对手的业绩比较；外部机构提出的报告。

(2)关注内部财务业绩衡量的结果。内部财务业绩衡量可能显示未预期到的结果或趋势。在这种情况下，管理层通常会进行调查并采取纠正措施。与内部财务业绩衡量相关的信息可能显示财务报表存在错报风险。例如，内部财务业绩衡量可能显示被审计单位与同行业其他单位相比具有异常快的增长率或相当高的盈利水平。此类信息如果与业绩奖金或激励性报酬等因素结合起来考虑，可能显示管理层在编制财务报表时存在某种倾向的错报风险。因此，注册会计师应当关注被审计单位内部财务业绩衡量所显示的未预期到的结果或趋势、管理层的调查结果和纠正措施，以及相关信息是否显示财务报表可能存在重大错报风险。

(3)考虑财务业绩衡量指标的可靠性。如果拟利用被审计单位内部信息系统生成的财务业绩衡量指标，注册会计师应当考虑相关信息是否可靠，以及利用这些信息是否足以实现审计目标。许多财务业绩衡量中使用的信息可能由被审计单位的信息系统生成。如果被审计单位管理层在没有合作基础的情况下，认为内部生成的衡量财务业绩的信息是准确的，而实际

上信息有误，那么根据有误的信息得出的结论也可能是错误的。如果注册会计师计划在审计中(如在实施分析程序时)利用财务业绩指标，应当考虑相关信息是否可靠，以及在实施审计程序时利用这些信息是否足以发现重大错报风险。

(4)对小型被审计单位的考虑。小型被审计单位通常没有正式的财务业绩衡量和评价程序，管理层往往依据某些关键指标作为评价财务业绩和采取适当行动的基础，因此注册会计师应当了解管理层所使用的关键指标。

6. 被审计单位的内部控制

内部控制是被审计单位为了合理保证财务报告的可靠性、经营的效率和效果以及对法律法规的遵守，由治理层或管理层设计与执行的政策及程序。在了解与审计相关的内部控制时，注册会计师应当综合运用询问和其他程序，以评价这些内部控制的设计，并确定其是否得到执行。内部控制包括的要素：控制环境、风险评估过程、信息系统与沟通、控制活动和对控制的监督等。对内部控制了解的程度，是指在了解被审计单位及其环境时对内部控制了解的程度，包括评价控制的设计，并确定其是否得到执行，但不包括对控制是否得到一贯执行的测试。对内部控制的了解流程，如图 4－1 所示。

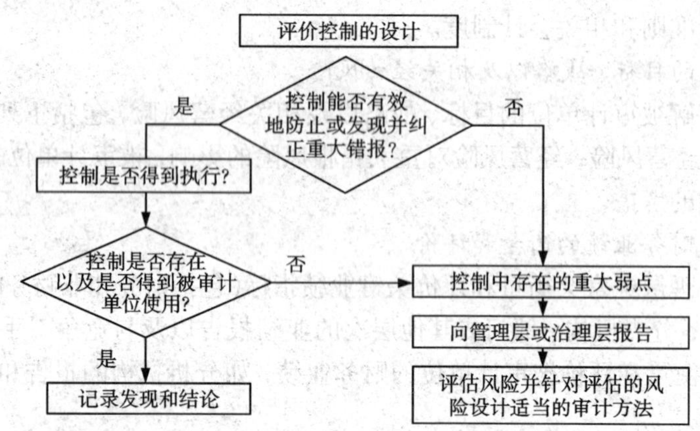

图 4－1　内部控制了解流程

(四)评估重大错报风险

1. 识别和评估重大错报风险的审计程序

(1)在了解被审计单位及其环境(包括与风险相关的控制)的整个过程中结合对财务报表中各类交易、账户余额和披露的考虑，识别风险。

(2)评估识别出的风险，并评价其是否更广泛地与财务报表整体相关，进而潜在地影响多项认定。

(3)结合对拟测试的相关控制的考虑，将识别出的风险与认定层次可能发生错报的领域相联系。

(4)考虑发生错报的可能性(包括发生多项错报的可能性)，以及潜在错报的重大程度是否足以导致重大错报。

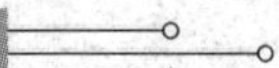

2. 识别两个层次的重大错报风险

在对重大错报风险进行识别和评估后，注册会计师应当确定，识别的重大错报风险是与特定的某类交易、账户余额、列报的认定相关，还是与财务报表整体广泛地相关，进而影响多项认定。

3. 需要特别考虑的重大错报风险

在确定风险的性质时，注册会计师应当考虑下列事项：

(1)风险是否属于舞弊风险；

(2)风险是否与近期经济环境、会计处理方法和其他方面的重大变化有关；

(3)交易的复杂程度；

(4)风险是否涉及重大的关联方交易；

(5)财务信息计量的主观程度，特别是对不确定事项的计量是否存在较大区间；

(6)风险是否涉及异常或属于超出正常经营过程的重大交易。

(五)控制测试

控制测试指的是测试控制运行的有效性。在测试控制运行的有效性时，注册会计师应当从下列方面获取关于控制是否有效运行的审计证据：

(1)控制在所审计期间的不同时点是如何运行的；

(2)控制是否得到一贯执行；

(3)控制由谁执行；

(4)控制以何种方式运行(如人工控制或自动化控制)。

作为进一步审计程序的类型之一，控制测试并非在任何情况下都需要实施。当存在下列情形之一时，注册会计师应当实施控制测试：在评估认定层次重大错报风险时，预期控制的运行是有效的；仅实施实质性程序不足以提供认定层次充分、适当的审计证据。虽然控制测试与了解内部控制的目的不同，但两者采用审计程序的类型通常相同，包括询问、观察、检查和重新执行等。

(六)实质性程序

实质性程序是指注册会计师针对评估的重大错报风险实施的直接用以发现认定层次重大错报的审计程序。因此，注册会计师应当针对评估的重大错报风险设计和实施实质性程序，以发现认定层次的重大错报。实质性程序包括对各类交易、账户余额、列报的细节测试以及实质性分析程序。

1. 细节测试

细节测试是对各类交易、账户余额、列报的具体细节进行测试，目的在于直接识别财务报表认定是否存在错报。细节测试被用于获取与某些认定相关的审计证据，如存在、准确性、计价等。

2. 实质性分析程序

实质性分析程序从技术特征上讲仍然是分析程序，主要是通过研究数据间的关系来评价交易。将该技术方法用做实质性程序，可用以识别各类交易、账户余额列报及相关认定是否存在错报风险。实质性分析程序通常更适用于在一段时间内存在可预期关系的大量交易。

三、实训内容

实训内容一　了解内部控制

(一)实训所需条件

本实训所需资料如下:

审计人员对衡百公司2017年度的财务状况进行审计。衡百公司尚未采用计算机记账。审计人员于2017年11月对衡百公司的内部控制制度进行了了解和测试,并在相关的审计工作底稿中记录了了解和测试的事项,摘录如下:

1. 衡百公司产成品发出时,由销售部填制一式三联的出库单,仓库发出产成品后,将第一联出库单由仓库留存登记产成品卡片,第二联交销售部留存,第三联交会计部会计人员甲登记产成品总账和明细账。

2. 会计人员乙负责开具未连续编号的销售发票。在开具销售发票之前,先核对装运凭证和相应的经批准的销售单,并根据已授权批准的商品价目表填写销售发票的价格,根据装运凭证上的数量填写销售发票上的数量。

3. 衡百公司的材料采购需要经授权批准后方可进行。采购部根据经批准的请购单发出订购单。货物运达后,验收部门根据订购单的要求验收货物,并编制一式多联的连续编号的验收单。仓库根据验收单验收货物,在验收单上签字后,将货物移入仓库加以保管。验收单上有数量、品名、单价等要素。验收单一联交由采购部登记采购明细和编制付款凭单,付款凭单经批准后及时交会计部;一联交会计部登记材料明细账;一联由仓库保留并登记材料明细账。会计部根据只附验收单的付款凭单登记有关账簿。

4. 会计部审核付款凭单后,按约定时间支付采购款项。支付货款时,由会计人员开出付款凭证,交出纳员办理付款手续;出纳员付款后,在进货发票上加盖"付讫"戳记,再转交会计人员记账。

5. 衡百公司股东大会批准董事会的投资权限为1.5亿元以下,董事会的决定由总经理负责实施。总经理决定由证券部负责总额在1.5亿元以下的股票买卖。衡百公司规定:企业划入证券营业部的款项由证券部申请,由会计部审核,总经理批准后才能转入公司在证券营业部开立的资金账户。经总经理批准,证券部从证券营业部资金账户中支取款项。此过程有会计部的审核,且证券买卖、资金存取的会计记录都由会计部处理。

6. 审计人员了解和测试投资的内部控制制度后发现:证券部在某证券营业部开户的有关协议及其补充协议已经过会计部门审核。根据总经理的批准,会计部门已将1亿元汇入该户。证券部处理证券买卖会计记录,月底将证券买卖清单交给会计部门,会计部门据以汇总登记。

7. 计划部根据批准,签发预先编号的生产通知单。生产部根据生产通知单填写一式四联的领料单。仓库发料后,其中一联留存,一联连同材料交还领料部,其余两联经仓库登记明细账后送会计部进行材料收发核算和成本核算。

8. 衡百公司设立了内部审计部,并直接对董事长负责。每年对子公司和各营业部进行审

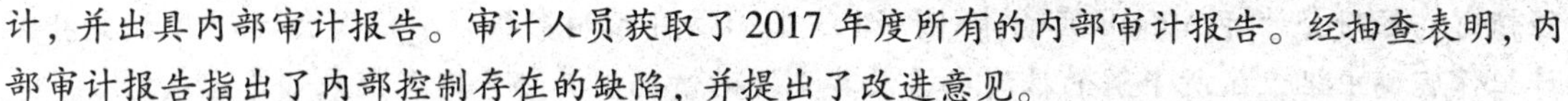

计，并出具内部审计报告。审计人员获取了2017年度所有的内部审计报告。经抽查表明，内部审计报告指出了内部控制存在的缺陷，并提出了改进意见。

9. 衡百公司设立现金出纳员和银行出纳员。银行出纳员负责到银行送取支票等票据，并登记银行存款日记账。月底银行出纳员取得银行对账单并编制银行存款余额调节表。员工报销，需根据审批手续报批，会计部对报销单据加以审核，现金出纳员见到加盖核准印章的支出凭据后付款。

10. 衡百公司未描述的其他内部控制无论在设计还是在运行方面都不存在缺陷。

(二)实训要求

(1)根据上述摘录，请指出衡百公司内部控制的缺陷并提出改进建议。

(2)根据上述材料，您认为审计人员应该如何评价衡百公司的控制风险，采用何种实质性程序(扩大还是缩小)，以及需要何种审计证据(多还是少)。

分析：

会计人员甲同时登记产成品总账和明细账，不相容职务未进行分离，注册会计师应建议衡百公司由不同的会计人员登记产成品总账和明细账；销售发票未连续编号，不能保证所有销售业务都已记录或未被重复记录，注册会计师应建议衡百公司对销售发票进行连续编号；付款凭单只附验收单，而未附订购单及供应商的发票等其他单据，会计部门无法核对采购事项是否真实，登记有关账簿时在金额或数量上就可能会出现差错，注册会计师应建议衡百公司将订购单和发票等与付款凭单一起交予会计部；证券部自己处理证券买卖的会计处理，业务的执行与记录的不相容职务未分离，并且未得到适当的授权与批准，月末会计部门汇总登记证券投资记录未及时按每一种证券分别设立明细账进行详细核算，注册会计师应建议衡百公司由会计部门对投资进行核算，及时分品种设立明细账进行详细核算；银行出纳员编制银行存款余额调节表，不相容职务未分离，凭证和记录未得到控制，注册会计师应建议衡百公司银行存款余额调节表由出纳员以外的其他会计人员编制。

(三)实训组织方法及步骤

将上课班级学生划分几组，每组3～5人，组成模拟审计小组。根据上述资料，讨论以上涉及哪些方面的内部控制，并评价被审计单位的重大错报风险。

(四)实训考核方法

按每组学生完成实训要求情况打分。

实训内容二　评估重大错报风险

(一)实训所需条件

本实训所需资料如下：

资料一：株洲公司主要从事小型电子消费品的生产和销售，产品销售以其仓库为交货地点。株洲公司日常交易采用自动化信息系统(以下简称系统)和手工系统相结合的方式进行。系统自2014年以来没有发生变化。株洲公司产品主要销售给国内各主要领域的电子消费品经销商。注册会计师A和B负责审计株洲公司2015年度财务报表。注册会计师A和B在审计工作底稿中记录了所了解的株洲公司及其环境的情况。其部分内容摘录如下：

1. 在2014年度实现销售收入增长10%的基础上，株洲公司董事会确定2015年销售收入增长目标为20%。株洲公司管理层实行年薪制，总体薪酬水平根据上月达标的完成情况上下浮动。株洲公司所处行业2013年的平均销售增长率是12%。

2. 株洲公司财务总监已为株洲公司工作超过6年，于2015年9月劳动合同到期后被株洲公司的竞争对手高薪聘请。由于工作压力大，株洲公司会计部门人员流动频繁，除会计主管服务期超过4年外，其余人员的平均服务期少于2年。

3. 株洲公司的产品面临快速更新换代的压力，市场竞争激烈。为巩固市场占有率，株洲公司于2015年4月将主要产品(C产品)的销售价格下调了8%～10%。另外，株洲公司在2015年8月推出了D产品(C产品的改良型号)，市场表现良好，计划在2016年全面扩大产量，并在2016年1月停止C产品的生产。为了加快资金流转，株洲公司于2016年1月针对C产品开始实施新一轮的降价促销策略，平均降价幅度达到10%。

4. 株洲公司销售的产品均由经客户认可的外部运输公司实施运输，运费由株洲公司承担，但运输途中的风险仍由客户自行承担。由于受能源价格上涨的影响，2015年的运输单价比上年平均上升了15%，但运输商同意将运费结算周期从原来的30天延长至60天。

5. 2015年度株洲公司主要原材料的价格与上年度基本持平，供应商也没有大的变化，但是由于技术要求发生了变化，D产品所消耗的高档金属材料比C产品略有上升，使得D产品的原材料成本比C产品上升了3%。

6. 除了2014年12月借入2年期、年利率6%的银行借款5 000万元外，株洲公司没有其他借款。上述长期借款专门用于扩建现有的一条生产线，以满足D产品的生产需要。该生产线总投资6 500万元，2014年12月开工，2015年7月完工投入使用(假设不考虑利息收入)。

资料二：注册会计师A和B在审计工作底稿中记录了所获取的株洲公司财务数据，部分内容摘录见表4-1。

表4-1 株洲公司部分财务数据

单位：元

项目	2015年		2014年	
	C产品	D产品	C产品	D产品
产成品	2 000	1 800	2 500	0
存货跌价准备	0		0	
主营业务收入	18 500	8 000	20 000	0
主营业务成本	17 000	5 600	16 800	0
销售费用——运输费	1 200		1 150	
利息支出	300		25	
减：利息资本化	250		25	
净利息支出	50		0	

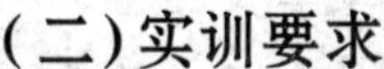

(二) 实训要求

针对资料一，结合资料二，假定不考虑其他条件，请逐项指出资料一中所列出的事项是否表明株洲公司的财务报表可能存在重大错报风险。如果认为存在，请简要说明理由，并分别说明该风险是属于财务报表层次的还是认定层次的。如果属于认定层次，请指出相关事项与何种交易或账户的何种认定相关，将结果填入表4－2。

(三) 实训组织方法及步骤

将上课班级学生划分几组，每组3～5人，组成模拟审计小组，对以上事项逐项进行讨论，并完成实训要求的内容。

(四) 实训考核方法

按每组学生完成实训要求情况打分。

表4－2　株洲公司财务报表重大错报汇总表

事项序号	是否表明可能存在重大错报风险	理由	重大错报风险属于财务报表层次还是认定层次	交易或者账户名称和认定
1				
2				
3				
4				
5				
6				

实训内容三　了解风险评估程序

(一) 实训所需条件

本实训所需资料如下：

A公司曾是美国全球领先的塑料制品生产商，产品包括储藏罐和垃圾箱等。在20世纪90年代中期，该公司连续数年年平均增长率超过14%，且连续3年被《财富》杂志评选为“美国最受欢迎的企业”。对A公司进行战略分析后发现，该公司对原油价格的波动非常敏感，因为其制品的一个重要原料是树脂，而树脂是由原油炼制而成的。但是A公司并没有采取任何控制原材料风险的措施——既没有集中采购，也没有与供应商签订长期的购买合同。而实际上，该公司是世界上最大的树脂消费商之一，以其采购规模，完全可以通过谈判获得更加优惠的价格。但是该公司并没有利用集中采购所能赋予它的定价能力，而是在全球12个地方分别采购原材料；当原油价格上涨时 A 公司只能把增加的成本转嫁给客户。

该公司也未能有效管理好与最大客户——世界上最大的零售商——沃尔玛的关系。沃尔玛拒绝接受价格上涨，并把 A 公司的产品放在了靠里面的货架上，而将 A 公司的低价竞争对手 DF 公司的产品置于最好的货架上。A 公司另一个战略方面的问题是制定的利润增长目标太高——试图维持 14% 的年增长率。实现目标的困难给管理层带来了巨大的压力，而这一点对于内部控制环境十分不利，同时它在欧洲的扩张也遭遇了挫折。

分析：

从上述情况来看，注册会计师可以作出合理的财务业绩预期：销售增长放缓、销售毛利收窄、利润降低、研发费用增加等。假如出现与预期不一致的情形，如果这一年的销售毛利反而比上年增加了等，注册会计师就要加以注意。

同时，注册会计师可能估计 A 公司会通过降低产品质量来降低产品成本，从而以达到业绩增长的目标。这就需要对产品成本结构进行深层次的分析，看该公司是否有可能通过改变产品配方来压缩成本；如果发现产量过大而且销售不利，那么库存就应该会有所增加；还有资本结构方面，它在欧洲投资失败，这些资本是否作为坏账冲销掉。这些都是需要加以考虑的情况。

（二）实训要求

通过上述资料，分析 A 公司存在哪些方面的风险，并指出针对这些风险注册会计师在执行审计工作时应该采取何种措施来合理应对这些风险。在分析的过程中，注意理解风险评估程序在整个审计工作过程中的重要作用。

（三）实训组织方法及步骤

将上课班级学生划分几组，每组 3 ~ 5 人，组成模拟审计小组，对上述被审计单位及其环境的情况所涉及的风险以及应对措施进行讨论。

（四）实训考核方法

按每组学生完成实训要求情况打分。

实训内容四　风险的应对

（一）实训所需条件

本实训所需资料如下：

衡百公司为国内一家拟首次发行股票并上市的股份公司，主要从事天然彩棉的研究和开发。公司的主要产品为以天然彩棉为核心的初级产品以及终端产品，初级产品为彩棉种子、彩色皮棉等，终端产品为彩色棉纱、彩棉服装等。公司的重要财务数据（未审数）见表 4 – 3。

表 4－3　衡百公司重要财务数据　　单位：万元

	2016 年 2 月末	2015 年年末	2014 年年末	2013 年年末
资产总额	48 979	48 805	27 300	17 905
其中：存货	25 098	25 169	13 441	11 965
应收账款	5 237	4 392	3 453	699
主营业务收入	1 848	17 216	10 069	5 617
主营业务利润	867	6 911	2 802	825
其中：种子利润		3 971	2 359	
毛利率(%)	47	40	28	15
净利润	234	3 702	1 409	202

1. 存货及主营业务成本

(1)盘点结果：存货数量账实基本相符。

(2)产品成本计算和结转方法：对联产品成本的计算，按照联产品销售市价比例法确定各产品的入账成本，符合有关规定；存货的发出计价和成本结转用加权移动平均法按月进行计算。

(3)存货期末价值：期末市价均高于成本，无须计提存货跌价准备。

2. 收入

(1)合同显示，2014 年以前公司提供种子给种植单位，按照合同的约定价格收购籽棉，并保证种植单位每亩收益不低于 100 元，不足部分由公司补足，此时向种植单位转移种子未做销售处理。

(2)2013 年 12 月，公司取得种子经营许可证后，合同明确了种子销售给种植单位以后，不再保证种植单位最低收益，公司仅按合同约定价格收购籽棉。公司具体确认种子收入的时点为销售合同已签订、棉种已出库转移给对方、发票已开出或价款已收到。

(3)注册会计师未发现重大问题，据此出具了标准无保留意见的审计报告。

根据以上材料，作简要的分析：

1. 行业环境的分析

天然彩棉为高科技项目，处于开发初期，国内外同类产品的开发应用也处在尚未成熟、未大规模推广的阶段。该阶段特点为：研发费用高昂、规模经济效益尚未形成；虽然产品符合人们对于天然环保概念潮流的追求，但是能否成为传统白色棉花的替代品或以后棉纺织品的主流无法定论，经营前景存在较大的不确定性；公司是国内较早推出该产品的企业之一，且经营规模是国内最大的。

2. 企业经营

公司的主要业务为彩色棉花的研究开发和相关产品的生产销售。该产品的特点为天然彩色，符合人们对于天然环保潮流的追求，但是与传统的白色棉花相比，使用价值与经济价值上的比较优势不明显。不过，财务报表显示，其主要产品的毛利率接近 50%，远远超过传统白色棉花产业的平均水平。由于开发初期的科研开发费用高昂、规模经济效益尚未形成，高额的利润率存在质疑的理由。

3. 经营模式的分析

公司的初级产品是彩棉种子、彩色皮棉等，采取销售彩棉种子给各种植单位然后收购籽棉，加工成彩色皮棉、棉种等系列产品再进行销售的方式。终端产品为彩色棉纱、彩棉服装等，也向加工单位提供彩色皮棉等原材料，加工成各种终端产品后，由公司统一对外销售。显然，公司的主要经营模式为委托加工。

4. 重要的会计政策分析

(1)收入确认分析。公司采取委托加工模式，公司所生产的原材料或初级产品的对外转移，在实质上不构成销售，在此阶段不能确认相关销售收入。然而，同为委托加工，衡百公司对交易确认的方法横向、纵向的不一致，已经显示出操纵利润的成分。加之种子的销售利润分别占 2012 年度、2013 年度主营业务利润的 84.19%、57.46%，分别占公司净利润的 167%、107%。因而，基本上可以判定衡百公司在操纵收入。

(2)成本确认与计量的分析。衡百公司按照联产品的销售市价比例法来计算联产品的成本，用移动加权平均法计算产品成本的结转，表面上产品成本的确认符合有关规定，但从行业环境角度来看，由于衡百公司在国内处于垄断地位，销售价格实际上完全由公司自行确定，相关的产品售价并非真正意义上的市场价格，缺乏一定的公允性，在此价格基础之上确定的联产品成本失去了可靠的基础。同样，虽然存货期末价值根据报告日前后的销售发票验证，表明了存货的期末价值均高于成本价，但是由于此市价实际上也并非真正意义上的市场公允价格，存货跌价准备的确定也存在一定的问题。

(二)实训要求

根据以上的实训材料和分析，利用对风险评估及应对的理解和掌握，对材料中存在的问题进行讨论，并提出合理的审计建议。

(三)实训组织方法及步骤

将上课班级学生划分几组，每组 3 ~ 5 人，组成模拟审计小组。

(四)实训考核方法

按每组学生完成实训要求情况打分。

实训五

审计测试

一、实训目的

(1)掌握货币资金的核对、现金监盘、银行存款函证等实质性测试程序；
(2)掌握应收款函证、审阅、检查等实质性测试程序；
(3)理解存货监盘程序；
(4)掌握固定资产入账价值的确认、所有权证据、折旧测试等实质性测试程序；
(5)掌握营业收入的确认、收入的截止测试、检查等实质性测试程序；
(6)掌握管理费用的审阅、检查等实质性测试程序。

二、实训内容

实训内容一　货币资金审计

(一)货币资金审计的相关法规

一般而言，会计报表中的货币资金项目是根据“库存现金”、“银行存款”、“其他货币资金”3个会计科目余额之和填列的。其他货币资金包括外埠存款、银行汇票存款、银行本票存款、信用证保证金存款和存出投资款等。

1.《现金管理暂行条例》的规定

(1)开户单位之间的经济往来，除按规定的范围可以使用现金外，应当通过开户银行进行转账结算。

(2)开户银行现金收支应当依照下列规定办理：

①开户单位现金收入应于当日送存开户银行。当日送存确有困难的，由开户银行确定时间。

②开户单位支付现金，可以从本单位库存现金限额中支付或者从开户银行提取，不得从本单位的现金收入中直接支付(即坐支)。因特殊情况需要坐支现金的，应当事先报经开户银行审查批准，由开户银行核定坐支限额。坐支单位应当定期向开户银行报送坐支金额和使用情况。

2.《银行账户管理办法》的规定

(1)存款账户分为基本存款账户、一般存款账户、临时存款账户和专用存款账户。

(2)基本存款账户是存款人办理日常转账结算和现金收付的账户。存款人的工资奖金等现金的支取，只能通过基本存款账户办理。

(3)一般存款账户是存款人在基本存款账户以外的银行借款转存、与基本存款账户的存款人不在同一地点的附属非独立核算单位开立的账户。

(4)临时存款账户是存款人因临时经营活动需要开立的账户。

(5)专用存款账户是存款人因特定用途需要开立的账户。

(6)存款人不得违反《银行账户管理办法》的规定在多家银行机构开立基本存款账户。存款人不得在同一家银行的几个分支机构开立一般存款账户。

(7)存款人的账户只能办理存款人本身的业务活动，不得出租和转让账户。

3.《企业会计准则——应用指南》有关货币资金的规定

(1)库存现金主要账务处理

①“库存现金”科目核算企业的库存现金。企业内部周转使用备用金的，可以单独设置“备用金”科目。

②企业增加库存现金，借记“库存现金”科目，贷记“银行存款”等科目；减少库存现金，做相反的会计分录。

③企业应当设置现金日记账，根据收付款凭证，按照业务发展的顺序逐笔登记；每日终了，应当计算当日的现金收入合计额、现金支出合计额和结存额，将结存额与实际库存额核对，做到账实相符。

④“库存现金”科目期末借方余额，反映企业持有的库存现金。

(2)银行存款主要账务处理

①“银行存款”科目核算企业存入银行或其他金融机构的各种款项。银行汇票存款、银行本票存款、信用卡存款、信用证保证金存款、存出投资款、外埠存款等，在“其他货币资金”科目核算。

②企业增加银行存款，借记“银行存款”科目，贷记“库存现金”“应收账款”等科目；减少银行存款，做相反的会计分录。

③企业可按开户银行和其他金融机构、存款种类等设置银行存款日记账，根据收付款凭证，按照业务发生顺序逐笔登记。每日终了，应结出余额。银行存款日记账应定期与银行对账单核对，至少每月核对一次。企业银行存款账目余额与银行对账单余额之间如有差额，应编制银行存款余额调节表调节相符。

④“银行存款”科目期末借方余额，反映企业存在银行或其他金融机构的各种款项。

(3)其他货币资金主要账务处理

①“其他货币资金”科目核算企业的银行汇票存款、银行本票存款、信用卡存款、信用证保证金存款、存出投资款、外埠存款等其他货币资金。

②企业增加其他货币资金，借记“其他货币资金”科目，贷记“银行存款”科目；减少其他货币资金，借记有关科目，贷记“其他货币资金”科目。

③“其他货币资金”科目可按银行汇票或本票、信用证的收款单位、外埠存款的开户银行，分别“银行汇票”“银行本票”“信用卡”“信用证保证金”“存出投资款”“外埠存款”等进行明细核算。

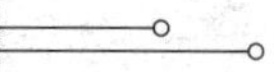

④“其他货币资金”科目期末借方余额，反映企业持有的其他货币资金。

需要注意的是，资产负债表中的“货币资金”与现金流量表中的“现金及现金等价物”含义不同。根据《企业会计准则——应用指南》的规定，现金流量表中的“现金等价物”是指企业持有的期限短、流动性强、易于转换为已知金额现金、价值变动风险小的投资，一般指3个月到期的债权投资。两者之间的关系是：某一时点，货币资金 + 持有期限不超过3个月的债权投资 - 受到限制的存款 = 现金及现金等价物。

（二）货币资金审计中的工作底稿

2015年1月20日，中意会计师事务所审计人员程前、张文燕依据《中国注册会计师独立审计准则》和新光公司2014年度财务报表审计的具体实施方案，负责货币资金的审计。对货币资金实施了审阅、函证、询问、复算等程序，编写的工作底稿如表5-1所示。

表5-1　中意会计师事务所货币资金工作表目录

编号	科目名称	工作底稿名称	索引号
1	货币资金	程序表	4100-0
2	货币资金	审定表	4100
3	货币资金	货币资金明细表	4100-1
4	货币资金	库存现金监盘表	4100-2
5	货币资金	银行存款审核表	4100-3
6	货币资金	银行未达账项审查表	4100-3-1
7	货币资金	银行存款余额调节表	4100-3-2
8	货币资金	货币资金函证表	4100-4
9	货币资金	货币资金测试表	4100-5

所进行的实质性测试程序如表5-2所示。

（三）货币资金审计过程及分析

审计人员程前、张文燕对新光公司货币资金进行了实质性测试，按照货币资金审计程序表结合被审计单位的实际业务，分别完成了以下审计程序。

1. 核对货币资金报表数与现金日记账、银行存款日记账和其他货币资金余额是否相符

【审计程序】一般而言，财务报表审计中的第一个程序几乎都是报表数、总账及明细账余额核对，相当于把未审的报表数通过钩稽关系与有关会计科目建立起联系，将其数额有序地展开，便于审计人员进一步审查。

【案例分析】本案例中，新光公司2014年12月31日资产负债表显示：货币资金期末余额为1 088 056.20元。那么，这个数据是由哪几部分组成的呢？审计人员程前、张文燕首先审阅了新光公司的科目余额表，看到的货币资金构成如表5-3所示。

表 5-2　货币资金实质性程序表

被审计单位：新光公司　　索引号：4100-0　　页次：

项目：货币资金实质性程序　编制人：程前　日期：2015.1.20　财务报表截止日：2014.12.31　复核人：王洋　日期：2015.1.20

<table>
<tr><td colspan="5" rowspan="2">审计目标</td><td colspan="5">财务报表认定</td></tr>
<tr><td>存在</td><td>完整性</td><td>权利和义务</td><td>计价和分摊</td><td>列报</td></tr>
<tr><td>A</td><td colspan="4">资产负债表中记录的货币资金是存在的</td><td></td><td></td><td></td><td></td><td></td></tr>
<tr><td>B</td><td colspan="4">所有应当记录的货币资金均已记录</td><td></td><td></td><td></td><td></td><td></td></tr>
<tr><td>C</td><td colspan="4">记录的货币资金由被审计单位拥有或控制</td><td></td><td></td><td></td><td></td><td></td></tr>
<tr><td>D</td><td colspan="4">货币资金以恰当的金额包括在财务报表中，与之相关的计价调整已恰当记录</td><td></td><td></td><td></td><td></td><td></td></tr>
<tr><td>E</td><td colspan="4">货币资金已按照《企业会计准则》的规定在财务报表中作恰当列报</td><td></td><td></td><td></td><td></td><td></td></tr>
<tr><td colspan="10">计划实施的实质性程序</td></tr>
<tr><td>审计目标</td><td>实质性程序</td><td>是否执行</td><td>未执行的原因</td><td>索引号</td><td>存在</td><td>完整性</td><td>权利和义务</td><td>计价和分摊</td><td>列报</td></tr>
<tr><td></td><td>（一）库存现金</td><td></td><td></td><td></td><td></td><td></td><td></td><td></td><td></td></tr>
<tr><td rowspan="2">D</td><td rowspan="2">1. 核对现金日记账与总账的金额是否相符，现金的折算汇率及折算金额是否正确</td><td>是</td><td></td><td>4100-1</td><td></td><td></td><td></td><td></td><td></td></tr>
<tr><td>否</td><td>无外币</td><td></td><td></td><td></td><td></td><td></td><td></td></tr>
<tr><td>ABCD</td><td>2. 监盘库存现金：(1)制定监盘计划，确定监盘时间。(2)将盘点金额与现金日记账余额进行核对，如有差异，应要求被审计单位查明原因并作适当调整；如无法查明原因，应要求被审计单位按管理权限批准后作出调整。(3)在非资产负债表日进行盘点时，应调整至资产负债表日的金额。(4)若有充抵库存现金的借条、未提现支票、未作报销的原始凭证，需在盘点表中注明，如有必要应作调整。特别关注数家公司混用现金保险箱的情况。</td><td>是</td><td></td><td>4100-2</td><td></td><td></td><td></td><td></td><td></td></tr>
<tr><td>ABD</td><td>3. 抽查大额库存现金收支。检查原始凭证是否齐全、记账凭证与原始凭证是否相符、账务处理是否正确、是否记录于恰当的会计期间等内容。</td><td>是</td><td></td><td>4100-5</td><td></td><td></td><td></td><td></td><td></td></tr>
<tr><td></td><td>4. 根据评估的舞弊风险等因素增加其他审计程序</td><td></td><td></td><td></td><td></td><td></td><td></td><td></td><td></td></tr>
</table>

续表

审计目标	实质性程序	是否执行	未执行的原因	索引号	存在	完整性	权利和义务	计价和分摊	列报
	(二)银行存款								
D	5. 获取或编制银行存款余额明细表：(1)复核加计是否正确，并与总账数和日记账合计数核对是否相符；(2)检查非记账本位币银行存款的折算汇率及折算金额是否正确。	是		4100-1					
		是		4100-3					
		是		4100-5					
ABD	6. 取得并检查银行存款余额调节表：(1)取得被审计单位的银行对账单，并与银行询证函回函核对，确认是否一致，抽样核对账面记录的已付票据金额及存款金额是否与对账单记录一致；(2)获取资产负债表日的银行存款余额调节表，检查调节表中加计数是否正确、调节后银行存款日记账余额与银行对账单余额是否一致；(3)检查调节事项的性质和范围是否合理：检查是否存在跨期收支和跨行转账的调节事项，编制跨行转账业务明细表，检查跨行转账业务是否同时对应转入和转出，未在同一期间完成的转账业务是否反映在银行存款余额调节表的调整事项中。	是		4100-3-1					
AC	7. 函证银行存款余额，编制银行函证结果汇总表，检查银行回函：(1)向被审计单位在本期存过款的银行发函，包括零账户和账户已结清的银行；(2)确定被审计单位账面余额与银行函证结果的差异，对不符事项作出适当处理。								
C	8. 检查银行存款账户存款人是否为被审计单位；若存款人为非被审计单位，应获取该账户户主和被审计单位的书面声明，确认资产负债表日是否需要调整。	是		4100-4					
ABD	9. 抽查大额银行存款收支的原始凭证，检查原始凭证是否齐全、记账凭证与原始凭证是否相符、账务处理是否正确、是否记录于恰当的会计期间等内容，检查是否存在非营业目的的大额货币资金转移，并核对相关账户的进账情况；如有与被审计单位生产经营无关的收支事项，应查明原因并作相应的记录。	是		4100-5					
	(三)其他货币资金(以下略)								

表 5-3 货币资金构成表

单位名称：新光公司　　　　单位：元

科目编号	科目名称	借/贷	年初数	借方	贷方	期末余额
1001	库存现金	借	5 004.92	648 660.31	653 236.84	428.39
100101	人民币	借	5 004.92	648 660.31	653 236.84	428.39
100102	美元	借	0	0	0	0
1002	银行存款	借	560 494.80	17 573 385.39	17 046 252.38	1 087 627.81
100201	工行(人民币户)	借	470 532.43	15 480 904.82	14 871 065.68	1 080 371.57
100202	工行(美元户)	借	70 416.84	899 880.45	963 240.92	7 056.37
100203	建行(人民币户)	借	119 545.53	86.59	19 616.29	15.83
100204	中行纳税户	借	0	1 192 513.53	1 192 329.49	184.04
……	……					

表 5-3 显示，库存现金期末余额为 428.39 元，银行存款期末余额为 1 087 627.81 元并有 4 个明细户头。接下来的任务就是将每一部分通过一定的审计方法核实，判断是否有误，从而确认货币资金的报表数是否正确。审计人员程前、张文燕接着又审阅了现金日记账、银行存款日记账，经核对均无误。核对程序形成的工作底稿如表 5-4、表 5-5 所示。

表 5-4 货币资金审定表

被审单位：新光公司　　索引号：4100　　页次：

项目：货币资金审定　　编制人：程前　　日期：2015.1.20

财务报表截止日/期间：2014.12.31　　复核人：王洋　　日期：2015.1.21

项目	期初余额			期末余额			索引号
	调整前	审计调整	调整后	调整前	审计调整	调整后	
库存现金	5 004.92			428.49		428.39	4100-1
银行存款	560 494.80			1 087 627.81		1 087 627.81	4100-1
其他货币资金							
合计	565 499.72			1 088 056.20			
审计意见：无异常。							

2. 盘点库存现金

库存现金的盘点是证实资产负债表中所列货币资金中的现金是否存在的重要步骤，同时也是财务报表审计中必须执行的程序之一。

【审计程序】盘点库存现金的步骤是：

(1)采用突击性方式进行现金盘点。一般选择上午上班前或下午下班时进行盘点，事先不能告诉被审计单位。现金盘点的范围包括企业各部门所经管的所有现金。如企业的现金存放于两处或两处以上，应采取同时盘点的方式。如果审计人员人手不够，可以采用盘点完一处现金后封存，再盘点下一处的方法。

(2)出纳暂停收付款业务，结出盘点日现金日记账结存额。

表 5 –5　货币资金明细表

被审计单位：新光公司　　　　索引号：4100 –1　　　　页次：

项目：货币资金审定　　　　编制人：张文燕　　　　日期：2015.1.20

财务报表截止日/期间：2014.12.31　　　　复核人：王洋　　　　日期：2015.1.21

项目名称	货币资金		货币	期初余额			借方	贷方	期末余额			调整数	审定数	备注		
				原币	汇率	本币			原币	汇率	本币					
现金			人民币			5 004.92	648 660.31	653 236.84			428.39					
小计						5 004.92	648 660.31	653 236.84			428.39					
银行存款	基本情况			期初余额			借方	贷方	期末余额					辅证资料		
	开户银行	账号		原币	汇率	本币			原币	汇率	本币	调整数	审定数	询证函	调节表	对账单
1	工行和平里支行	20202078738 –1	人民币			473 532.43	15 480 904.82	14 871 065.68			1 080 371.57			有	有	有
2	工行开发区支行	738340200	美元	10 573.90	6.66	70 416.84	899 880.45	963 240.92	1 065.92	6.26	7 056.37			有	无	有
3	建行工业路支行	45092034084 –8	人民币			19 545.53	86.59	19 616.29			15.83			有	无	有
4	中行市府街支行	872030300900	人民币			0	1 192 513.53	1 192 329.49			184.04			有	无	有
小计						560 494.80	1 757 385.39	17 046 252.38			1 087 627.81					
其他货币资金	无															
合计						560 494.80	1 757 385.39	17 046 252.38			1 087 627.81					

(3)审计人员监盘现金，核对盘点日是否账实相符。现金监盘时，出纳、财务主管和审计人员须到场。出纳盘点现金，审计人员在工作底稿上记录盘点结果。然后，根据盘点日现金日记账结存额，考虑已收款或已付款但尚未入账的业务，得出盘点日现金日记账应结存额，与现金实盘数比较，检查盘点日是否账实相符。

(4)追溯计算至报表日的数额是否与资产负债表"货币资金"项目中所列现金相符。

【案例分析】本案例中，审计人员程前、张文燕于2015年1月20日上午8点30分进驻新光公司进行现金监盘。经查证，新光公司所有现金皆存放在财务部。财务部出纳刘俪、财务主管李大旗在场。刘俪结出现金日记账结存额为3 200元。

(1)经过实地清点，现金实有数为：100元币2张，50元币6张，10元币38张，5元币28张，1元币18张，0.5元(纸币)18张，0.1元币(硬币)30枚。

(2)在清点中，还有下列原始凭证尚未入账：

①收到职工损坏物资个人赔款850元，已开收据；

②采购员出差支取备用金3 000元，经过领导批准，已办理支付手续。

(3)经查阅2015年1月现金日记账，2015年1月1日—1月19日现金收入50 000元，现金支出47 228.39元。

审计人员程前、张文燕按照以下步骤进行现金监盘：

(1)监盘现金，并在工作底稿上做记录。新光公司出纳刘俪打开保险柜，清点现金，其结果是：

现金实盘数 $=100\times2+50\times6+10\times38+5\times28+1\times18+0.5\times18+0.1\times30=1\ 050$(元)

(2)核实盘点日账实是否相符。

盘点日现金日记账应结存额 = 盘点日现金日记账结存额 + 已收款尚未入账的收入 − 已付款尚未入账的支出

$=3\ 200+850-3\ 000=1\ 050$(元)

盘点日现金实盘数 $=1\ 050$(元)

因此，盘点日账实相符。需要指出的是，上述业务中如果存在白条抵库的现象，应提醒被审计单位严格支出审批手续。如果盘点日现金账实不符，即有现金盘盈或盘亏，则审计人员应督促出纳、会计主管查明原因，并将结果记录在工作底稿中。

(3)追溯计算至报表日，检查资产负债表日现金余额是否正确。审计人员程前、张文燕接着进行如下计算：

报表日现金应有数 = 盘点日现金实盘数 + 报表日至盘点日现金付出额 − 报表日至盘点日现金收入额

其中：

报表日至盘点日现金付出额 = 该期间现金日记账记录的现金支出 + 未入账的现金支出

报表日至盘点日现金收入额 = 该期间现金日记账记录的现金收入 + 未入账的现金收入

报表日现金应有数 $=1\ 050+(47\ 228.39+3\ 000)-(50\ 000+850)$

$=1\ 050+50\ 228.39-50\ 850$

$=428.39$(元)

资产负债表"货币资金"所列现金余额为428.39元，经过监盘，现金余额可以确认。

(4)编制现金监盘工作底稿。审计人员程前、张文燕将以上过程编制在现金监盘工作底稿中，并请新光公司的出纳刘俪、财务主管李大旗在工作底稿上签名，如表5-6所示。

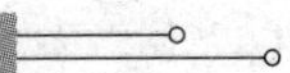

表 5－6　库存现金监盘表

被审计单位：新光公司　　　　索引号：4100－2

项目：库存现金监盘　　　　截止日/期间：2014 年 12 月 31 日

编制：张文燕　　　　复核：王洋

日期：2015.1.20　　　　日期：2015.1.21

检查盘点记录					实有库存现金盘点记录				
项目		项次	人民币	外币	面额	人民币		外币	
						张	金额	张	金额
监盘日库存现金账面余额		①	3 200 元						
监盘日未入账现金收入		②	850 元		1 000 元				
监盘日未入账现金支出		③	3 000 元		500 元				
监盘日账面应有金额		④＝①＋②－③	1 050 元		100 元	2	200 元		
盘点实有库存现金数额		⑤	1 050 元		50 元	6	300 元		
监盘日应有与实有差额		⑥＝④－⑤	0		20 元				
差异原因分析	白条抵库				10 元	38	380 元		
					5 元	28	140 元		
					1 元	18	18 元		
					0.5 元	18	9 元		
					0.1 元	30	3 元		
调整至资产负债表日（报表日）	报表日至监盘日库存现金付出总额（含③行）		50 288.39 元		合计		1 050 元		
	报表日至监盘日库存现金收入总额（含②行）		50 850 元						
	报表日库存现金应有余额		428.39 元						
	报表日余额折合本位币金额								
本位币合计			428.39 元						
审计说明：现金余额可以确认。									

出纳：刘俪　　　　财务主管：李大旗　　　　监盘人员：程前　张文燕

3. 核对银行存款总账与日记账余额是否相符

【审计程序】银行存款的审查，常见的审计方法包括审阅、核对、函证等，其中核对银行存款总账与日记账余额是否相符是第一个步骤。在这个步骤中，审计人员除了审阅银行存款日记账以外，还要索取各开户银行的银行对账单，以便进行账单核对。如果被审计单位银行存款日记账余额与银行对账单不符，则审计人员可以自行编制或向企业索取银行存款余额调节表，检查调节后两者是否相符。

【案例分析】本案例中，新光公司的银行存款账户分工行（人民币户）、工行（美元户）、建行、中行（纳税户）4 个明细核算账户。审计人员程前、张文燕依次查阅了银行存款日记账及对应的银行对账单。新光公司编制有银行存款余额调节表，审计人员一并进行了审阅，检查经调节后的账单是否相符。之后，编制了银行存款核对的工作底稿，如表 5－7 所示。

表 5－7　银行存款审核表

被审计单位：新光公司　　索引号：4100－3　　页次：

项目：银行存款审核　　编制人：程前　　日期：2015.1.20

财务报表截止日/期间：2014.12.31　　复核人：王洋　　日期：2015.1.21

开户行	银行账号	开户人名称	是否系质押、冻结等变现有限制或存在境外的款项	银行存款日记账余额	银行已收、企业未入账金额	银行已付、企业未入账金额	调整后银行存款日记账余额	银行对账单余额	企业已收、银行未入账金额	企业已付、银行未入账金额	调整后银行对账单余额	调整后差异
				①	②	③	④＝①＋②－③	⑤	⑥	⑦	⑧＝⑤＋⑥－⑦	无
工行和平里支行	2020202078738－1	新光公司	否	1 080 371.57	13 140	5 000	1 088 511.57	1 068 511.57	40 000	20 000	1 088 511.57	无
工行开发区支行	78 340 200	新光公司	否	7 056.37				7 056.37				
建行工业路支行	45092034084－8	新光公司	否	15.83				15.83				
中行市府街支行	872030300900	新光公司	否	184.04				184.04				
合计				1 087 627.0								

审计说明

注意：（1）若账面余额（原币数）与银行对账单金额不一致，应另行检查银行存款余额调节表；（2）请准确填写开户人名称，以检查账户存款人是否为被审计单位，若存款人非被审计单位，应获取该账户户主和被审计单位的书面声明，确认资产负债表日是否需要调整。

另外，审计人员程前将新光公司4个开户银行的对账单复印下来，请新光公司盖章后作为工作底稿的一部分，附在银行存款审核表后，补充说明数据来源。同时，对新光公司编制的银行存款余额调节表进行了核实，追查了未达账项的性质和内容，编制了工作底稿，如表5－8所示。

表5－8　银行存款余额调节表

被审计单位：新光公司　　　　索引号：4100/3/2
项目：银行存款余额调节表　　　　截止日/期间：2014/12/31
编制：程前　　　　复核：王洋
日期：2015.1.20　　　　日期：2015.1.21
开户银行：工行和平里支行　　　　银行账号：2020202078738－1
币种：人民币

项目	金额	调节项目说明	是否需要提请被审计单位调整
银行对账单余额	1 068 511.57		
加：企业已收、银行尚未入账合计金额			
其中：1. 收到支票款	40 000	见注(1)	否
2			
减：企业已付、银行尚未入账合计金额			
其中：1. 购货支付	20 000	见注(2)	否
2			
调整后银行对账单余额	1 088 511.57		
企业银行存款日记账余额	1 080 371.57		
加：银行已收、企业尚未入账合计金额			
其中：1. 外地汇款	8 500	见注(3)	否
2. 存款利息	4 600	见注(4)	否
减：银行已付、企业尚未入账合计金额			
其中：1. 支付水电费	5 000	见注(5)	否
2			
加：企业记账错误金额	40	见注(6)	否
调整后企业银行存款日记账金额	1 088 511.57		
审计说明：			

注(1)：12月28日，日记账上有存入购货方的转账支票40 000元，但对账单上无此记录。

注(2)：12 月 28 日，日记账上有购买材料付出转账支票 20 000 元，但对账单上无此记录。
注(3)：12 月 28 日，银行对账单上收到外地汇款 8 500 元(查系外地某乡镇企业)，但日记账无此记录。
注(4)：12 月 22 日，对账单上有存款利息 4 600 元，日记账上无此记录。
注(5)：12 月 25 日，对账单转账支付水电费 5 000 元，日记账上无此记录。
注(6)：12 月 26 日，日记账上付出 40 元，对账单上无此记录(查系出纳记账错误)。

4. 核查银行存款未达账项的真实性

【审计程序】如果企业银行存款日记账余额与银行对账单余额的差异是由未达账项造成的，则未达账项是否真实就显得至关重要，它直接关系到银行存款余额是否能确认。在未达账项审查中，审计人员除了核实业务本身是否真实以外，还要追查该未达账项日后进账情况。也就是说，未达账项在资产负债表日存在是允许的，但在资产负债表日后的较短时间内应及时到账。如果长时间不到账，则就不具备未达账项的性质，审计人员要检查其中是否存在错弊。

【案例分析】本案例中，未达账项(3)系银行对账单上收到外地汇款 8 500 元，审计人员程前、张文燕追查日后进账情况，审阅新光公司 2015 年 1 月银行存款日记账，看到其 1 月 10 日以 20 号凭证入账。其相关凭证如表 5－9、表 5－10 所示。

表 5－9　收款凭证

借方科目：银行存款　　2015 年 1 月 10 日　　字第 1－020 号

摘要	贷方总账科目	明细科目	√	金额
收：山东莱州汇款	其他应收款	汉清农药厂	√	8 500
合计				¥8 500

附单据壹张

财务主管：李大旗　　记账：杨美　　出纳：刘俪　　审核：杨美　　制单：刘俪

表 5－10　中国工商银行(收账通知)

2014 年 12 月 28 日　　第 00905 号

<table>
<tr><td rowspan="3">收款人</td><td>全称</td><td>新光铸件有限责任公司</td><td rowspan="3">付款人</td><td>全称</td><td colspan="9">汉清农药厂</td></tr>
<tr><td>账号</td><td>2020202078738－1</td><td>账号</td><td colspan="9">9848484920202</td></tr>
<tr><td>开户银行</td><td>工商银行和平里支行</td><td>开户银行</td><td colspan="9">农行莱州大豆镇分理处</td></tr>
<tr><td rowspan="2">人民币
(大写)</td><td colspan="3" rowspan="2">捌仟伍佰元整</td><td>千</td><td>百</td><td>十</td><td>万</td><td>千</td><td>百</td><td>十</td><td>元</td><td>角</td><td>分</td></tr>
<tr><td></td><td></td><td></td><td>¥</td><td>8</td><td>5</td><td>0</td><td>0</td><td>0</td><td>0</td></tr>
</table>

因此，该笔外地汇款的未达账项余额可以确认。同样方法追查未达账项(4)～(6)，未见异常。对企业已收付而银行未收付的未达账项，其真实性的核实可以索取资产负债表日后银行对账单加以验证；对于数额较大的未达账项，还可以直接向银行发询证函加以证实。本案例中，企业已收付而银行未收付的未达账项，经审阅 2015 年 2 月银行对账单，未见异常。审计人员程前、张文燕将上述未达账项的追查情况记录在工作底稿中，如表 5－11 所示。

表 5－11　银行存款未达账项审查表

被审计单位：新光公司　　索引号：4100－3－1　　页次：

项目：银行存款未达账项审查表　　编制人：程前　　日期：2015.1.20

财务报表截止日/期间：2014 年 12 月 31 日　　复核人：王洋　　日期：2015.1.21

序号	开户银行	开户银行账号	业务发生时间	凭证号	款项性质	银行对账单未达		审查内容		异常事项说明	是否调整
						收入	支出	是否归属当期	截止日后是否进账		
1	工行和平里支行	20202020207873 8－1	2014.12.28	银收 13	收到支票	40 000		是	是	无	否
2	工行和平里支行	20202020207873 8－1	2014.12.28	银付 28	支付货款		20 000	是	是	无	否
3											
	合计					40 000	20 000				

序号	开户银行	开户银行账号	业务发生时间	款项性质	银行对账单未达		审查内容		异常事项说明	是否调整
					收入	支出	是否归属当期	截止日后是否进账		
1	工行和平里支行	20202020207873 8－1	2014.12.28	外地汇款	8 500		是	是	无	否
2	工行和平里支行	20202020207873 8－1	2014.12.22	存款利息	4 600		是	是	无	否
3	工行和平里支行	20202020207873 8－1	2014.12.25	水电费		5 000	是	是	无	否
	合计				13 100	5 000				

审计说明：无

5. 函证银行存款的余额

银行存款函证是指审计人员在执行审计业务过程中，需要以被审计单位名义向有关单位发询证函，以验证被审计单位的银行存款是否真实、合法和完整。

【审计程序】根据我国审计准则的相关规定，审计人员可以向被审计单位本年存过款（含外埠存款、银行本票存款、银行汇票存款、信用卡存款、信用证保证金存款）的所有银行发函，其中包括企业存款已结清的银行，因为有可能存款账户已结清，但仍有银行借款或其他负债形式。在实际工作中，审计人员考虑到审计的时间要求和成本，如果被审计单位内部控制健全，银行对账单齐全，可选择重点银行进行函证。

【案例分析】本案例中，审计人员程前、张文燕按照规范向新光公司本年存过款的4家银行发询证函。

下面列举工行和平里支行（人民币户）的银行询证函，如下所示。

银行询证函

编号：

工行和平里支行：

本公司聘请的中意会计师事务所有限责任公司正在对本公司2014年度财务报表进行审计，按照中国注册会计师审计准则的要求，应当询证本公司与贵行相关的信息。下列信息出自本公司记录，如与贵行记录相符，请在本函下端"信息证明无误"处签章证明；如有不符，请在"信息不符"处列明不符项目及具体内容；如存在与本公司有关的未列入本函的其他重要信息，也请在"信息不符"处列出详细资料。回函请直接寄至中意会计师事务所有限责任公司新光公司项目组。

回函地址：北京市西城区金融街5号　　　　邮编：100036

电话：010－88352789，010－88352790　　　　联系人：王洋

截至2014年12月31日，本公司与贵行相关的信息列示如下：

1. 银行存款

账户名称	银行账号	币种	利率	余额	起止日期	是否被质押、用于担保或存在其他使用限制	备注
工行和平里支行	2020202078738－1	人民币	0.42%	1 068 511.57	活期	无	

除上述列示的银行存款外，本公司并无在贵行的其他存款。

注："起止日期"一栏仅适用于定期存款，如为活期或保证金存款，可只填写"活期"或"保证金"字样。

2. 银行借款

借款人名称	币种	本息余额	借款日期	到期日期	利率	借款条件	抵(质)押品/担保人	备注

除上述列示的银行借款外，本公司并无来自贵行的其他借款。

注：此项仅函证截至资产负债表日本公司尚未归还的借款。

3. 截至函证日之前12个月内注销的账户

账户名称	银行账号	币种	注销账户日

除上述列示的账户外，本公司并无截至函证日之前12个月内在贵行注销的其他账户。

4. 委托存款

账户名称	银行账号	借款方	币种	利率	余额	存款起止日期	备注

除上述列示的委托存款外，本公司并无通过贵行办理的其他委托存款。

5. 委托贷款

账户名称	银行账号	资金使用方	币种	利率	本金	利息	贷款起止日期	备注

除上述列示的委托贷款外，本公司并无通过贵行办理的其他委托贷款。

6. 担保

(1)本公司为其他单位提供的、以贵行为担保受益人的担保。

被担保人	担保方式	担保金额	担保期限	担保事由	担保合同编号	被担保人与贵行就担保事项往来的内容(贷款等)	备注

除上述列示的担保外，本公司并无其他以贵行为担保受益人的担保。

注：如采用抵押或质押方式提供担保的，应在备注中说明抵押或质押物的情况。

(2)贵行向本公司提供的担保。

被担保人	担保方式	担保金额	担保期限	担保事由	担保合同编号	备注

除上述列示的担保外，本公司并无贵行担保的其他担保。

7. 本公司为出票人且由贵行承诺而尚未支付的银行承兑汇票

银行承兑汇票号码	票面金额	出票日	到期日

除上述列示的银行承兑汇票外，本公司并无由贵行承兑而尚未支付的其他银行承兑汇票。

8. 本公司向贵行已贴现但尚未到期的商业汇票

商业汇票号码	付款人名称	承兑人名称	票面金额	票面利率	出票日	到期日	贴现日	贴现率	贴现净额

除上述列示的商业汇票外，本公司并无向贵行已贴现但尚未到期的商业汇票。

9. 本公司为持票人且由贵行托收的商业汇票

商业汇票号码	承兑人名称	票面金额	出票日	到期日
34958690939303	工行新苑街支行	70 000	2014.9.1	2015.9.1

除上述列示的商业汇票外，本公司并无由贵行托收的其他商业汇票。

10. 本公司为申请人、由贵行开具的、未履行完毕的不可撤销信用证

信用证号码	受益人	信用证金额	到期日	未使用金额

除上述列示的不可撤销信用证外，本公司并无由贵行开具的、未履行完毕的其他不可撤销信用证。

11. 本公司与贵行之间未履行完毕的外汇买卖合约

类别	合约号码	买卖币种	未履行的合约买卖金额	汇率	交收日期
贵行卖予本公司					
本公司卖予贵行					

除上述列示的外汇买卖合约外，本公司并无与贵行之间未履行完毕的其他外汇买卖合约。

12. 本公司存放于贵行的有价证券或其他产权文件

有价证券或其他产权文件名称	产权文件编号	数量	金额

除上述列示的有价证券或其他产权文件外，本公司并无存放于贵行的其他有价证券或其他产权文件。

13. 本公司在贵行的授信情况

授信种类	授信期限	授信总额	未使用金额	是否存在抵押、担保等情况	已使用的授信额度	备注

14. 其他重大事项

注：此项应填列注册会计师认为重大且应予以函证的其他事项，如信托存款等；如无，则应填写“不适用”。

新光铸件有限责任公司（公司盖章）

2015 年 1 月 20 日

以下仅供被询证银行使用

结论：

1. 信息证明无误。

（银行盖章）

年　　月　　日

经办人：

2. 信息不符，请列明不符项目及具体内容（对于在本函前述第 1 项至第 13 项中漏列的其他重要信息，请列出详细资料）。除上述事项外，无其他不符事项。

（银行盖章）

年　　月　　日

经办人：

说明：本询证函需要加盖公章。

在审计过程中，审计人员程前、张文燕根据回函结果编制工作底稿，如表 5－12 所示。

表 5－12　货币资金函证表

被审计单位：新光公司　　索引号：4100－4　　页次：

项目：货币资金函证　　编制人：程前　　日期：2015.1.25

财务报表截止日/期间：2014 年 12 月 31 日　　复核人：王洋　　日期：2015.1.25

序号	开户银行	账号	币种	对账单余额/账面余额	发函金额	回函金额	金额差异	函证日期	回函日期	提取限制或最低余额要求	抵押质押等事项说明	被函证单位相关信息			
												联系人	联系电话	通信地址	邮编
1	工行和平里支行	2020202078738－1	人民币	1 068 511.57	1 068 511.57	1 068 511.57	无	2015.1.20	2015.1.20	8 000	无	张平	68903456	和平里 3 号	100078
2	工行开发区支行	78340200	美元	7 056.37	7 056.37	7 056.37	无	2015.1.20	2015.1.20	无	无	李荣	80764523	开发区 6 号	100210
3	建行工业路支行	45092034084－8	人民币	15.83	15.83	15.83	无	2015.1.20	2015.1.20	无	无	陈雪	89067494	工业路 18 号	100008
4	中行市府街支行	872030300900	人民币	184.04	184.04	184.04	无	2015.1.20	2015.1.20	无	无	张刚	37892098	市府街 7 号	100067
				1 075 767.81	1 075 767.81	1 075 767.81									

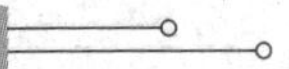

6. 抽查大额货币资金的收支

【审计程序】由于货币资金的收发非常频繁，而且与业务的销售、采购、生产等环节紧密联系，因此在货币资金审查过程中，审计人员需要抽取一定数量的业务，从明细账追查到记账凭证和原始凭证，并按一定格式记录在审计工作底稿中。这个过程被称为抽查凭证，简称"抽凭"。审计人员可根据企业货币资金业务量、金额大小等情况实施这一程序。如企业的资金管理混乱，并且收付业务频繁，可分别对库存现金、银行存款和其他货币资金的收支情况进行合规性审查。审计人员在抽查凭证的过程中应注意以下3点：

(1)记账凭证所附原始凭证内容是否完整；

(2)有无授权批准；

(3)如有与企业生产经营无关的收支业务，应查明原因，并在工作底稿上做相应的记录。

【案例分析】本案例中，新光公司部分现金日记账、银行存款日记账如表5-13、表5-14所示。

表5-13　新光公司2014年3月份现金日记账　　单位：元

日期	凭证号	摘要	借方	贷方	方向	余额
		……	……	……	……	……
		期末余额			借	6 570.28
20140303	3-1	本厂提差旅费	10 000			
20140303	3-1	还款	1 500			
20140303	3-1	预收15立方罐合同款	20 000			
20140322	3-2	张国强报费用		645.70		
20140322	3-2	付新光市华东机械厂款		1 800		
20140322	3-3	张国强报费用		293.70		
20140322	3-3	购买新光创捷科技有限公司墨盒		520		
20140325	3-4	刘学田报费用		40		
20140325	3-4	购买新光市钟楼轧辊厂热处理试板		980		
20140325	3-5	张国强报费用		22.50		
20140325	3-5	购买新光市东南电力辅机厂密封件		1 249		
20140325	3-6	张国强报费用		154		
20140325	3-6	朱小林报费用		21		
20140325	3-7	钱爱军报费用		135		
20140325	3-7	言贵生报费用		185		
20140325	3-8	钱爱军报招待费		112		
20140325	3-8	付新光松鼎阀业有限公司款		518.55		
20140325	3-9	曹辉报费用		3 220.50		
20140325	3-10	张国强报费用		293		
……	……	……	……	……		……
		本月合计				
		累计	31 500	18 700.65		
		期末余额	120 500	106 135.29	借	19 369.63

表 5-14　新光公司 2014 年 6 月份银行存款日记账

日期	凭证号	摘要	借方	贷方	方向	余额
……	……	……	……	……	……	……
		期末余额			借	403 105.46
20140608	6-1	提备用金				
20140608	6-2	提备用金				
20140608	6-35	工行人民币户利息	1 567.86			
20140608	6-36	联邦软件专卖大厂连锁店退款	3 500			
20140608	6-36	林德气体厦门有限公司运费来款	149 560			
20140608	6-37	东方市东南制氧厂来款	100 000			
20140608	6-37	北京普莱克斯来款	150 000			
20140608	6-38	漳州普鲁士格诺尔公司来款	14 900			
20140610	6-38	东方能源设备总厂来款	100 000			
20140610	6-39	BOC 气体天津有限公司来款	415 000			
……	……	……	……	……	……	……
20140625	6-58	鹤岗松鼎阀业有限公司付款		4 912.89		
20140625	6-58	鸡西北海封头有限公司付款		44 690		
20140625	6-58	鸡西北海东降特种锻压厂付款		3 526.14		
20140625	6-58	东方通达五金机械厂 20T 车挡板		2 250		
20140625	6-59	东方能源设备总厂付款		500 000		
20140625	6-60	东方汽运总公司货款		500		
20140630	6-66	鸡西东降特种锻压厂锻件付款		643.56		
……	……	……	……	……		……
20140630	6-85	鸡西东降特种锻压厂锻件付款		3 526.14		
20140630	6-85	武汉东降特种锻压厂锻件付款		8 954.75		
20140630	6-88	东方能源设备总厂付款		400 000		
		本月合计	1 565 177.86	1 710 101.33		
		累计	7 644 758.75	7 857 109.19		
		期末余额			借	258 181.99

审计人员对上述业务进行审查，注意到一些业务发生额较大，于是对下列业务进行抽凭审查：

第一笔业务：3-9 号凭证，曹辉报费用；

第二笔业务：6-39 号凭证，BOC 气体天津有限公司来款；

第三笔业务：6-59 号凭证，东方能源设备总厂付款。

其中，对第一笔业务，追查至记账凭证和原始凭证，如表 5-15、图 5-1 所示。

表5-15　付款凭证

贷方科目：库存现金　　2014年3月25日　　字第3-9号

摘要	借方总账科目	明细科目	√	金额
曹辉报费用	管理费用	办公费	√	1 003.1
		差旅费	√	2 217.4
合计	叁仟贰佰贰拾伍元伍角整			￥3 225.5

附单据　张

财务主管：李大旗　记账：杨美　出纳：刘俪　审核：杨美　制单：刘俪

差旅费报销单

报销日期：2014年3月20日

姓名			曹辉			出差事由		去鸡西订货					
启程日期和地点			到达日期和地点			交通工具	车船费	出差补助		住宿费	其他费用		金额合计
月	日	地点	月	日	地点			天	金额		摘要	金额	
2	10	黑河	2	11	鸡西	火车	342	2	240	1 270	长电费	16.4	1 868.4
2	13	鸡西	2	14	黑河	火车	349				复印费		349
合计							691		240	1 270		16.4	2 217.4
预借金额：			报销金额：2 217.4					应退：			应补：		

单据4张

02Z080387　　新光　售

黑河 —K12→ 鸡西

Heihe　　Jixi

2014年2月10日09：50开　15排中

￥342.00元

限乘当日当次车

在3日内到有效

02Z080387　　新光　售

鸡西 —K127→ 黑河

Jixi　　Heihe

2014年2月13日15：10开　23排中

￥349.00元

限乘当日当次车

在3日内到有效

鸡西国强商务会馆专用发票

交款单位：新光铸件有限责任公司　　2014 年 2 月 13 日　　No 00678949

服务项目	单位	数量	单价	金额							
				十	万	千	百	十	元	角	分
住宿费						1	2	7	0	0	0
长途电话费								1	6	4	0
合计金额（大写）	壹仟贰佰捌拾陆元肆角整			¥1 286.4							

收款单位：鸡西国强商务会馆（章）　　复核：　　收款人：牛星

领款单

2014 年 3 月 15 日　　字 No 02987654

今 领 到 新光铸件有限责任公司

发　　放 出差补助

人 民 币 （大写）贰佰肆拾元整　　¥240

主管审批：陈青山　　领款人：曹辉

黑河行政事业单位收款收据

客户名称：新光铸件有限责任公司　　2014 年 3 月 10 日　　No 006243970

项目名称	金额							
	十	万	千	百	十	元	角	分
会员费			1	0	0	0	0	0
合计金额人民币（大写）壹仟元整								
备注：现金支付								

收款单位：新光市工业促进联合会（章）　　开票人：张朝阳

收据

2014 年 3 月 2 日　　字 No 02987654

今 收 到 新光铸件有限责任公司

交　　来 复印费

人 民币 （大写）叁元壹角整　　¥3.1

收款单位：黑河城北便民打印部　收款人：王小娇

图 5－1　新光公司 3－9 号记账凭证后附原始凭证

经判断，该笔业务正常。同样的，上述其他业务经过抽查凭证核实后，也未见异常。审计人员程前、张文燕将抽凭的过程整理在工作底稿上，如表 5－16 所示。

表 5－16 货币资金测试表

被审计单位	索引号：4100－5	页次：
项目：货币资金测试	编制人：程前	日期：2015.1.20
财务报表截止日/期限：2014 年 12 月 31 日	复核人：王洋	日期：2015.1.21

日期	凭证编码	业务内容	科目名称	明细科目	借方金额	贷方金额	检查内容							附件
							1	2	3	4	5	6	……	
2014.3.25	3－9	曹辉报费用	管理费用	办公费	1 003.1		√	√	√	√	√	√		火车票、住宿发票、补助领款单、会员费收据、复印费收据等
				差旅费	2 217.4		√	√	√	√	√	√		
			库存现金			3 220.5	√	√	√	√	√	√		
2014.6.10	6－39	BOC 气体天津有限公司来款	银行存款	工行	415 000		√	√	√	√	√	√		银行进账单
			预收账款	BOC 天津		415 000	√	√	√	√	√	√		
2014.6.10	6－59	东方能源设备总厂付款	应付账款	能源设备	500 000		√	√	√	√	√	√		汇票存款，东方能源设备总厂款项结算协议
			银行存款	工行		500 000	√	√	√	√	√	√		
合计														
检查内容说明：	1. 原始凭证内容完整。2. 记账凭证与原始凭证内容、金额相等。3. 财务处理正确。4. 记录于恰当的财务期间。5. 有授权审批。6. 凭证的内容、金额相等。													
审计说明：无														

(四)货币资金审计结果

1. 审计中发现的问题

本案例中，中意会计师事务所的审计人员实施上述程序后，确认新光公司报表中货币资金的数额，未发现重大错报或漏报。

2. 货币资金的核算和管理中常见的问题

(1)库存现金方面的主要问题：

①账实不符。库存现金数额与现金日记账余额不符。

②白条抵库。

③库存现金超过核定的限额。

④坐支现金。现金收入不按规定送存开户银行，留在企业内部直接开支。

⑤超范围、超标准使用现金。

⑥私设“小金库”。收入不入账，私自留存，用于不合理的开支。

⑦贪污、私分、挪用库存现金。

⑧会计核算基础薄弱、不设现金日记账、会计处理不合规等。

(2)银行存款方面的主要问题：

①账账不符。银行存款日记账余额与银行存款总账余额不符，银行存款日记账记录与银行对账单不符。

②账实不符。库存现金数额与现金日记账余额不符，银行存款实有数额与银行账面余额不符。

③出借、转让账户。出借、转让账户为其他单位或个人收支与本单位无关的款项。

④多头开户。

⑤大量套现。

⑥会计核算基础薄弱、不设银行存款日记账、会计处理不合规等。

⑦票据管理不善，造成款项的损失、被盗等。

实训内容二　应收款审计

应收款是指企业在日常生产经营过程中发生的各项债权，包括应收票据、应收账款、其他应收款和预付账款。应收款审计是财务报表审计的重要内容，对于保证财务报表的真实性、促进企业及时清偿账款、维护购销双方的合法权益都十分重要。按照现行《企业会计准则》的规定，企业的应收款项属于金融工具的，应按照《企业会计准则第 22 号——金融工具确认与计量》进行核算。

实务中，企业因销售或提供劳务形成的应收款项有应收账款、应收票据，因采购货物而形成的债权有预付账款，与销售无关的其他暂借应收款项为其他应收款。在分期销售过程中，如果延期收取的款项具有融资性质，当符合收入确认条件时，应确认长期应收款和未确认融资收益。

按照《企业会计准则》的规定，企业应当在资产负债表日对应收款项的账面价值进行检查，有客观证据表明该款项发生了减值的，应当计提减值准备(坏账准备)。企业可以就“应收账款”“应收票据”“其他应收款”“预付账款”“长期应收款”等科目计提坏账准备。本任务

以应收账款为例介绍应收款审计的相关知识和技能。

(一)学习应收款审计的相关法规

1.《企业会计准则——应用指南》有关应收账款的规定

(1)“应收账款”科目核算企业因销售商品、提供劳务等经营活动应收取的款项。

(2)“应收账款”科目可按债务人进行明细核算。

(3)企业发生应收账款，按应收金额借记“应收账款”科目，按确定的营业收入贷记“主营业务收入”等科目。收回应收账款时，借记“银行存款”等科目，贷记“应收账款”科目。涉及增值税销项税额的，还应进行相应的处理。

代购货单位垫付包装费、运杂费，借记“应收账款”科目，贷记“银行存款”等科目。收回代垫费用的，借记“银行存款”科目，贷记“应收账款”科目。

(4)“应收账款”科目期末如为借方余额，反映企业尚未收回的应收账款；期末如为贷方余额，反映企业预收的账款。

2.《企业会计准则——应用指南》有关应收票据的规定

(1)“应收票据”科目核算企业因销售商品、提供劳务等收到的商业汇票，包括银行承兑汇票和商业承兑汇票。

(2)“应收票据”科目可按开出承兑商业汇票的单位进行明细核算。

(3)应收票据的主要账务处理:

①企业因销售商品、提供劳务等收到商业承兑的商业汇票，按商业汇票的票面金额，借记“应收票据”科目，按确认的营业收入，贷记“主营业务收入”等科目。涉及增值税销项税额的，还应进行相应的处理。

②持未到期的商业汇票向银行贴现，应按实际收到的金额(即减去贴现息后的净额)，借记“银行存款”等科目，按贴现息部分，借记“财务费用”等科目，按商业汇票的票面金额，贷记“应收票据”科目或“短期借款”科目。

③将持有的商业汇票背书转让以取得所需物资的，按应计入取得物资成本的金额，借记“材料采购”、“原材料”、“库存商品”等科目，按商业汇票的票面金额，贷记“应收票据”科目，如有差额，借记或贷记“银行存款”等科目。涉及增值税进项税额的，还应进行相应的处理。

④商业汇票到期，应按实际收到的金额，借记“银行存款”等科目，按商业汇票的票面金额，贷记“应收票据”科目。

(4)企业应当设置应收票据备查簿，逐笔登记商业汇票的种类、号数和出票日、票面金额、交易合同号和付款人、承兑人、背书人的姓名或单位名称、到期日、背书转让日、贴现日、贴现率和贴现金额以及收款日和收回的金额、退票情况等。商业汇票到期结清票款或退票后，在备查簿中应予以注销。

(5)“应收票据”科目期末借方余额，反映企业持有的商业汇票的票面金额。

3.《企业会计准则——应用指南》有关其他应收款的规定

(1)“其他应收款”科目核算企业除存出保证金、买入返售金融资产、应收票据、应收账款、预付账款、应收股利、应收利息、应收代位追偿款、应收分保款项、应收分保合同准备金、长期应收款等以外的其他各种应收及暂付款项。

(2)“其他应收款”科目可按对方单位(或个人)进行明细核算。

(3)企业发生其他各种应收、暂付款项时,借记“其他应收款”科目,贷记“银行存款”“固定资产清理”等科目;收回或转销各种款项时,借记“库存现金”“银行存款”等科目,贷记“其他应收款”科目。

(4)“其他应收款”科目期末借方金额,反映企业尚未收回的其他应收款。

4.《企业会计准则——应用指南》有关预付账款的规定

(1)“预付账款”科目核算企业按照合同规定预付的款项。预付款项情况不多时,也可以不设置本科目,将预付的款项直接记入“应付账款”科目。企业在建工程预付的工程价款,也在本科目核算。

(2)“预付账款”科目可按供货单位进行明细核算。

(3)预付账款的主要账务处理:

①企业因购货而预付款项时,借记“预付账款”科目,贷记“银行存款”等科目。收到所购物资,按应计入所购物资成本的金额,借记“材料采购”或“原材料”“库存商品”等科目,按应支付的金额,贷记“预付账款”科目。补付款项时,借记“预付账款”科目,贷记“银行存款”等科目;退回多付的款项时,做相反的会计分录。涉及增值税进项税额的,还应进行相应的账务处理。

②企业进行在建工程预付工程价款时,借记“预付账款”科目,贷记“银行存款”等科目。按工程进度核算的工程价款,借记“在建工程”科目,贷记“预付账款”“银行存款”等科目。

(4)“预付账款”科目借方余额,反映企业预付的款项;如为期末贷方余额,反映尚未补付的款项。

(二)应收款审计中的工作底稿

2015年1月21日,中意会计师事务所审计人员王小兵、刘海峰依据《中国注册会计师独立审计准则》和新光公司2014年度财务报表审计的具体实施方案,负责应收账款、其他应收款、预付款等款项的审计,其中,对应收账款实施了审阅、函证、询问、计算等程序,编制了工作底稿,如表5-17所示。

表5-17　中意会计师事务所应收款工作底稿目录

编号	科目名称	工作底稿名称	索引号
1	应收账款	程序表	4220-0
2	应收账款	审定表	4220
3	应收账款	应收账款明细表	4220-1
4	应收账款	应收账款账龄测试	4220-1-1
5	应收账款	函证结果汇总表	4220-2
6	应收账款	未回函替代测试表	4220-2-1
7	应收账款	应收账款测试表	4220-3

所进行的实质性测试程序如表5-18所示。

表 5－18　应收账款实质性测试程序表

被审计单位：新光公司　　　　索引号：4220－0　　　　页次：

项目：应收账款实质性测试程序　　　　编制人：刘海峰　　　　日期：2015.1.21

财务报表截止日/期间：2014.12.31　　　　复核人：王洋　　　　日期：2015.1.21

审计目标					财务报表认定				
					存在	完整性	权利/义务	计价/分摊	列报
A	资产负债表中记录的应收账款是存在的				√				
B	所有应当记录的应收账款均已记录					√			
C	记录的应收账款由被审计单位拥有或控制						√		
D	应收账款以恰当的金额包括在财务报表中，与之相关的计价调整已恰当记录							√	
E	应收账款已按照《企业会计准则》的规定在财务报表中作恰当列报								√
计划实施的实质性程序									
审计目标	实质性程序	是否执行	未执行的原因	索引号	存在	完整性	权利/义务	计价/分摊	列报
D	1. 获取或编制应收账款明细表：(1)复核加计是否正确，并与总账数和明细合计数核对是否相符；结合“坏账准备”科目与报表数核对是否相符。(2)分析有贷方余额的项目，查明原因，必要时作重分类调整。(3)检查非记账本位币应收账款的折算汇率及折算是否正确。(4)结合其他应收账款、预收账款等往来项目的明细余额，调查有无同一客户多处挂账、异常余额或与销售无关的其他款项(如代销账户、关联方账户或雇员账户)。如有，应作出记录，必要时作调整。(5)标识重要的欠款单位，计算其欠款合计数占应收账款余额的比例。	是		4220－1				√	
		否	不适用					√	

续表 5－18

审计目标	实质性程序	是否执行	未执行的原因	索引号	存在	完整性	权利/义务	计价/分摊	列报
D	2. 获取或编制应收账款账龄分析表：(1)测试计算的准确性。(2)将加和总数与应收账款总分类账余额相比较，并调查重大调节项目。(3)检查原始凭证，如销售发票、运输记录等，测试账龄核算的准确性。(4)请被审计单位协助，在应收款明细表上标出至审计时已收回的应收账款金额；对已收回金额较大的款项进行常规检查，如核对收款凭证、银行对账单、销货发票等，并注意凭证发生日期的合理性，分析收款时间是否与合同相关要素一致。	是		4220－1				√	
		是		4220－1－1				√	
		是		4220－1－1				√	
ACD	3. 对应收账款进行函证：(1)选取函证项目。(2)对函证实施过程进行控制：核对询证函是否由注册会计师直接收发；被询证者以传真、电子邮件等方式回函的，应要求被询证者寄回询证函原件。如果未能收到积极式函证回函，应当考虑与被询证者联系，要求对方作出回应或再次寄发询证函。(3)编制应收账款函证结果汇总表，对函证结果进行评价。核对回函内容与被审计单位账本记录是否一致；如不一致，应分析不符事项的原因，检查销售合同、发运单等相关原始单据，分析被审计单位对于回函与账面记录之间差异的解释是否合理，编制应收账款函证结果调节表，并检查支持性凭证。如果不符事项构成错报，应重新考虑所实施审计程序的性质、时间和范围。(4)针对最终未回函的账户实施替代审计程序（如实施期后收款测试，检查运输记录、销售合同等相关原始资料及询问被审计单位有关部门等）。	是		4220－2	√		√	√	
		是		4220－2－1	√		√	√	
A	4. 对未函证应收账款实施替代审计程序：抽查有关原始凭据，如销售合同、销售订单、销售发票副本、发运凭证及回款单据等，以验证与其相关的应收账款的真实性。	是		4220－2－1	√				
A	5. 抽查有无不属于结算业务的债权：抽查应收账款明细账，并追查至有关原始凭证，查证被审计单位有无不属于结算业务的债权。如有，应建议被审计单位作适当调整。	是		4220－3	√				

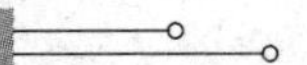

(三)应收账款审计过程及分析

审计人员王小兵、刘海峰对应收账款分别实施了以下审计程序。

1. 核对应收账款报表数、总账与明细账余额是否相符

【审计程序】在对应收账款的审计中，由于应收账款明细科目较多，为了方便审计工作的开展，审计人员一般需要企业的会计人员根据应收账款明细账编制应收账款明细表。在外勤工作时，审计人员根据应收账款明细表，核对总账、明细账余额及报表数三者是否相符。当然，对应收账款明细表与应收账款明细账也要进行必要的复核。

【案例分析】本案例中，审计人员王小兵、刘海峰审阅了本期报表、应收账款总账及应收账款明细表，获知：应收账款的期末余额为2 203 090.30元，总账余额为2 203 090.30元，明细客户共计61户，期末余额合计为2 203 090.30元。三者核对相符，无异议。核对程序实施后，审计人员王小兵、刘海峰编制了表5－19。

表5－19　应收账款审定表

被审计单位：新光公司　　索引号：4220

项目：应收账款审定表　　截止日/期间：2014.12.31

编制：刘海峰　　复核：王洋

日期：2015.1.21　　日期：2015.1.22　　单位：元

应收账款项目	期末未审数	账项调整		重分类调整		未审定数	期末审定数	索引号
		借方	贷方	借方	贷方			
一、账面余额合计	2 203 090.30		351 000	2 077 469.77		3 929 560.07	1 073 874.30	4220－1
1年以内	2 203 090.30		351 000	2 077 469.77		3 929 560.07	1 073 874.30	4220－1
1～2年								
2～3年								
3年以上								
……								
二、坏账准备合计	－5 682.45							
1年以内	－5 682.45							
1～2年								
2～3年								
3年以上								
……								
三、账面价值合计	2 197 407.85		351 000	2 077 469.77		3 923 877.62	1 070 652.68	

续表 5－19

应收账款项目	期末未审数	账项调整		重分类调整		未审定数	期末审定数	索引号
		借方	贷方	借方	贷方			
1年以内	2 197 407.85		351 000	2 077 469.77		3 923 877.62	1 070 652.68	
1～2年								
2～3年								
3年以上								
……								

审计意见：1. 2014年12月销售给新光大件公司10万元，2015年1月退货，应调整报表项目，见表5－33；2. 2014年12月销售给北京化工研究院20万元，属于虚构收入，见表5－33；3. 应收账款明细账有贷方余额，见表5－20；4. 销售给鹤岗第二农药厂10万元提前入账，见表5－91。

新光公司的应收账款明细表如表5－20所示。

表5－20 新光公司应收账款明细表

被审计单位：新光公司　　索引号：4220－1

项目：应收账款审定　　截止日/期间：2014.12.31

编制：刘海峰　　复核：王洋

日期：2015.1.21　　日期：2015.1.22　　单位：元

客户名称	期初余额	期末余额	账龄
北京中汽环球汽车公司		－13 440	1年内
新光大件起重安装公司		117 000	1年内
鹤岗礼河振兴保温材料公司		－27 750	1年内
大庆石化利扬公司		－344 000	1年内
合肥通用机械研究所		－8 000	1年内
大连屏蔽电泵公司		－13 200	1年内
长存起重装备公司		－8 750	1年内
四川华星低温技术公司(成都)		－54 580	1年内
林德气体厦门有限公司		1 839 045.89	1年内
澳大利亚(CEM)公司(珍珠岩)	245 472.09	——	——
新光中汽福达汽车公司		49 013.40	1年内
包头北方奔驰汽车公司		841 732	1年内
长春欧亚机电设备公司		－11 931	1年内
新光汽车运输总公司		－16 000	1年内
贝斯特贝尔阀门公司(进口调压阀)		18 923.57	1年内

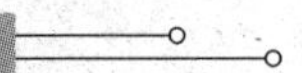

续表 5-20

客户名称	期初余额	期末余额	账龄
美国安全阀有限公司		-67 381.22	1年内
鸡西北海封头有限公司		-10 000	1年内
南化化机经济技术服务部/南化机械厂		8 000	1年内
鸡西空分设备辅助厂		86 000	1年内
宁夏银行仪表厂		1 900	1年内
上海金山汽车公司		10 000	1年内
鸡西市东降特种锻压厂		-31 529.86	1年内
厚余建筑公司		45 000	1年内
长春振兴实业公司		344 000	1年内
北京普莱克斯二氧化碳公司	818 402.21	-1 238 944.79	1~2年
鸡西化学原料厂		-1 750	1年内
飞鹰过程控制公司/基高过程控制公司		85 608.52	1年内
徐州安装防腐保温工程公司		13 723.58	1年内
西安绝缘材料厂/西安绝缘材料制品厂		-5 771.41	1年内
麦克公司(阀门)/ ME Mack Valves Pty Ltd		72 994.69	1年内
鸡西市第八电站辅机厂		-86 000	1年内
林肯焊机配件厂		-4 882.72	1年内
山东临沂河东区氧气供应站		20 000	1年内
长春天华石化公司		5 792	1年内
进口液位件公司		41 111.88	1年内
新光通达五金机械厂		-8 842.4	1年内
中紧急切断阀厂		-23 822.23	1年内
北京化工研究院		234 000	1年内
BOC 气体(天津)公司		703	1年内
BOC 气体(武汉)公司		65 000	1年内
北京福岛低温工程公司		8 000	1年内
湖塘模具雕刻厂		-2	1年内
美国珠光砂有限公司		-66.91	1年内
湛江港海陆机械厂		10 000	1年内
新光东南制氧厂		3 829.54	1年内
新光日报社		800	1年内
BPW(梅山)车辆有限公司		174 000	1年内
澳大利亚低温截止阀公司		-61 409.11	1年内
新光外事旅游广告公司		3 000	1年内
新光三井聚氨酯经销有限公司		15 000	1年内

续表 5-20

客户名称	期初余额	期末余额	账龄
浙江天女集团		9 000	1年内
鹤岗第一化工分离机械厂		-100	1年内
鹤岗马杭水利铸件厂		899	1年内
长春道合贸易有限公司		10 000	1年内
新光郊区鹤岗敏忠货运站		-2 310	1年内
BOC气体北方公司		71 683	1年内
MI-Engineering Ltd		-35 865.74	1年内
信华材料公司		-475	1年内
ABC公司		-665.33	1年内
新光城北复印部	10 000	——	1年内
合计	1 073 874.3	2 203 090.3	

2. 分析应收账款明细余额

【**审计程序**】我国审计准则规定，应收账款明细账的余额一般在借方。审计人员在审查过程中，如果发现应收账款有贷方明细余额的情形，应查明原因，必要时建议做重分类调整。

【**案例分析**】本案例中，审计人员王小兵、刘海峰注意到：应收账款明细表中共有27户系贷方余额，抽取部分业务审查，发现均属于销售业务。经计算，应收账款明细账贷方余额之和为：

13 440.00+27 750.00+344 000.00+…+665.33=2 077 469.77(元)

审计人员王小兵、刘海峰在工作底稿上记录下来，并建议新光公司做重分类调整。

3. 获取或编制应收账款账龄分析表

【**审计程序**】按照年度财务报表审计工作的要求，审计人员对应收账款的账龄必须进行分析，并列出应收账款余额在前十位的债务人。实务中，审计人员常常要求企业财会部门编制应收账款明细表，在明细表上注明客户名称、欠款金额、拖欠期限及款项性质等，并且列出应收账款的账龄，这样就不用单独编制应收账款账龄分析表了。审计人员通过分析带账龄的应收账款明细表，一方面能初步判断应收账款余额的可实现程度，另一方面可以为实施函证程序服务，这种方式叫“获取应收账款明细表”。当然，审计人员还需对应收账款明细表进行必要的复核，检查其与应收账款明细账、总账及报表数是否相符，如有差异，请企业财会部门人员找出原因。获取的方式要建立在对企业内部控制信赖的基础上，如果不能信赖企业的内部控制或企业未能提供应收账款明细表，则审计人员需要根据企业提供的资料自行编制应收账款明细表，此种方式叫“编制应收账款明细表”。

【**案例分析**】本案例中，审计人员王小兵、刘海峰在前期的审计调查阶段对新光公司的内部控制评价为较低水平，在审计业务约定书中明确提出要求对方提供带账龄的应收账款明细表。在审计实施过程中，王小兵、刘海峰直接获取了应收账款明细表，复核加总其余额，与总账、明细账、报表核对相符。接下来的工作重点是抽取部分客户的资料，核实账龄计算是否正确。从上面的应收账款明细表上看，林德气体厦门有限公司、包头北方奔驰汽车公司、

 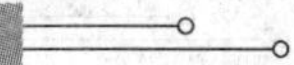

长春振兴实业公司、BPW(梅山)车辆有限公司等应收账款期末余额较大。审计人员王小兵审阅了应收林德气体厦门有限公司的明细账，看到的记录如表5－21所示。

表5－21　应收账款——林德气体明细账　　单位：元

日期	凭证号	摘要	借方	贷方	方向	余额
20140125	1－19	代垫林德运费	9 000			
20140125	1－38	25立方低温罐	603 243			
20140125	1－39	20立方低温罐	463 243			
20140125	1－40	48立方低温罐	913 243			
		本月合计	1 988 729			
		累计	1 988 729			
		期末余额			借	1 988 729
20140225	2－21	30立方罐	683 243			
20140225	2－27	低温容器防腐费		12 700		
		本月合计	683 243	12 700		
		累计	2 671 972	12 700		
		期末余额			借	2 659 272
20140428	4－91	林德气体厦门有限公司	308 000			
20140428	4－92	林德气体厦门有限公司	180 000			
20140430	4－113	林德气体厦门有限公司转账		308 000		
		本月合计	488 000	308 000		
		累计	3 159 972	320 700		
		期末余额				2 839 272
20140527	5－93	林德气体厦门有限公司40立方氢气储罐	173 000			
20140527	5－94	林德气体厦门有限公司100立方氢气储罐	736 000			
20140527	5－95	林德气体厦门有限公司5立方氢气储罐				
20140531	5－130	林德气体厦门有限公司转账	180 000	916 000		
		本月合计	1 089 000	916 000		
		累计	4 248 972	1 236 700		
		期末余额			借	3 012 272
20140630	6－93	林德气体厦门有限公司油漆	19 460			
20140630	6－126	林德气体厦门有限公司转账		1 010 650		
		本月合计	19 460	1 010 650		
		累计	4 268 432	2 247 350		
		期末余额			借	2 021 082
20141130	11－60	林德气体厦门有限公司5立方低温罐	185 800			
20141130	11－95	林德气体厦门有限公司转账		371 600		

续表 5-21

日期	凭证号	摘要	借方	贷方	方向	余额
		本月合计	185 800	371 600		
		累计	4 454 232	2 618 950		
		期末余额			借	1 835 282
20141231	12-79	林德气体厦门有限公司垫板	3763.89			
20141231	12-120	代垫林德气体厦门有限公司运费	33 000			
20141231	12-120	代垫林德气体厦门有限公司运费	19 000			
20141231	12-120	代垫林德气体厦门有限公司运费	70 000			
20141231	12-120	代垫林德气体厦门有限公司运费	9 000			
20141231	12-120	林德气体厦门有限公司运费转出		131 000		
		本月合计	134 763.89	131 000		
		累计	4 588 995.89	2 749 950		
		期末余额				1 839 045.89

从明细账上可以得知：本期借方发生额为 4 588 995.89 元，贷方发生额为 2 749 950 元，由于期初无余额，故本期收回的应收账款皆为本期新发生的业务，期末还有 1 839 045.89 元尚未收回，账龄为 1 年以内。用同样的方法，审计人员王小兵审阅了其他客户的明细账，未见异常，编制了如表 5-22 所示的工作底稿。需要注意的是，如果是审计人员自行编制应收账款明细表，应选择重要的客户及余额列示，不重要的或余额较小的可以汇总列示。

表 5-22　应收账款账龄测试表

被审计单位:新光公司　　索引号:4220-1-1　　页次:

项目:应收账款账龄测试　　编制人:王小兵　　日期:2015.1.21

财务报表截止日:2014.12.31　　复核人:王洋　　日期:2015.1.21

序号	客户	期初账龄	期初余额	借方	贷方	期末余额	期末重分类调整	本期收回期初账款	收回本期应收账款	测试账龄	测试账龄与原账龄差异	原因
1	林德气体厦门有限公司	无	0	4 588 995.89	2 749 950	1 839 045.89			2 749 950	1 年以内	无	
2	包头北方奔驰汽车公司	无	0	2 225 244	1 383 512	841 732			1 383 512	1 年以内	无	
3	长春振兴实业公司	无	0	344 000	0	344 000				1 年以内	无	
4	BPW(梅山)车辆有限公司	无	0	174 000	0	174 000				1 年以内	无	

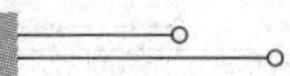

4. 对审计日已收回的应收账款进行常规检查

【审计程序】审计人员请企业协助，在应收账款明细表上标出截至审计日已收回的应收账款余额。对已收回金额较大的款项进行常规检查，如核对收款凭证、银行对账单、销售发票等，并注意凭证发生日期的合理性。

审计人员在发企业询证函之前先实施这一程序，主要是基于审计成本和效率的考虑。财务报表审计大多是在日后进行，被审计单位在报表日尚未收到的款项可能在审计日之前已收到，对于这一部分应收账款，审计人员不必再发询证函，只要核实日后收回是否属实即可。

【案例分析】本案例中，审计人员王小兵、刘海峰获取了新光公司的应收账款明细表，请对方标出截至2015年1月21日应收账款已收回的客户。新光公司答复共有3户款项已收到，分别是北京福岛低温工程公司、新光日报社、浙江天女集团。

接着，审计人员王小兵选择北京福岛低温工程公司进行回款的核实。王小兵查阅新光公司2015年1月银行存款明细账，并追查到记账凭证和原始凭证。结果如表5－23所示。

表5－23　新光公司2015年1月银行存款明细账

开户行：工行和平里支行　　　　单位：元

日期	凭证号	摘要	借方	贷方	方向	余额
		上年结转				1 080 371.57
20150105	1－1	提现发放工资		50 000		
20150105	1－12	北京福岛低温工程公司来款	8 000			
20150105	1－15	西安绝缘材料厂货款		7 890		
20150105	1－22	长春欧亚公司阀门款		450		
20150105	1－23	长春晨光集团有限公司软管		2 300		
20150105	1－26	大连屏蔽泵厂货款		7 850		
……	……	……	……	……		……
20150118	1－37	大庆石化利扬公司切割气款		6 790		
20150118	1－49	新光市振祥橡塑有限公司货款		2 390		
20150118	1－58	鸡西第八电站辅机厂增压器		6 780		
20150118	1－65	浙江天女集团来款	9 000			
20150118	1－68	长春天华石油化工设备公司安全阀		245		
20150118	1－89	新光日报社来款	800			
……	……	……	……	……		……

银行存款日记账显示北京福岛低温工程公司的应收账款已于2015年1月5日、经1－12号凭证收回。记账凭证及原始凭证如表5－24、表5－25所示。

表 5-24 收款凭证

借方科目：银行存款　　2015 年 1 月 5 日　　字第 1-12 号

摘要	贷方总账科目	明细科目		金额
收：北京福岛低温工程公司款项	应收账款	北京福岛低温工程公司		8 000
合计	捌仟元整			￥8 000

财务主管：李大旗　记账：杨美　出纳：刘俪　审核：杨美　制单：刘俪

表 5-25 中国工商银行(收账通知)　　00915 号

<table>
<tr><td rowspan="3">收款人</td><td>全称</td><td>新光铸件有限责任公司</td><td rowspan="3">付款人</td><td>全称</td><td colspan="10">北京福岛低温工程公司</td></tr>
<tr><td>账号</td><td>2020202078738-1</td><td>账号</td><td colspan="10">1290378499394930</td></tr>
<tr><td>开户银行</td><td>工商银行和平里支行</td><td>开户银行</td><td colspan="10">中行顺义支行天竺分理处</td></tr>
<tr><td rowspan="2">人民币（大写）</td><td colspan="3" rowspan="2">捌仟元整</td><td>千</td><td>百</td><td>十</td><td>万</td><td>千</td><td>百</td><td>十</td><td>元</td><td>角</td><td>分</td></tr>
<tr><td></td><td></td><td></td><td>￥</td><td>8</td><td>0</td><td>0</td><td>0</td><td>0</td><td>0</td></tr>
<tr><td>票据种类</td><td>支票</td><td colspan="12">收款人开户行盖章</td></tr>
</table>

类似的，审计人员追查剩余两户，情况属实，无异常。之后，将 3 笔检查的结果记录在工作底稿中。

5. 发函询证应收账款余额

应收账款函证是直接发函给被审计单位的债务人，要求核实被审计单位应收账款的记录是否正确的一种审计方法。函证的目的是证实应收账款余额的真实性、正确性，防止或发现被审计单位及有关人员在销售货物过程中发生差错或弄虚作假的行为。

我国审计准则规定，除非有充分的证据表明应收账款对被审计单位财务报表而言是不重要的，或者函证很可能是无效的，否则，审计人员应当对应收账款进行函证。这就是说，一般情况下，应收账款的函证程序是必须实施的，除非有两种情况出现，第一种情况是：应收账款在全部资产中所占比率极小，可以忽略不计。在这种情况下审计人员可以不实施函证程序，但需在工作底稿中说明原因。第二种情况是：函证很可能是无效的。比如，被审计单位所处地区发生了地震、水灾、战争等不可抗力，严重影响了函证的发送，即便是寄发了询证函，也很可能收不到回函。在这种情况下，按照审计准则的规定，审计人员可以不实施函证程序，但应当实施函证的替代审计程序，以便取得充分、适当的审计证据。

应收账款函证程序一般分为以下几个步骤：

(1) 确定函证对象

【审计程序】按照我国审计准则的规定，一般情况下，审计人员应选择以下应收账款客户作为函证对象：①大额或账龄长的客户；②与被审计单位发生债务纠纷的客户；③关联方客户；④主要客户(或关系密切的客户)；⑤交易频繁但应收账款期末余额较小，甚至为零的客户；⑥可能产生重大错报或舞弊风险的非正常客户。

【案例分析】本案例中，审计人员王小兵、刘海峰审阅了新光公司提供的应收账款明细表，按照余额大、账龄长的标准，从截至审计日未收到款项的34户(61－27)中选择了6家企业拟发询证函。选择的结果如下所示：

序号	客户名称	应收账款余额(单位：元)
1	厦门林德气体有限公司	1 839 045.89
2	包头北方奔驰汽车公司	841 732
3	长春振兴实业公司	344 000
4	BPW(梅山)车辆有限公司	174 000
5	新光大件起重安装公司	117 000
6	北京化工研究院	234 000

(2)确定函证方式

【审计程序】按照我国审计准则的规定，函证可分为积极式函证和消极式函证。两者相比，前者通常比后者提供的审计证据可靠。因此，采用消极式函证方式时，审计人员还需辅以其他审计程序。在审计实务中，审计人员常常将两种方式结合使用。对于少量的余额较大的应收账款，采用积极式函证方式；对于大量小额的应收账款，则采用消极式函证方式。

【案例分析】本案例中，审计人员王小兵、刘海峰选择的6家企业均属于余额较大的客户，因此采用积极式函证方式。

(3)编制、寄发询证函

在审计实务中，积极式函证方式用得较多。下面以此为例，说明企业询证函的编制。

【审计程序】企业询证函是审计工作中用于函证往来款项等情况的文件。审计人员在编制企业询证函时应注意下面几个要素：

①编号：是指该询证函在本次拟发函中的顺序。比如，本次拟对10家企业发函，现在正在编制的是第一家客户，则编号为1。

②××公司：是指被询证的单位。要写全称，不能写简称。

③地址、邮编、电话、传真、联系人：前四项是指承担财务报表审计的会计师事务所的信息。最后一项一般要写负责企业审计的项目经理姓名。

④截止日期：指报表日。比如为2014年度会计报表审计，则写“2014.12.31”。

⑤“贵公司欠本公司”或“本公司欠贵公司”：选择其一填写。比如，如果应收某公司的款项为借方余额，则表明是被审计单位的债权，在“贵公司欠本公司”一栏中填写余额；反之则相反。

⑥备注：一般是指该款项的性质或其他辅助信息。

⑦公司盖章：指被审计单位盖章。

⑧年、月、日：指审计人员编制企业询证函的日期。

【案例分析】本案例中审计人员王小兵、刘海峰依次对6家企业填写了企业询证函。

下面以对林德气体厦门有限公司的应收账款为例，说明企业询证函的编写。

企业询证函

编号：1

林德气体厦门有限公司：

本公司聘请的中意会计师事务所正在对本公司2014年度的财务报表进行审计，按照中国注册会计师审计准则的要求，应当询证本公司与贵公司的往来账项等事项。下列信息出自本公司账簿记录，如与贵公司记录相符，请在本函下端“信息证明无误”处签章证明；如有不符，请在“信息不符”处列明不符项目。如存在与本公司有关的未列入本函的其他项目，也请在“信息不符”处列出这些项目的金额及详细资料。回函请直接寄至中意会计师事务所。

回函地址：北京市西城区金融街5号　　　　　　　　邮编：100036

电话：010－88352789　　　传真：010－88352790　　联系人：王洋

1. 本公司与贵公司的往来账项列示如下：

单位：元

截止日期	贵公司欠本公司	本公司欠贵公司	备注
2014.12.31	1 839 045.89		货款

2. 其他事项。

本函仅为复核账目用，并非催款结算。若款项在上述日期之后已付清，仍请及时函复为盼。

新光铸件有限责任公司

（被审计单位章）

2015年1月21日

结论

1. 信息证明无误。2. 信息不符，请列明不符项目及具体内容。

（被询证单位盖章）　　　　　　　　　　（被询证单位盖章）

年　月　日　　　　　　　　　　　　　　年　月　日

经办人：　　　　　　　　　　　　　　　经办人：

编写完之后，王小兵、刘海峰请新光公司确认并盖章，然后由刘海峰按新光公司提供的企业地址、邮编、收件人等信息通过邮局直接寄发。

（4）收到回函并编制应收账款回函汇总表

【审计程序】审计实务中，审计人员经常会遇到被询证者以传真、电子邮件的方式回函的情况。这些方式确实能使审计人员及时得到回函信息，但由于易被截留、篡改或难以确定回函者的真实身份，因此，审计人员应当直接接收并要求被询证者及时寄回询证函原件。

此外，审计人员还经常会遇到在积极的函证方式下未能收到回函的情况。对此，审计人员应当考虑与被询证者联系，要求对方做出回应或再次寄发询证函。如果未能得到被询证者的回应，则审计人员应当实施替代审计程序，即检查与销售有关的文件，包括销售合同或协议、销售订单、销售发票副联及发运凭证等，以验证这些应收账款的真实性。

【案例分析】本案例中，审计人员王小兵、刘海峰共寄发6份企业询证函，收到4家企业的回函，其中存在不符事项的有2家；实施替代审计程序后能进一步证实的有1家。

审计人员将接收到的应收账款回函作为工作底稿的一部分，如下所示。

企业询证函　　　　编号：1

林德气体厦门有限公司：

本公司聘请的中意会计师事务所正在对本公司2014年度的财务报表进行审计，按照中国注册会计师审计准则的要求，应当询证本公司与贵公司的往来账项等事项。下列信息出自本公司账簿记录，如与贵公司记录相符，请在本函下端“信息证明无误”处签章证明；如有不符，请在“信息不符”处列明不符项目。如存在与本公司有关的未列入本函的其他项目，也请在“信息不符”处列出这些项目的金额及详细资料。回函请直接寄至中意会计师事务所。

回函地址：北京市西城区金融街5号　　　　邮编：100036

电话：010－88352789　　传真：010－88352790　　联系人：王洋

1. 本公司与贵公司的往来账项列示如下：

单位：元

截止日期	贵公司欠本公司	本公司欠贵公司	备注
2014.12.31	1 839 045.89		货款

2. 其他事项。

本函仅为复核账目用，并非催款结算。若款项在上述日期之后已付清，仍请及时函复为盼。

新光铸件有限责任公司

（被审计单位章）

2015年1月21日

结论：

1. 信息证明无误。

（被询证单位盖章）

2015年1月25日

经办人：林丽

2. 信息不符，请列明不符项目及具体内容。

（被询证单位盖章）

年　月　日

经办人：

企业询证函　　　　编号：2

包头北方奔驰汽车公司：

本公司聘请的中意会计师事务所正在对本公司2014年度的财务报表进行审计，按照中国注册会计师审计准则的要求，应当询证本公司与贵公司的往来账项等事项。下列信息出自本公司账簿记录，如与贵公司记录相符，请在本函下端“信息证明无误”处签章证明；如有不符，请在“信息不符”处列明不符项目。如存在与本公司有关的未列入本函的其他项目，也请在“信息不符”处列出这些项目的金额及详细资料。回函请直接寄至中意会计师事务所。

回函地址：北京市西城区金融街5号　　邮编：100036

电话：010－88352789　　传真：010－88352790　　联系人：王洋

1. 本公司与贵公司的往来账项列示如下：

单位：元

截止日期	贵公司欠本公司	本公司欠贵公司	备注
2014.12.31	841 732.00		货款

2. 其他事项。

本函仅为复核账目用，并非催款结算。若款项在上述日期之后已付清，仍请及时函复为盼。

新光铸件有限责任公司

（被审计单位章）

2015 年 1 月 21 日

结论

1. 信息证明无误。

（被询证单位盖章）

2015 年 1 月 25 日

经办人：孙利娟

2. 信息不符，请列明不符项目及具体内容。

（被询证单位盖章）

年　月　日

经办人：

企业询证函

编号：3

长春振兴实业公司：

本公司聘请的中意会计师事务所正在对本公司 2014 年度的财务报表进行审计，按照中国注册会计师审计准则的要求，应当询证本公司与贵公司的往来账项等事项。下列信息出自本公司账簿记录，如与贵公司记录相符，请在本函下端“信息证明无误”处签章证明；如有不符，请在“信息不符”处列明不符项目。如存在与本公司有关的未列入本函的其他项目，也请在“信息不符”处列出这些项目的金额及详细资料。回函请直接寄至中意会计师事务所。

回函地址：北京市西城区金融街 5 号　　邮编：100036

电话：010－88352789　　传真：010－88352790　　联系人：王洋

1. 本公司与贵公司的往来账项列示如下：

单位：元

截止日期	贵公司欠本公司	本公司欠贵公司	备注
2014. 12. 31	344 000. 00		货款

2. 其他事项。

本函仅为复核账目用，并非催款结算。若款项在上述日期之后已付清，仍请及时函复为盼。

新光铸件有限责任公司

（被审计单位章）

2015 年 1 月 21 日

结论：

1. 信息证明无误。

（被询证单位盖章）

年　月　日

经办人：

2. 信息不符，请列明不符项目及具体内容。

欠款项目：

发票××4567　　购货 23. 4 万元（含税）

发票××8903　　购货 7. 02 万元（含税）

共计：30. 42 万元

2015 年 1 月 22 日

经办人：赵娜

企业询证函 编号：4

新光大件起重安装公司：

本公司聘请的中意会计师事务所正在对本公司2014年度的财务报表进行审计，按照中国注册会计师审计准则的要求，应当询证本公司与贵公司的往来账项等事项。下列信息出自本公司账簿记录，如与贵公司记录相符，请在本函下端“信息证明无误”处签章证明；如有不符，请在“信息不符”处列明不符项目。如存在与本公司有关的未列入本函的其他项目，也请在“信息不符”处列出这些项目的金额及详细资料。回函请直接寄至中意会计师事务所。

回函地址：北京西城区金融街5号 邮编：100036

电话：010－88352789 传真：010－88352790 联系人：王洋

1. 本公司与贵公司的往来账项列示如下：

单位：元

截止日期	贵公司欠本公司	本公司欠贵公司	备注
2014.12.31	117 000.00		货款

2. 其他事项。

本函仅为复核账目用，并非催款结算。若款项在上述日期之后已付清，仍请及时函复为盼。

新光铸件有限责任公司

（被审计单位章）

2015年1月21日

结论：

1. 信息证明无误。

（被询证单位盖章）

年 月 日

经办人：

2. 信息不符，请列明不符项目及具体内容。

无欠款项目：

发票：××8834 购货11.7万元（含税）

已退货

2015年1月22日

经办人：夏小雨

审计人员王小兵、刘海峰首先对回函的不符事项进行追加审计程序，以验明应收账款余额的真实性。

(1)应收长春振兴实业公司的款项。新光公司记录2014年12月销售低温储罐，营业收入3万元，增值税0.51万元（增值税税率17%），代垫运费0.47万元，共计应收3.98万元。而对方回函是截至2015年1月21日尚未收到货物，因此不确认该笔债务。

审计人员王小兵查看了销售业务实现时的出库记录，并询问装运人员，得知该笔货物于2014年12月31日由新光第一运输公司承运。经核实，目前该货物正在运输途中。相关的承运单如表5－26所示。

表 5－26　道路货物运单

（甲种）

道路危险货物运输
专用章

起运日期：2014 年 12 月 31 日　　　　编号：No. 00078

承运人：新光第一运输公司	地址：新光路 1 号	电话：8967453	车牌号：A7890	运输证号：20009023	车型：大货	挂车牌照：T0978
托运人：新光铸件有限责任公司	地址：和平里 3 号	电话：8967453	装货地点：新光和平里 3 号			
收货人：长春振兴实业公司	地址：开发区 12 号	电话：9067453	卸货地址：长春开发区 12 号			

货物名称及规格	包装形式	体积长宽高（米）	数量	重量（吨）	计费重（吨）	计费里程（千米）	货物周转量	货物等级	运价	运费（元）	其他杂费		保价保险	
											项目	金额	项目	金额
低温罐	铁皮	1×1×1	1	1.5	1.5	3	0	A 级		4 000	装卸费	100	保险	50
											过路费	200		
											过桥费	300		
											公建费	50		
合计：¥4 700										4 000		650		50

货物运单签订地：和平里 3 号	结算方式：托运人付款	付款合计：肆仟柒佰元整

特殊事项	无	托运人（章）		承运（章）		收货（章）	

王小兵将上述承运单复印一份，作为回函追查程序的证据附于工作底稿中。由此可见，回函差异产生的原因在于在途货物，新光公司与长春振兴实业公司对销售业务的登记入账时间不同，因此，此款项可以确认，无须调整。

(2)应收新光大件起重安装公司款项。新光公司记录2014年12月销售低温储罐，营业收入10万元，增值税销项税额1.7万元(增值税税率为17%)，共计应收11.7万元。对方回函由于该笔货物验收后，发现与合同规定型号不符，已于2015年1月15日退货。

审计人员刘海峰向新光公司的财务人员询问是否知道此事。答复是退回的货物已验收入库，并于2015年1月20日入账。接下来，刘海峰查阅了2015年1月主营业务收入明细账、库存商品明细账，结果如表5－27、表5－28所示。

表5－27　新光公司2015年1月主营业务收入明细账

日期	凭证号	摘要	借方金额	贷方金额	方向	余额
		年初余额				
20150120	1－28	新光大件起重安装公司退货	100 000			
20150120	1－38	林德气体厦门有限公司25立方低温罐		515 592.31		
20150120	1－40	长春华新电线电缆公司5立方储罐		152 136.75		
20150120	1－42	北京普莱克斯公司14.7立方储罐		213 675.21		
		……	……	……	……	……

表5－28　新光公司2015年1月库存商品明细账

日期	凭证号	摘要	借方金额	贷方金额	方向	余额
		年初余额				
20150120	1－28	15立方低温罐退货	80 000			
20150120	1－38	结转本月25立方罐销售成本		404 051.72		
20150120	1－40	结转1台5立方储罐销售成本		112 393.71		
20150120	1－42	结转14.7立方 CO_2 储罐入库成本		318 729.42		
		……	……	……	……	……

刘海峰进一步追查至相应的记账凭证和原始凭证，如表5－29、表5－30、表5－31和表5－32所示。

表 5－29　转账凭证

2015 年 1 月 20 日　　字第 1－028(1/2)号

摘要	总账科目	明细科目	√	借方金额	√	贷方金额
新光大件起重安装公司退货	主营业务收入	低温储罐类	√	100 000		
	应交税费	应交增值税	√	17 000		
	应收账款	新光大件起重安装公司			√	117 000
合计				¥117 000		¥117 000

附单据贰张

财务主管：李大旗　　记账：杨美　　出纳：刘俪　　审核：杨美　　制单：刘俪

表 5－30　转账凭证

2015 年 1 月 20 日　　字第 1－028(2/2)号

摘要	总账科目	明细科目	√	借方金额	√	贷方金额
新光大件起重安装公司退货	产成品	低温储罐类	√	80 000		
	主营业务成本				√	80 000
合计				¥80 000		¥80 000

附单据贰张

财务主管：李大旗　　记账：杨美　　出纳：刘俪　　审核：杨美　　制单：刘俪

表 5－31　新光增值税专用发票　　No. 006243790

发票联　　开票日期：2015 年 1 月 5 日

购货单位	名称：新光大件起重安装公司 纳税人识别号：11010888341278 地址、电话：新光市朝阳区工贸中心西路 8 号 开户行及账号：民生银行工贸中心支行 1432653665497478					密码区	略
货物或应税劳务名称	规格型号	单位	数量	单价	金额	税率	税额
15 立方低温储罐					100 000 ¥100 000	17%	17 000 ¥17 000
价税合计(大写)	壹拾壹万柒仟元整					(小写)	¥117 000
销货单位	名称：新光铸件有限责任公司 纳税人识别号：11010888341278 单位地址、电话：新光市和平里 3 号 开户行及账号：工行和平里支行 2020202078738					备注	销售退回

收款人：　　复核：　　开票人：曹燕　　销货单位：(章)

注意：表 5－31 中数字加框表示开具的是红字发票。

表 5－32 入库单(记账凭证)

科目：产成品　　2015 年 1 月 15 日　　对方科目：主营业务成本

名称	单位	数量	单价	金额									备注
				百	十	万	千	百	十	元	角	分	
15 低温储罐	立方					8	0	0	0	0	0	0	销售退回
大写	捌万元整				¥	8	0	0	0	0	0	0	

财务主管：李大旗　　会计：杨美　　保管员：张青　　经手人：迟小明

审计人员刘海峰将退回的追查过程记录在工作底稿中。同时，与新光公司财务人员沟通，告知其该笔退货业务属于资产负债表日后调整事项，除了在 2015 年 1 月入账以外，还应调整 2014 年财务报表中的“应收账款”“营业收入”“应交税费”等报表项目。

此外，审计人员王小兵、刘海峰对期限内未收到回函的两家企业——BPW(梅山)车辆有限公司和北京化工研究院再次发函，结果仍未得到回函。于是，对应收账款实施替代审计程序。检查对 BPW(梅山)车辆有限公司销售时的有关凭证，审查销售合同、销售订单及销售发票和发运凭证等，情况属实，可以确认，相关测试见工作底稿 4220－2－1(见表 5－34)。而检查向北京化工研究院销售的 20 万元时发现无附件。经与财务人员沟通，对方承认此笔业务为虚构，主要是为了完成 2014 年度销售目标而虚增应收账款和营业收入，年后再做坏账处理。审计人员王小兵、刘海峰将此记录在工作底稿中。所做应收账款回函汇总表如表 5－33、表 5－34 所示。

6. 核查应收账款的业务

【审计程序】在审计的实质性测试中，一般都要有抽取部分业务追查至相关凭证的程序。应收账款审计亦不例外。应发未发询证函或回函不符、无法实施函证时，均需抽取部分业务的凭证，从记账凭证追查至原始凭证，重新判断一下应收账款的入账是否属实。

【案例分析】本案例中，审计人员王小兵、刘海峰将抽出凭证的业务统一汇总到工作底稿中，如表 5－35 所示。

(四)应收款审计结果

1. 审计中发现的问题

在本案例中，中意会计师事务所审计人员王小兵、刘海峰实施上述程序后，对审计过程进行了总结，发现新光公司应收款中存在以下问题：

(1)资产负债表日后发生退货未调整年度财务报告相关项目。2014 年 12 月销售给新光大件起重安装公司低温储罐确认营业收入 10 万元，2015 年 1 月 5 日因故退货，新光公司尚未调整 2014 年度会计报表相关项目，因此虚增应收账款 11.7 万元，虚增营业收入 10 万元。

(2)虚构客户，虚增应收账款。2014 年 12 月虚构客户——北京化工研究院，虚增销售槽车收入 20 万元，虚增应收账款 23.4 万元。

(3)应收账款明细账有贷方余额，尚未做重分类调整。

表 5-33　应收账款回函总表

被审计单位：新光公司　　　　索引号：4220-2　　　　页次：

项目：应收账款回函汇总　　　　编制人：刘海峰　　　　日期：2015.1.25

财务报表截止日期/期间：2014.12.31　　　　复核人：王洋　　　　日期：2015.1.25

一、测试对象总体：应收账款余额　二、测试项目的选取方法：抽样

三、样本规模：61 户　四、样本具体确定的办法：根据期末余额大小、账龄长短选择

五、函证结果汇总表

序号	单位名称	询证函编号	函证方式	函证日期		回函日期	账面余额	回函直接确认金额	回函差异	函证结果调节情况		未回函替代测试情况		审计确认金额	不确认金额	备注
				第一次	第二次					调节金额	调节后确认金额	替代测试确认金额	替代测试索引号			
1	林德气体厦门有限公司	1	积极式	1.21		1.25	1 839 045.89	1 839 045.89	无					1 839 045.89		
2	包头北方奔驰汽车有限公司	2	积极式	1.21		1.25	841 732	841 732	无							
3	长春振兴实业公司	3	积极式	1.21		1.22	344 000	344 000	39 800							在途存货
4	新光大件起重安装公司	4	积极式	1.21		1.22	117 000		117 000	-117 000	0			0		日后退货
5	BPW(梅山)车辆有限公司	5	积极式	1.21	1.24		174 000					174 000	4220-2-1	174 000		
6	北京化工研究院	6	积极式	1.21	1.24		234 000					0	4220-2-1	0	234 000	虚构收入
	合计															

审计说明：虚构收入和应收账款应调整；新光大件销售额 117 000 元于 2015 年 1 月退货，应调整报表项目。

编制说明：

1. 项目组在寄发函证时，需要保留寄发时的信封复印件及邮寄单位回执等能够证明已按照准则执行函证程序的证据，并作为函证工作底稿的一部分；
2. 项目组在收到函证时，需要保留收到该函证时的信封复印件等能够证明已按照准则要求执行函证程序的证据，并作为函证工作底稿的一部分。

表 5－34　应收账款未回函替代测试表

被审计单位　新光公司　　　　索引号：4220－2－1　　　　页次：

项目：应收账款回函汇总　　　　编制人：刘海峰　　　　日期：2015. 1. 25

财务报表截止日期/期间：2014. 12. 31　　　　复核人：王洋　　　　日期：2015. 1. 25

单位名称：EMP(梅山)车辆有限公司

一、年初余额				0								
二、借方发生额				174 000								
入账金额					检查内容(用"√"、"×"代替)							合同检查是否相符
序号	日期	凭证号	摘要	金额	1	2	3	4	5	6	……	
1	2014. 9. 30	9－66	BMP(梅山)车辆有限公司	174 000	√	√	√	√	√	√		相符
合计				174 000								
全年借方发生额合计												
测试金额占全年借方发生额的比例				0.73%								
三、贷方发生额												
入账金额					检查内容(用"√"、"×"代替)							合同检查是否相符
序号	日期	凭证号	摘要	金额	1	2	3	4	5	6	……	
1												
小计												
全年贷方发生额合计												
测试金额占全年借方发生额的比例												
四、年末余额				174 000								
BMP(梅山)车辆有限公司												
五、期后收款检查												
入账金额					检查内容(用"√"、"×"代替)							合同检查是否相符
序号	日期	凭证号	摘要	金额	1	2	3	4	5	6	……	
1												

检查内容说明：1. 原始凭证内容完整。2. 记账凭证与原始凭证内容、金额相符。3. 账务处理正确。4. 记录于恰当的会计期间。5. 有授权审批。6. 账证的内容、金额相符。

审计说明：无。

表 5－35　应收账款测试表

被审计单位：新光公司	索引号：4220－3	页次：
项目：应收账款测试	编制人：刘海峰	日期：2015.1.21
财务报表截止日/期间：2014.12.31	复核人：王洋	日期：2015.1.21

日期	凭证编号	业务内容	科目名称	明细科目	借方金额（元）	贷方金额（元）	检查内容							附件
							1	2	3	4	5	6	……	
2015.1.5	1－12	收：北京福岛还款	银行存款	工行	8 000		√	√	√	√	√	√		工行进账单
			应收账款	北京福岛		8 000	√	√	√	√	√	√		
2015.1.18	1－65	收：浙江天女集团还款	银行存款	工行	9 000		√	√	√	√	√	√		工行进账单
			应收账款	浙江天女		9 000	√	√	√	√	√	√		
2015.1.18	1－89	收：新光日报社款项	银行存款	工行	800		√	√	√	√	√	√		工行进账单
			应收账款	新光日报社		800	√	√	√	√	√	√		
2015.1.20	1－28	新光大件起重安装公司退货	主营业务收入	低温储罐	100 000		√	√	√	×	√	√		销售发票（红字）验收入库单
			应交税费	应交增值税	17 000		√	√	√	×	√	√		
			应收账款	起重安装		117 000	√	√	√	×	√	√		
			产成品	低温储罐	80 000		√	√	√	×	√	√		
			主营业务成本	低温储罐		80 000	√	√	√	×	√	√		
合计														

检查内容说明：	1. 原始凭证内容完整。2. 记账凭证与原始凭证内容、金额相符。3. 账务处理正确。4. 记录于恰当的会计期间。5. 有授权审批。6. 账证的内容、金额相符。
	审计说明：2014 年 12 月销售给新光大件起重安装公司 10 万元销售款于 2015 年 1 月退货，应调整报表相关项目。

2. 应收款审计中常见的问题

(1)虚增虚减应收款，人为调节利润。当企业需要增加利润时，就虚增应收款，人为增加营业收入和利润。当企业不需要增加利润时，将应计入应收款的货款，不记账或挂应付账款。这两种情况下，只要企业将虚构交易计入应收款或应付款，一般都容易查出，原因是审计人员可以实施函证程序。如果函证程序无法奏效，接下来自然要查入账时的相关合同、文件等，同时要结合存货的变动、生产能力的大小等加以核实。这样，虚构的业务很容易露出马脚。难点在于不入账的业务，需要审计人员综合考虑生产能力、存货、购销业务等的变动，看这些指标的变动是否符合实际情况。

(2)开具假发票，人为调节利润。在审计实务中，有些企业在会计期末开出假发票，或将下期开出的发票在本期入账，虚构本期销售和应收款。相反，也有些企业将本期开出的发票放到下期入账，以熨平利润。

(3)以预付款名义，将公款私自借给其他单位和个人。

(4)应收账款长期挂账。

实训内容三 存货审计

《企业会计准则第 1 号——存货》规定，存货是指企业在日常活动中持有的以备出售的产成品或商品、处于生产过程中的在产品、在生产过程或提供劳务过程中耗用的材料或物料，包括各种材料、商品、在产品、产成品等。

存货是财务报表审计中的重点领域。一方面是因为存货是企业流动资产的主要组成部分，存货的错报或漏报将影响流动资产、营运资本、总资产等；另一方面，由于存货中的产成品经销售确认时需结转到营业成本中，因此存货的错报或漏报也会影响到销售成本、毛利润及净利润等。审计中许多复杂和重大问题都与存货有关。

(一)学习存货审计的相关法规

1.《企业会计准则第 1 号——存货》的有关规定

企业取得存货应当按照成本进行计量。存货成本包括采购成本、加工成本和使存货达到目前场所和状态所发生的其他成本。企业取得存货主要通过外购和自制两个途径。

(1)外购存货成本。企业外购存货主要包括原材料和商品。存货的采购成本包括购买价款、相关税费、运输费、装卸费、保险费以及其他可归属于存货采购成本的费用。外购存货成本是指从采购到入库前发生的全部支出。

(2)加工取得存货成本。企业通过进一步加工取得的存货包括产成品、在产品、半成品、委托加工物资等，其成本包括采购成本、加工成本。存货的加工成本由直接人工和制造费用构成。

除此之外，企业取得存货还包括接受投资者投资、非货币性资产交换、债务重组、业务合并以及存货盘盈等途径。从这些途径取得的存货，应当按照各自的计量标准确认存货成本。

另外，资产负债表日存货应当按照成本与可变现净值孰低进行期末计量，发生减值的，应计提存货跌价准备。

2.《企业会计准则——应用指南》有关原材料的规定

(1)“原材料”科目核算企业库存的各种材料，包括原料及主要材料、辅助材料、外购半成品(外购件)、修理用备件(备品备件)、包装材料、燃料等的计划成本或实际成本，应当设置备查簿进行登记。

(2)“原材料”科目可按材料的保管地点(仓库)以及材料的类别、品种和规格等进行明细核算。

(3)原材料的主要账务处理：

①企业购入并验收入库的材料，按计划成本或实际成本借记“原材料”科目，按实际成本贷记“材料采购”或“在途物资”科目，按计划成本与实际成本的差异借记或贷记“材料成本差异”科目。

②自制并验收入库的材料，按计划成本或实际成本借记“原材料”科目，按实际成本贷记“生产成本”科目，按计划成本与实际成本的差异借记或贷记“材料成本差异”科目。委托外单位加工完成并验收入库的材料，按计划成本或实际成本借记“原材料”科目，按实际成本贷记“委托加工物资”科目，按计划成本与实际成本的差异，借记或贷记“材料成本差异”科目。

③生产经营领用材料，借记“生产成本”、“制造费用”、“销售费用”、“管理费用”等科目，贷记“原材料”科目。出售材料结转成本，借记“其他业务成本”科目，贷记“原材料”科目；发出委托外单位加工的材料，借记“委托加工物资”科目，贷记“原材料”科目。采用计划成本进行材料日常核算的，发出材料还应结转材料成本差异，将发出材料的计划成本调整为实际成本。采用实际成本进行日常核算的，发出材料的实际成本，可以采用先进先出法、加权平均法或个别认定法计算确定。

④“原材料”科目期末借方余额，反映企业库存材料的计划成本或实际成本。

3.《企业会计准则——应用指南》有关库存商品的规定

(1)“库存商品”科目核算企业库存的各种商品的实际成本(或进价)或计划成本(或售价)，包括库存产成品、外购商品、存放在门市部准备出售的商品、发出展览的商品及寄存在外的商品等。接受来料加工制造的代制品和为外单位加工修理的代修品，在制造和修理完成验收入库后，视同企业的产成品，也通过“库存商品”科目核算。

(2)“库存商品”科目可按库存商品的种类、品种和规格等进行明细核算。

(3)库存商品的主要账务处理：

①企业生产的产成品一般应按实际成本核算，产成品的入库和出库平时只记数量不记金额，期(月)末计算入库产成品的实际成本。生产完成验收入库的产成品，按其实际成本，借记“库存商品”科目，贷记“生产成本”科目等。

②采用实际成本进行产成品日常核算的，发出产成品的实际成本，可以采用先进先出法、加权平均法或个别认定法等计算确定。

③“库存商品”科目期末借方余额，反映企业库存商品的实际成本(或进价)或计划成本(或售价)。

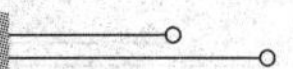

(二)存货审计中的工作底稿

2015 年 1 月 20 日，中意会计师事务所审计人员张青、刘晓光依据《中国注册会计师独立审计准则》和新光公司 2014 年度财务报表审计的具体实施方案，负责存货审计。两人对该公司的原材料、产成品等存货项目实施了审阅、核对、函证和抽盘等程序，编写了如表 5－36 所示的工作底稿。

表 5－36　中意会计师事务所存货工作表目录

编号	科目名称	工作底稿名称	索引号
1	存货	程序表	4300－0
2	存货	审定表	4300
3	存货	存货明细表	4300－1
4	存货	原材料查验	4300－1－1
5	存货	生产成本查验	4300－1－2
6	存货	存货监盘	4300－2
7	存货	存货盘点计划问卷调查	4300－2－1
8	存货	存货监盘报告	4300－2－2
9	存货	存货抽盘核对表	4300－2－3
10	存货	存货测试表	4300－3

所进行的实质性测试程序如表 5－37 所示。

1. 核对各存货项目明细账，检查与总账余额是否相符

【审计程序】存货是一个报表项目，其余额来自若干存货项目之和，对于不同的企业，存货项目的构成是不同的，因此，存货审计的第一个程序就是将报表中的存货分解，找到与之对应的几个存货项目。实务中，审计人员可以借助科目余额表来识别总账、明细账，同时进行余额的核对。在这之前，有必要将科目余额表与有关明细账余额进行核对，检查两者是否相符。

【案例分析】本案例中，审计人员张青、刘晓光获取了新光公司的科目余额表，有关存货项目如表 5－38 所示。

表 5－37　存货实质性程序

被审计单位：新光公司	索引号：4300－0	页次：
项目：存货实质性程序	编制人：张青	日期：2015.1.20
截止日/期间：2014.12.31	复核人：王洋	日期：2015.1.20

审计目标		财务报表认定				
		存在	完整性	权利和义务	计价和分摊	列报
A	资产负债表中记录的存货是存在的。	✓				
B	所有应当记录的存货均已记录。		✓			
C	记录的存货由被审计单位拥有或控制。			✓		
D	存货以恰当的金额包括在财务报表中，与之相关的计价调整已恰当记录。				✓	
E	存货已按照《企业会计准则》的规定在财务报表中作恰当列报。					✓

计划实施的实质性程序

审计目标	实质性程序	是否执行	未执行的原因	索引号	存在	完整性	权利和义务	计价和分摊	列报
ABD	1. 获取或编制存货明细表，复核加计是否正确并与总账数、报表数及明细账合计数核对是否相符。	是		4300－1	✓	✓		✓	
ABCDE	2. 对分类存货的数量、计价以及账务处理的查验见各个分项目查验底稿。其中：			4300－1－1					
	（1）对原材料的数量、计价以及账务处理的查验。	是		4300－3	✓	✓	✓	✓	✓
	（2）对库存商品及产成品的数量、计价及账务处理的查验。	是		4300－1－2	✓	✓	✓	✓	✓
	（3）对发出商品的数量、计价以及账务处理的查验。	是		4300－1－3	✓	✓	✓	✓	✓
	（4）对委托加工物资的数量、计价以及账务处理的查验。	否	不适用		✓	✓	✓	✓	✓
	（5）对生产成本的数量、计价以及账务处理的查验。	是		4300－1－4	✓	✓	✓	✓	✓
	（6）对劳务成本的数量、计价以及账务处理的查验。	否	不适用		✓	✓	✓	✓	✓
	（7）对周转材料的数量、计价以及账务处理的查验。				✓	✓	✓	✓	✓
	（8）对其他类存货的数量、计价以及账务处理的查验。	否	不适用		✓	✓	✓	✓	✓
A	3. 存货监盘或抽盘。	是		4300－2	✓				
	以下程序略。								

表5-38　存货项目构成

单位名称：新光公司

科目编号	科目名称	借/贷	年初数	借方	贷方	期末余额
1403	原材料	借	629 606.4	8 754 446.89	8 737 797.01	646 256.28
140301	配件	借	695 559.38	6 837 387.56	6 990 030.44	542 916.5
140302	钢材	借	-65 952.98	1 917 059.33	1 747 766.57	103 339.78
1411	周转材料	借				
141101	低值易耗品	借				
1405	库存商品	借	1 068 597.56	10 549 806.79	11 618 404.35	0
140501	槽车类产品	借		4 375 291.3	4 375 291.3	0
140502	低温储罐类产品	借	1 068 597.56	6 174 515.49	7 243 113.05	0
5001	生产成本	借	2 092 614.04	11 179 950.03	10 555 915.16	2 716 648.91
500101	直接材料	借	1 134 888.29	7 803 111.57	7 290 785.21	1 647 214.65
500102	直接人工	借	40 123.47	830 026.49	683 258.4	186 891.56
500 103	制造费用	借	905 293.76	474 099.45	2 509 056.03	870 337.18
500104	燃料动力费	借	12 308.52	72 712.52	72 815.52	12 205.52
5101	制造费用	借		2 655 023.84	2 655 023.84	0
510101	工资	借				
510102	福利费	借				
510103	折旧费	借		70 289.96	701 289.96	0
510104	修理费	借		13 175.52	13 175.52	0
510105	办公费	借		238.5	238.5	0
510106	水电费	借		0	0	0
510107	机物料费	借		357 648.61	357 648.61	0
510108	劳动保险费	借		6 352.45	6 352.45	0
510109	租赁费	借		250 002.5	250 002.5	0
510 110	差旅费	借		5 914.4	5 914.4	0
510111	保险费	借		0	0	0
510112	委托外单位加工费	借		1 137 472.12	1 137 472.12	0
510113	运输费	借		12 600	12 600	0
510114	图纸费用	借		54 000	54 000	0
510115	试验费	借		15 781.82	15 781.82	0
510116	其他	借		100 547.96	100 547.96	0

从表5-38可以看出，总账科目的编号为4位，一级明细科目为6位。其中，构成存货的项目有：

(1)原材料。“原材料”科目总账余额为646 256.28元，下有两个明细科目：配件和钢材，余额分别为542 916.5元和103 339.78元。

(2)库存商品。“库存商品”科目总账余额为零，下有两个明细科目：槽车类产品和低温储罐类产品，余额也为零，说明期末库存商品全部销售，无结余。

(3)在产品。“生产成本”科目总账余额为2 716 648.91元，下有4个明细科目：直接材料、直接人工、制造费用和燃料动力费，其余额分别为1 647 214.65元、186 891.56元、870 337.18元和12 205.52元。经核对，各明细科目余额之和等于总账余额。

(4)周转材料。本期低值易耗品无发生额，故余额为零。

存货的报表数等于“原材料”“生产成本”“库存商品”“周转材料”余额之和。审计人员张青、刘晓光的验算过程如下所示：

原材料：646 256.28，生产成本2 716 648.91，库存商品：0，周转材料：0，合计数：3 362 905.19。报表数：3 362 905.19。存货各项目余额合计数与报表数相符。核对程序完成后，编制了工作底稿，如表5－39所示。

表5－39　存货审定表

被审计单位：新光公司　　　　索引号：4300

项目：存货审定　　　　财务报表截止日期/期间：2014.12.31

编制：张青　　　　复核：王洋

日期：2015.1.20　　　　日期：2015.1.20

项目名称	期末未审数	账项调整		重分类调整		期末审定数	上期期末审定数	索引号
		借方	贷方	借方	贷方			
一、存货账面余额								
原材料	646 256.28					646 256.28	629 606.4	43300－1－1
库存商品	0	240 000				240 000	1 068 597.56	4300－1－2
在产品	2 716 648.91					2 716 648.91	2 092 614.04	4300－1－4
合计								
二、存货跌价准备								
原材料	0							
库存商品	0							
在产品	0							
合计	0							
三、存货账面价值								
原材料	646 256.28					646 256.28	646 256.28	
库存商品	0	240 000				240 000	1 068 597.56	
在产品	2 716 648.91					2 716 648.91	2 092 614.04	
合计	3 362 905.19	240 000				3 602 905.19	3 790 818.00	

审计意见：阀门装卸费应计入采购成本，见表5－49。

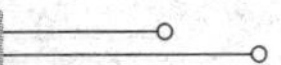

表 5－40　存货明细表

被审计单位：新光公司　　　　索引号：4300－1

项目：存货明细　　　　财务报表截止日期/期间：2014.12.31

编制：张青　　　　复核：王洋

日期：2015.1.20　　　　日期：2015.1.20

品名	单位	账面结存			存放处
		数量	单价(元)	金额(元)	
阀门	个	1 345	24.9	33 490.50	一仓库
封头	个	89	2 074.24	184 607.36	一仓库
铝板	平方米	780	905.90	706 602.00	一仓库
锻压件	个	4 500	7.69	34 605.00	一仓库
焊条	根	9 000	5.08	45 720.00	一仓库
车头	个	26	34 019.65	884 510.90	一仓库
切割气	立方米	800	57.03	45 624.00	二仓库
调压设备	台	7	33 851.03	236 957.21	二仓库
车架	个	9	38 654.44	347 889.96	二仓库
液压件	个	20	1 607.85	32 157.00	二仓库
温度计	个	780	0.30	234.00	二仓库
不锈钢带	米	4 560	0.03	136.80	二仓库
螺丝	盒	45	1.00	45.00	二仓库
劳保用品	件	450	0.78	351.00	二仓库
压力表	个	632	0.32	202.24	三仓库
油漆	桶	24	334.00	8 016.00	三仓库
角磨片	个	7 823	0.05	391.15	三仓库
汽油	升	800	47.82	38 256.00	三仓库
氧气	立方米	735	758.00	557 130.00	三仓库
二氧化碳	立方米	4 567	43.00	196 381.00	三仓库
绝缘材料	米	780	4.39	3 424.20	三仓库
扳手	个	6 790	0.34	2 308.60	三仓库
原子灰	吨	789	0.29	228.81	三仓库
有机板	个	345	6.39	2 390.85	三仓库
软管	米	9 000	0.03	270.00	三仓库
电线	米	3 423	0.06	205.38	三仓库
黑玻璃	块	90	1.1101	99.91	三仓库
其他耗材	个	456	1.47	670.32	三仓库
合计				3 362 905.19	

2. 盘点存货

存货监盘是审计人员对存货的储存进行审查的核心程序。审计人员在绝大多数情况下都必须亲自观察存货盘点过程，实施存货监盘程序，除非出现无法实施存货监盘的特殊情况。存货监盘过程按以下步骤展开：

(1)被审计单位年终存货盘点时，审计人员应参与制定盘点计划。

【审计程序】按照内部控制的要求，企业应定期进行存货的盘点。对于年度财务报表审计而言，企业的盘点可安排在报表日附近，一般安排在年末之前。为了满足审计的要求，企业会邀请审计人员参与盘点计划的制定，包括确定盘点的范围、重点、方法与时间安排等。通过复核或与企业讨论盘点计划，审计人员可以掌握企业存货管理的情况。

【案例分析】本案例中，中意会计师事务所审计人员张青、刘晓光作为新光公司年审项目组成员，于2014年11月30日应邀到新光公司参与盘点计划的制定。新光公司的期末盘点于2014年11月30日下午5点开始，为期两天。存货大部分集中于3个仓库，还有部分存货暂存于关联方企业——新光能源设备总厂的厂房内。盘点人员为仓库保管员、财务部负责存货核算的会计及车间的成本会计。

存货盘点前，审计人员张青、刘晓光向参与盘点的人员发放问卷调查表，以确定企业是否按照盘点计划的要求进行了盘点准备工作。存货盘点调查表的格式如表5－41所示。

表5－41　存货盘点调查表

被审计单位：新光公司	索引号：4300－2－1	页次：
项目：存货盘点计划调查	编制人：张青	日期：2014.11.30
财务报表截止日/期间：2014.12.31	复核人：王洋	日期：2014.11.30

1. 存货盘点的范围、盘点的场所以及盘点时间是如何确定的？填列以下表格：

地点	存货类型	存货总额的大致比例	盘点时间
一仓库	钢板等主材	50%	2014.11.30
二仓库	焊接材料、调压设备等	40%	2014.11.30
三仓库	包装材料等	9.90%	2014.11.30
能源设备厂仓库	扳手、阀门等	0.10%	2014.11.30

2. 盘点人员是如何分工的？是否具有胜任能力？填列以下表格：

人员	地点	职责	胜任能力	电话
刘小波 王大帅	一仓库	保管员、成本会计	有	60904050
朱明明 李萍	二仓库	保管员、成本会计	有	60904051
路遥 赵晓	三仓库	保管员、成本会计	有	60904052
张培	能源设备厂仓库	保管员	有	60904053
3	盘点过程是否有专家参与？是否对专家参与盘点做了恰当的安排？		是	

续表 5-41

4	盘点前是否召开会议并布置任务?	是
5	在盘点过程中存货是怎样整理和排列的?	按顺序排列
6	是否存在代销存货等所有权不属于被审计单位的存货?如果有,情况如何?	不存在
7	有哪些毁损、陈旧、过时、残次的存货?它们是如何存放和区分的?	无
8	半成品、原材料和产成品如何分开?	按车间区分
9	对于成堆堆放或分散在仓库中的存货,是否设置了专门的盘点程序或规定了数量转换计算的方法?	估算
10	分散在不同地方的相同存货项目如何汇总(与后续盘点汇总保持一致很重要)?	无
11	存货盘点采用什么计量工具和方法?	通过容器、标识等清点
12	在产品的完工程度如何确认?原材料、直接人工、制造费用等如何在产成品和在产品之间分配?	由工程师估计
13	是否有存放在外单位的存货?如何进行盘点?	有,在新光能源设备总厂,派人前往盘点
14	放在距离较远地方的存货如何盘点?	无
15	对存货收发截止是如何控制的?	停止
16	对盘点期间存货的移动是如何控制的?盘点期间是否需要停止生产?	停止
17	盘点表是如何设计、使用、控制的?使用什么形式事先设计连续编号的文件来记录盘点过程?盘点表是否预先确认?	通过事先设计连续编号的文件记录盘点过程
18	是否所有的盘点都被独立检查以确保它们的正确性?若使用永续盘存制,如果实际数量与记录存在差异,是否有独立进行再盘点的措施?是否要求监督者对盘点执行的检查做出记录?	差异过大时,要求重盘
19	盘点结果是如何汇总的?	按计划汇总
20	如何对盘亏和盘盈进行分析、调查与处理?	提前审批并处理
21	是否存在其他在盘点中需要注意的事项?	否
22	对被审计单位存货盘点计划就能否合理地确定存货的数量和状况做出总体评价:	
	(1)被审计单位存货盘点计划是否恰当?	比较恰当
	(2)盘点计划是否存在缺陷?如是,应建议被审计单位调整。	已建议

（2）实地观察和抽查盘点。

【审计程序】审计人员的监盘程序是观察、询问和实物检查工作的集合。按照我国审计工作规范的要求，审计人员在监盘过程中应注意以下几点：

①全程监督。在存货盘点开始后，审计人员必须到场，自始至终地监督盘点的进行，以保证盘点工作按计划进行。如果存货存放多处，应保证每一处至少有一名审计人员在场。对存放在他处的存货，审计人员不能以路远等为理由拒绝观察，应根据该存货在全部存货中的比重，采用亲自前往监盘、委托当地会计师事务所监盘或函证等方式证实。

②抽查盘点记录。审计人员在现场观察存货盘点时，应密切注意盘点人员的操作程序和操作过程，随时抽查部分盘点的记录，对存货的数量、单价、金额等进行复核，必要时，可直接复点一部分存货，以验证存货记录的正确性。

③关注特殊存货。盘点存货时，审计人员应对各种存货的所有权加以鉴定，剔除那些代管、代销、代加工的材料；对于产权不明确的，应进行必要的函证和核实。同时还应观察有无残次冷背的存货，有时要聘请专家对存货的价值加以鉴定，做出必要的调整。

【案例分析】本案例中，新光公司2014年11月30日下午5点开始盘点，中意会计师事务所审计人员张青、刘晓光等8名人员到场监盘。审计人员两人一组，分别在第一、二、三仓库及新光能源设备总厂仓库进行同步观察和抽盘。

在存货监盘过程中，审计人员观察到新光公司的各类存货摆放有序，盘点人员对车头、钢板等大宗存货通过悬挂标签的方式进行清点，对弯头、扳手等量大价小的存货按堆积面积估算数量，对气体、液体等材料通过桶、罐、槽等容器进行估算。盘点人员的操作规范、计量无误。另外，审计人员注意到两点：一是部分进口液压件由于生产工艺的改变，现在已不再使用，堆积在仓库角落，已尘封多时。经与技术人员交谈得知，该液压件的转让价值很小，可忽略不计。建议新光公司将此存货按规定报批后尽快处理。二是生产用钢板等贵重存货，在仓库管理中未加防盗措施，易丢失。故提醒新光公司加强对薄弱环节的管理力度，采取切实措施以防患于未然。

（3）索取、编制并审查盘点表。

【审计程序】盘点结束后，审计人员应会同盘点人员，将全部盘点的标签或盘点清单按编号顺序汇总，并据此登记存货盘点表。汇总时应注意避免缺号、重号的现象。之后盘点人员、监盘人员需在上面签字。盘点表一式两份，企业和会计师事务所各留一份。同时，审计人员将存货盘点结果与存货明细账的记录进行比较，证实账实是否相符。如果出现盘盈或盘亏，建议企业找出原因并处理。

需要注意的是，如果存货盘点日不是报表日，审计人员应当实施适当的审计程序，确定盘点日至报表日之间的存货变动是否正确。实务中，审计人员常常采用审阅此期间存货的收发记录，并与存货明细账进行核对的方法证实。具体而言，就是审计人员要查阅盘点日至报表日之间的存货台账，核实有几笔出库或入库，是否附有相应的凭证，是否在存货明细账中及时登记，并通过计算追溯调整至报表日存货的正确数量。

【案例分析】本案例中，2014年12月2日，新光公司的期末存货盘点结束后，盘点结果如表5－42所示。

表 5－42　存货监盘报告

被审计单位：新光公司　　　　索引号：4300－2－2　　　　页次：
项目：存货监盘报告　　　　编制人：张青　　　　日期：2014.12.2
财务报表截止日/期间：2014.12.31　　　　复核人：王洋　　　　日期：2014.12.2

一、盘点日期：2014 年 11 月 30 日

二、仓库名称：一、二、三仓库及新光能源设备总厂仓库

仓库负责人：李思明

仓库记账员：王大帅、李萍、赵晓；仓库保管员：李晓波、朱明明、路遥、张培

仓库概况：（描述仓库共 3 间，各仓库的特点）

一仓库：存放钢板等主材，为一车间生产用料服务。注意防盗。

二仓库：存放调压设备、焊接材料等，为二车间用料服务。注意防火，安全生产。

三仓库：存放纸箱等包装材料，为三车间用料服务。注意防火、防盗。

三、监盘参加人员：

姓名	单位名称	监盘地点	分工	联系方式
张青、刘晓光	中意会计师事务所	一仓库	监盘	80958494
程前、张文燕	中意会计师事务所	二仓库	监盘	80958495
海洋、王月	中意会计师事务所	三仓库	监盘	80958496
陈丽、马凯	中意会计师事务所	新光能源设备总厂仓库	监盘	80958497

上述人员在监盘过程中，自始至终没有离开现场。

四、监盘开始前的工作：

项目	是或否	工作底稿编号
1. 索取期末存货盘点计划	是	
2. 索取该仓库存货收发存月报表	是	
3. 索取存货的盘点清单	是	
4. 索取盘点前该仓库收料、发料的最后一张单证	是	
5. 存货是否流动	是	
6. 废品、毁损物是否已分开存放	是	
7. 货到单未到的存货是否已暂估入账	不适用	
8. 发票未开、客户已提走的存货是否已单独记录	不适用	
9. 发票已开、客户未提走的存货是否已单独记录（单独堆放）	不适用	
10. 存货是否已按存货的型号、规格排放整齐	是	
11. 外单位寄存的货物是否已分开堆放	不适用	
12. 代外单位保管的货物是否已分开堆放	不适用	
13. 替外单位委托加工的货物是否已分开堆放	不适用	
14. 其他公司的货物是否已分开堆放	不适用	

续表 5－42

15. 委托外单位加工的存货、存放外单位的存货，是否收到外单位的书面确认书	不适用	
16. 最近一次盘点存货的日期	2014.6.30	
17. 最近一次对计量用具(地秤量器和其他计量器)的校对	2014.6.30	
18. 是否有存货的记录位置或存放图	无	

五、监盘进行中的工作：

1. 监盘从下午 5 点开始，共分 4 个监盘小组，每个小组 2 人

(1)一人点数并报出型号、规格

(2)一人记录盘点清单

2. 核对仓库报表结存数量与仓库存货结存数量是否相符：仓库存货账存结存数量与仓库存货卡数量是否相符；填制存货表、账、卡核对记录表

3. 盘点结束，索取盘点清单及存货盘盈、盘亏汇总表

六、复盘：

1. 盘点结束后，选择数额较大、收发频繁的存货项目进行复盘

2. 复盘人员为：王洋、张青

3. 复盘记录详见存货监盘结果总表(附后)

4. 复盘统计

品种、型号共 15 种，复盘 5 种，占 33.33%

金额共 3 393 489.49 元，复盘达 2 363 611.24 元，占 69.65%

5. 计算复盘正确率

复盘共 5 种，其中复盘正确的有 5 种，占 100%

复盘金额共 3 393 489.49 元，其中复盘正确的有 2 363 611.24 元，占 69.65%

6. 确定存货中属于残次、毁损、滞销积压的存货及其对当年损益的影响：

存货中残次、毁损、积压的存货金额：

其中：原材料：500 元

在产品：

产成品：

库存商品：

合计：500 元

七、盘点结束后的工作：

1. 再次观察现场并检查盘点表单

2 复核盘点结果汇总记录

3. 关注盘点日与资产负债表日之间存货的变动情况

4 关注存货盘点结果与永续盘存记录之间重大差异的处理

5. 关注被审计单位盘点方式及结果无效时的处理；如果认为被审计单位的盘点方式及结果无效，注册会计师应当提请被审计单位重新盘点

续表 5－42

6. 请参加复盘人员在存货复盘结果总表上签字
7. 获取由仓库人员填写的复盘结果说明(请用文字说明，并加盖单位公章)
八、对盘点及复盘的评价
1. 仓库管理人员对存货很(一般、不)熟悉
2. 盘点工作及复盘工作很(一般、不)认真
3. 对会计师需要的资料很(一般、不)配合
4. 监盘结果总体评价：良好
监盘人员签名：王洋、张青

本次的存货盘点如表 5－43 所示。

表 5－43　新光公司期末盘点表

单位名称：新光铸件有限责任公司　　　　盘点日：2014.11.30

品名	规格	盘点数	账面结存			盘盈(＋)或盘亏(－)	存放处
			数量	单价	金额		
阀门	个	1 200	1 200	24.9	29 880		一仓库
封头	个	85	85	2 108.46	179 219.1		一仓库
铝板	平方米	780	780	905.9	706 602		一仓库
锻压件	个	4 800	4 800	7.69	36 912		一仓库
焊条	根	9 500	9 500	5.08	48 260		一仓库
车头	个	25	25	34 019.65	850 491.25		一仓库
切割气	立方米	785	785	57.03	44 768.55		二仓库
调压设备	台	8	8	33 851.03	270 808.24		二仓库
车架	个	9	9	38 654.44	347 889.96		二仓库
液压件	个	27	27	1 607.85	43 411.95		二仓库
温度计	个	785	785	0.3	235.5		二仓库
不锈钢带	米	5 000	5 000	0.03	150		二仓库
螺丝	盒	43	43	1	43		二仓库
劳保用品	件	400	400	0.78	312		二仓库
压力表	个	624	624	0.32	199.68		三仓库
油漆	桶	28	28	333.33	9 333.24		三仓库
角磨片	个	8 000	8 000	0.05	400		三仓库
汽油	升	832	832	47.82	39 786.24		三仓库
氧气	立方米	765	765	757.53	579 510.45		三仓库
二氧化碳	立方米	4 600	4 600	42.42	195 132		三仓库
绝缘材料	米	785	785	4.39	3 446.15		三仓库

续表 5－43

品名	规格	盘点数	账面结存			盘盈(＋)或盘亏(－)	存放处
			数量	单价	金额		
扳手	个	7 000	7 000	0.34	2 380		三仓库
原子灰	吨	800	800	0.29	232		三仓库
有机板	个	400	400	6.93	2 772		三仓库
软管		8 754	8 754	0.03	262.62		三仓库
电线		3 500	3 500	0.06	210		三仓库
黑玻璃		96	97	1.11	106.56		三仓库
其他耗材		500	501	1.47	735		新光能源设备厂仓库
合计					3 393 489.49		

盘点：李晓波、朱明明、路遥、张培、王大帅、李萍、赵晓(签字)

审计人员在复盘中，抽查了 5 种存货，分别是：

①车头：850 491.25 元；

②封头：179 219.10 元；

③调压设备：270 808.24 元；

④车架：347 889.96 元；

⑤铝板：706 602.00 元。

2015 年 1 月 20 日，中意会计师事务所的审计人员张青、刘晓光对新光公司 2014 年度会计报表进行审计时，向仓库保管员借阅了 2014 年 12 月份存货台账，并与存货明细账进行了必要的核对，对调压设备、车架、车头进行了抽查，对其进行了追溯计算，结果如表 5－44 所示。

表 5－44 存货抽盘核对表

（适用于监盘日，不是资产负债表日）

被审计单位：新光公司　　索引号：

项目：存货抽盘核对　　截止日/期间：2014.12.31

编制：刘晓光　　复核：王洋　　日期：2015.1.20

1. 资产负债表日前抽盘核对表

序号	品名及规格	单位	抽盘日实存数量	加：抽盘日至资产负债表日入库数量	减：抽盘日至资产负债表日发出数量	报表日实存数量	报表日账面数量	差异	原因分析
1	调压设备	台	8	0	1	7	7	无	
2	车架	个	9	0	0	9	9	无	
3	车头	个	25	1	0	26	26	无	

审计结果：抽盘无差异

2. 资产负债表日后抽盘核对表

序号	品名及规格	单位	抽盘日实存数量	加：抽盘日至资产负债表日入库数量	减：抽盘日至资产负债表日发出数量	报表日实存数量	报表日账面数量	差异	原因分析
审计结论：									

(4) 撰写盘点备忘录，编制审计工作底稿。盘点工作结束后，审计人员应根据企业存货的盘点情况撰写盘点备忘录，将盘点程序、盘点中发现的重大问题及其处理、盘点结果等予以记载，并连同企业的盘点计划或指令、存货盘点表、问卷调查资料以及取得的其他资料一起整理成审计工作底稿。

3. 存货的计价测试

监盘存货是对存货结存数量予以确认。为了验证会计报表上存货金额的真实性，还应对存货的计价进行审计。由于现行企业会计准则允许企业采用的存货计价方法是多种多样的，因此，对年末存货计价的测试，通常是审计中最复杂也是最费时的部分。

存货计价测试的主要程序是：选择样本、确认计价方法、计价测试。

(1) 选择样本。应从存货数量已经盘点、单价和总金额已经计入存货盘点表的结存存货中选择。

(2) 确认计价方法。根据我国《企业会计准则》的规定，企业期末存货计价可采用先进先出法、加权平均法或个别认定法。审计人员应对计价方法的合理性与一贯性予以关注——没有足够理由，计价方法在同一会计年度内不得变更。

(3) 计价测试。进行计价测试时，审计人员首先应对存货价格的组成内容予以审核，然后按照所了解的方法对所选择的存货样本进行计价测试。

这部分的内容限于篇幅，此处不再赘述。

4. 抽查大额采购业务，核算采购成本是否正确

【审计程序】存货购销是企业生产经营的重要活动之一，业务发生频繁的资产数额较多，因此，审计人员需从存货采购明细账出发，抽查部分大额的采购业务追查至购货合同、购货发票等，复核采购成本的计算是否正确。

【案例分析】本案例中，新光公司的存货采用实际成本法核算。公司设有原材料总账、明细账。原材料明细账的部分内容如表 5 – 45 所示。

表 5－45　新光公司 2014 年 2 月原材料(配件库)明细账

日期	凭证号	摘要	借方金额	贷方金额	方向	余额
20140225	2－2	长春市化学工业研究院 801 胶水	311.79		借	281 274.89
……	……	……	……	……	……	……
20140225	2－28	新光市常仪物资公司压力表	1 724.79			
20140225	2－29	鹤岗市亚细亚物资公司油漆	810.57			
20140225	2－29	新光市吉星电子公司灭火机	888.89			
20140225	2－29	长春欧亚机电设备公司阀门一批	13 069.23			
……	……	……	……	……	……	……
20140228	2－58	本月材料分配		137 625.46		
		本月合计	100 507.63	137 625.46		
		累计	321 693.9	773 096.22		
		期末余额			借	244 157.06

审计人员张青、刘晓光注意到 2－29 号凭证发生额较大，追查至记账凭证、原始凭证，结果如表 5－46、表 5－47、表 5－48 所示。

大宗采购可能要发生装卸费、保险费等费用。审计人员刘晓光审阅了以后几笔分录，发现 2－30 号凭证有问题，如表 5－49、图 5－2 所示。

表 5－46　转账凭证

2014 年 2 月 25 日　　　　字第 2－29 号

摘要	总账科目	明细科目	√	借方金额	√	贷方金额
长春欧亚机电设备公司阀门一批	原材料		√	13 069.23		
	应交税费		√	2 221.77		
	应付账款	欧亚机电			√	15 291
合计				¥15 291		¥15 291

财务主管：李大旗　　记账：杨美　　出纳：刘俪　　审核：杨美　　制单：刘俪

表 5-47 长春市增值税专用发票 N000624379

发票联 开票日期：2014 年 2 月 11 日

购货单位	名称：新光铸件有限责任公司 购货纳税人识别号：11010988341278 地址、电话：新光市和平里 3 号 开户行及账号：工行和平里支行 202020207873 8-1					密码区	略
货物或应税劳务名称	规格型号	单位	数量	单价	金额	税率	税额
阀门					13 069.23	17%	2 221.77
合计					¥13 069.23		¥2 221.77
价税合计(大写)	⊕壹万伍仟贰佰玖拾壹元整(小写) ¥15 291.00						
销货单位	名称：长春欧亚机电设备公司 购货纳税人识别号：137875789991 地址、电话：长春市劳动路甲 2 号 开户行及账号：工行劳动路支行 128023108024809998					备注	

收款人： 复核： 开票人：曹燕 销货单位：(章)

表 5-48 入库单(记账凭证)

科目：原材料 2014 年 2 月 20 日 对方科目：应付账款

名称	单位	数量	单价	金额									备注
				百	十	万	千	百	十	元	角	分	
长春欧亚阀门	箱	5	2 613.846			1	3	0	6	9	2	3	大宗采购
大写	壹万叁仟零陆拾玖元贰角叁分				¥	1	3	0	6	9	2	3	

财务主管：李大旗 会计：杨美 保管员：路遥 经手人：迟小明

接着，审计人员张青、刘晓光进一步核对了购货合同。合同载明：销货方长春欧亚机电设备公司负责发货并支付运费，货到新光火车站后由购货方新光铸件有限责任公司装卸等。验收无误后 3 个月内付款。

审计人员张青、刘晓光进行了相关数据的演算：

(1)原材料价款：13 069.23 元

(2)进项税：13 069.23 × 17% = 2 221.77(元)

(3)装卸费：2 000 元

表5-49 付款凭证

贷方科目：银行存款——工行　　　　2014年2月20日　　　　第2-30号

摘要	借方总科目	明细科目	√	金额	
付：购长春欧亚阀门装卸费	销售费用	办公费	√	2 000	附单据壹张
合计	贰仟元整			¥2 000	

财务主管：李大旗　　记账：杨美　　出纳：刘俪　　审核：杨用　　制单：刘俪

中国工商银行

转账支票存根

ⅦⅨ12287105

附加信息：支付装卸费

出票日期：2014年2月20日

收款人：新光顺风物流服务公司

金额：¥2 000

用途：装卸费

单位主管：张发达　会计：李大旗

图5-2　新光公司2014年2-30号记账凭证所附原始凭证

根据所给资料，装卸费属于与采购相关的费用，应计入采购成本中：

原材料采购成本=13 069.23+2 000=15 069.23(元)

正确的分录应是：

借：原材料——配件库(阀门)　　15 069.23

　　应交税费——应交增值税(进项税额)　　2 221.77

　　贷：应付账款——长春欧亚机电公司　　15 291.00

　　　　银行存款——工行　　2 000.00

而新光公司所做的会计分录是：

借：原材料——配件库(阀门)　　13 069.23

　　应交税费——应交增值税(进项税额)　　2 221.77

　　贷：应付账款——长春欧亚机电公司　　15 291.00

借：销售费用——办公费　　2 000.00

　　贷：银行存款——工行　　2 000.00

错误之处在于：装卸费未计入采购成本，而计入了销售费用。审计人员建议调整，张青、刘晓光将此笔错报记录在工作底稿中。

接着，审计人员张青、刘晓光又追查了几笔分录，未见异常。上述抽凭结果记录在工作底稿4300-3中，如表5-50所示。

表 5 – 50 存货测试表

被审计单位：新光公司　　　　索引号：4300 – 3　　　　页次：

项目：存货测试　　　　编制人：刘晓光　　　　日期：2015. 1. 20

财务报表截止日/期间：2014 年 12 月 31 日　　　　复核人：王洋　　　　日期：2015. 1. 21

日期	凭证编号	业务内容	总账科目	明细科目	借方金额	贷方金额	检查内容							附件
2014. 2. 25	2 – 23	新区协成金属材料公司铝板等 <0330>	原材料	配件库	23 646 15		1	2	3	4	5	6	……	增值税发票/验收入库单
			应交税费	应交增值税	4 019. 85		√	√	√	√	√	√		
			银行存款	工行		27 666	√	√	√	√	√	√		
2014. 4. 28	4 – 79	新光能源设备厂钢材 <228 – 238>	原材料	钢材库	163 641. 31		√	√	√	√	√	√		增值税发票/验收入库单
			应交税费	应交增值税	27819. 02		√	√	√	√	√	√		
			应付账款			191 460. 33	√	√	√	√	√	√		
2014. 2. 25	2 – 29	长春欧亚机电设备公司钢材	原材料	钢材库	13 069. 23		√	√	√	√	√	√		增值税发票/验收入库单
			应交税费	应交增值税	2 221. 77		√	√	√	√		√		
			应付账款	长春欧亚机电		15 291	√	√	√	√	√	√		
2014. 2. 25	2 – 30	付：购长春欧亚阀门装卸费	销售费用	办公费	2 000		√	×	×	√	√	√		支票存根
			银行存款	工行		2 000	√	×	×	√	√	√		
合计														
检查内容说明：	1. 原始凭证内容完整。2. 记账凭证与原始凭证内容、金额相符。3. 账务处理正确。4. 记录于恰当的会计期间。5. 有授权审批。6. 账证的内容、金额相符。													

审计说明：采购阀门装卸费应计入采购成本，不能计入销售费用。

(三)审计结果

企业存货管理和核算中常见的问题:

1. 领用、发出存货方面存在的问题

企业不按存货的实际用途将存货成本记入相应的账户;发出存货的成本计算不正确;为调整发出存货的成本,随意改变存货计价方法,有意多计或少计存货成本;为调整销售数量,在期末作销售产品、下期初再做退货等。

2. 存货盘盈、盘亏、毁损及报废等方面的问题

企业对已毁损、报废的存货不及时进行调整;盘盈的存货未入账冲减管理费用;盘亏、毁损和报废的存货计入管理费用、营业外支出时没有扣除赔偿和残料价值:属于非正常损失的存货没有计入营业外支出;购入的存货发生非正常损失,其增值税进项税额不计入营业外支出;非正常损失的在产品、产成品所耗用的购进存货的进项税额不计入营业外支出等。

3. 存货的采购成本计算不正确

大宗采购中的运输费、装卸费等均应计入采购成本。

总之,新光公司应加强对存货的日常管理。根据存货的价值和重要程度,新光公司应将存货进行分类管理,对于单位价值较大的存货应采取加装防盗门等措施,专人保管,单独存放,不应将其混同于一般存货。

实训内容四　固定资产及累计折旧审计

按照我国《企业会计准则第 4 号——固定资产》的规定,固定资产是指同时具有下列两个特征的有形资产:(1)为生产商品、提供劳务、出租或经营管理而持有;(2)使用寿命超过 1 个会计年度。在符合定义的前提下,固定资产应同时满足以下两个条件才能加以确认:(1)与该固定资产有关的经济利益很可能流入企业;(2)该固定资产的成本能够可靠地计量。

由于固定资产在企业的资产总额中一般都占有较大的比例,固定资产的安全、完整对于企业生产经营影响较大,因此审计人员对固定资产的审计应予以高度重视。“固定资产”项目余额由“固定资产”科目余额扣除“累计折旧”和“固定资产减值准备”科目余额构成,这三项内容均是固定资产审计的范围。除此之外,由于固定资产的增减、折旧计提等业务又与货币资金、预付款项等许多报表项目有联系,因此审计人员在审查固定资产项目时,这些相关项目应一并予以关注。

(一)学习固定资产审计的相关法规

1.《企业会计准则——应用指南》有关固定资产的规定

(1)“固定资产”科目核算企业持有的固定资产原价。建筑承包商的临时设施,以及企业购置计算机硬件所附带的、未单独计价的软件,也通过“固定资产”科目核算。

(2)“固定资产”科目可按固定资产类别和项目进行明细核算。

(3)固定资产的主要账务处理:

①企业购入不需要安装的固定资产,按应计入固定资产成本的金额,借记“固定资产”科目,贷记“银行存款”等科目。购入需要安装的固定资产,先记入“在建工程”科目,达到预定可使用状态时再转入“固定资产”科目。购入固定资产超过正常信用条件延期支付价款,实质

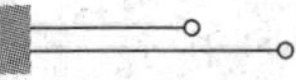

上具有融资性质的，按应购买价款的现值，借记“固定资产”科目或“在建工程”科目，按应支付的金额，贷记“长期应付款”科目，按借贷方差额，借记“未确认融资费用”科目。

②自行建造达到预定可使用状态的固定资产，借记“固定资产”科目，贷记“在建工程”科目。已达到预定可使用状态，但尚未办理竣工决算手续的固定资产，应按估计价值入账，待确定实际成本后再进行调整。

③处置固定资产，按该项固定资产的账面价值，借记“固定资产清理”科目，按已计提的累计折旧，借记“累计折旧”科目，按固定资产的账面余额，贷记“固定资产”科目。已计提减值准备的，应同时结转已计提的减值准备。

④“固定资产”科目期末借方余额，反映固定资产的原价。

2.《企业会计准则——应用指南》有关累计折旧的规定

(1)“累计折旧”科目核算企业固定资产的累计折旧。

(2)“累计折旧”科目可按固定资产类别或项目进行明细核算。

(3)按期(月)计提固定资产折旧，借记“制造费用”、“销售费用”、“管理费用”、“研发支出”、“其他业务成本”等科目，贷记“累计折旧”科目。处置固定资产时，应同时结转累计折旧。

(4)“累计折旧”科目期末贷方余额，反映企业固定资产的累计折旧额。

3.《企业会计准则——应用指南》有关固定资产减值准备的规定

(1)“固定资产减值准备”科目核算企业固定资产的减值准备。

(2)资产负债表日固定资产发生减值的，按应减记的金额，借记“资产减值损失”科目，贷记“固定资产减值准备”科目；处置固定资产时，应同时结转减值准备。

(3)“固定资产减值准备”科目期末贷方余额，反映企业已计提但尚未转销的固定资产减值准备。

(二)固定资产及累计折旧审计中的工作底稿

2015 年 1 月 20 日，中意会计师事务所的审计人员陈丽、马凯，依据《中国注册会计师独立审计准则》和新光公司 2014 年度财务报表审计的具体实施方案，负责固定资产及累计折旧的实质性测试。陈丽、马凯按照规范要求，对固定资产项目实施了审阅、核对、观察等独立审计程序，编制了如表 5－51 所示的工作底稿。

表 5－51　中意会计师事务所固定资产工作表

编号	科目名称	工作底稿名称	索引号
1	固定资产	程序表	4700－0
2	固定资产	审定表	4700
3	固定资产	固定资产明细表	4700－1
4	固定资产	折旧测试(直线法)	4700－2
5	固定资产	盘点检查情况表	4700－3
6	固定资产	所有权、保险和抵押担保检查表	4700－4
7	固定资产	测试表	4700－5

所进行的实质性测试程序如表 5－52 所示。

表 5－52　固定资产实质性测试程序

被审计单位：新光公司　　　　索引号：4700－0　　　　页次：

项目：固定资产实质性测试程序　　　　编制人：陈丽　　　　日期：2015.1.20

财务报表截止日/期间：2014.12.31　　　　复核人：王洋　　　　日期：2015.1.20

	审计目标	财务报表认定：存在	完整性	权利和义务	计价和分摊	列报
A	资产负债表中记录的固定资产是存在的。	√				
B	所有应当记录的固定资产均已记录。		√			
C	记录的固定资产由被审计单位拥有或控制。			√		
D	固定资产以恰当的金额包括在财务报表中，与之相关的计价或分摊已恰当记录。				√	
E	固定资产已按照《企业会计准则》的规定在财务报表中恰当地列报。					√

审计目标	实质性程序	是否执行	未执行原因	索引号	存在	完整性	权利和义务	计价和分摊	列报
D	1. 获取或编制固定资产明细表，复核加计是否正确，并与总账数和明细账合计数核对是否相符，结合累计折旧和固定资产减值准备与报表数核对是否相符。	是		4700－1				√	
A	2. 实地检查重要固定资产（如为首次接受委托，应适当扩大检查范围），确定其是否存在，关注是否存在已报废但仍未核销的固定资产。	是		4700－3	√				
C	3. 检查固定资产的所有权或控制权。对各类固定资产，获取、收集不同的证据以确定其是否归被审计单位所有：对外购的机器设备等固定资产，审核采购发票、采购合同等；对于房地产类固定资产，查阅有关的合同、产权证明、财产税单、抵押借款的还款凭据、保险单等书面文件；对融资租入的固定资产，检查有关融资租赁合同；对汽车等运输设备，检查有关运营证件等；对受留置权限的固定资产，结合有关负债项目进行检查。	是		4700－4			√		
ABCD	4. 检查本期固定资产的增加：（1）询问管理层当年固定资产的增加情况，并与获取或编制的固定资产明细表进行核对；（2）检查本年度增加固定资产的计价是否准确，手续是否齐备，会计处理是否正确。	是		4700－5	√	√	√	√	
ABD	5. 检查本期固定资产的减少：（1）结合“固定资产清理”科目，抽查固定资产账面转销额是否正确；（2）检查出售、盘亏、转让、报废或毁损的固定资产是否经授权批准，会计处理是否正确；（3）检查因修理、更新改造而停止使用的固定资产的会计处理是否正确；（4）检查投资转出固定资产的会计处理是否正确；（5）检查债务重组或非货币性资产交换转出固定资产的会计处理是否正确；（6）检查其他减少固定资产的会计处理是否正确。	否	不适用		√	√		√	
D	6. 了解并确认固定资产折旧政策，计算复核本年度折旧的计提是否正确。	是		4700－2				√	
	以下程序略								

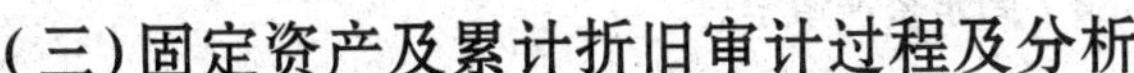

(三)固定资产及累计折旧审计过程及分析

1. 获取或编制固定资产明细表，核对明细账、总账余额与报表数是否相符

【审计程序】固定资产明细表，是指按房屋建筑物、机器设备、办公设备、运输工具等大类反映固定资产期初余额(财务报表审计中指上年末的期末余额)、本期增加、本期减少和期末余额及累计折旧情况的表格。此表可以在审计业务约定书中约定由企业提前编制，审计人员审计时直接向企业索取，这样的方式称为“获取固定资产明细表”；反之，如果由审计人员现场根据企业提供的固定资产总账、明细账等编制表格，则称为“编制固定资产明细表”。从审计成本上看，获取的方式更有利于审计人员节约时间、提高效率。审计人员从企业那里获取固定资产明细表后，应检查其分类是否正确，并与明细账总账余额、报表数核对。

【案例分析】本案例中，审计人员陈丽、马凯审阅了新光公司的科目余额表、固定资产总账及明细账，并将有关数据同该公司编制的固定资产明细表进行了核对，未见异常，如表 5－53 所示。

表 5－53　固定资产构成情况表　　单位：元

单位名称：新光公司

科目编号	科目名称	借贷	年初数	借方	贷方	期末余额
1601	固定资产	借	4 110 716.87	118 505.4		4 229 222.27
160101	机器设备	借	4 086 366.87	98 885.4		4 185 252.27
160102	电子设备	借	19 250	3 500		22 750
160103	运输设备	借				
160104	办公设备	借	5 100	16 120		21 220
1602	累计折旧	借	－466 243.97		721 401.96	－1 187 645.93
160201	累计折旧	借	－466 243.97		721 401.96	－1 187 645.93
1606	固定资产清理	借				
160601	固定资产清理	借				
16060101	出售资产价款	借				
16060102	变价收入	借				
16060103	清理费用	借				
16060104	清理净收益	借				

陈丽、马凯注意到：新光公司资产类别中无房屋建筑物，说明其厂房、办公楼等场所均系承租而来。另外，固定资产中也无运输工具一项，说明该公司没有买车，运输、管理用车为临时承租。

审计程序实施完后所编制的固定资产审定表如表 5－54 所示。

表5－54 固定资产审定表

被审计单位：新光公司　　索引号：4700
项目：固定资产审定　　截止日/期间：2014.12.31
编制：陈丽　　复核：王洋
日期：2015.1.20　　日期：2015.1.20

固定资产项目	期末未审数	账项调整		重分类调整		期末审定数	上期末审定数	索引号
		借方	贷方	借方	贷方			
固定资产原价								4700－1
房屋、建筑物								
机器设备	4 185 252.27					4 185 252.27	4 086 366.87	
运输工具								
电子设备	22 750					22 750	19 250	
办公设备	21 220					21 220	5 100	
合计	4 229 222.27					4 229 222.27	4 110 716.87	
累计折旧								
房屋、建筑物								
机器设备	－1 179 220.25					－1 179 220.25	－463 446.50	
运输工具								
电子设备	－5 869.50					－5 869.50	－2 216.10	
办公设备	－2 556.18					－2 556.18	－581.37	
合计	－1 187 645.93					－1 187 645.93	－466 243.97	
减值准备								
房屋、建筑物								
机器设备								
运输工具								
电子设备								
办公设备								
合计								
固定资产账面价值								
房屋、建筑物								
机器设备	3 006 032.02					3 006 032.02	3 622 920.37	
运输工具								
电子设备	16 880.50					16 880.50	17 033.90	
办公设备	18 663.82					18 663.82	4 518.63	
合计	3 041 576.34					3 041 576.34	3 644 472.90	

审计意见：单独计价购入的CAD软件不能纳入固定资产范围，应通过无形资产核算，见表5－65。

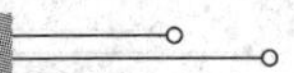

2. 检查固定资产增加业务

【审计程序】由于企业在一个会计年度内固定资产的增加是有限的，也因为其价值高，因此审计人员对固定资产的增加要详细审查。审查时需注意两点：

(1)企业固定资产的增加有购置、自制自建、投资者转入、更新改造、债务重组等多种途径。审计人员应通过审阅固定资产明细账、记账凭证及原始凭证，明确固定资产增加的方式。

(2)固定资产增加时入账价值是否正确是实质性测试的重点。根据我国财务制度的规定，企业的固定资产应当按取得时的实际成本入账。由于固定资产的增加有多种方式，其入账价值的构成内容也不同。

【案例分析】本案例中，审计人员陈丽、马凯通过审阅科目余额表和固定资产明细表，了解到本期固定资产增加的大致情况。固定资产明细表如表5－55所示。

表5－55　固定资产明细表

被审计单位：新光公司　　　　索引号：4700－1

项目：固定资产明细　　　　截止日/期间：2014.12.31

编制：陈丽　　　　复核：王洋

日期：2015.1.20　　　　日期：2015.1.20

固定资产项目	期初已审数	本期发生额		期末审定数	索引号
		借方	贷方		
固定资产原价					4700－1
房屋、建筑物					
机器设备	4 086 366.87	98 885.40		4 185 252.27	
运输工具					
电子设备	19 250	3 500		22 750	
办公设备	5 100	16 120		21 220	
合计	110 716.87	118 505.40		4 229 222.27	
累计折旧					
房屋、建筑物					
机器设备	－463 446.50		715 773.75	－1 179 220.25	
运输工具					
电子设备	－2 216.10		3 653.40	－5 869.50	
办公设备	－581.37		1 974.81	－2 556.18	
合计	－466 243.97		721 401.96	－1 187 645.93	
减值准备					
房屋、建筑物					
机器设备					
运输工具					

续表 5－55

固定资产项目	期初已审数	本期发生额		期末审定数	索引号
		借方	贷方		
电子设备					
办公设备					
合计					
固定资产账面价值					
房屋、建筑物					
机器设备	3 622 920.37	98 885.40	715 773.75	3 006 032.02	
运输工具					
电子设备	17 033.90	3 500	3 653.40	16 880.50	
办公设备	4 518.63	16 120	1 974.81	18 663.82	
合计	3 644 472.90	118 505.40	721 401.96	3 041 576.34	

从表 5－55 中可以看出：本期固定资产增加共计 118 505.40 元，其中机器设备增加 98 885.40元，电子设备增加 3 500 元，办公设备增加 16 120 元。而这些类别的固定资产中，具体增加的是什么项目呢？审计人员陈丽、马凯审阅了固定资产明细账，分别查看以下记录，如表 5－56、表 5－57、表 5－58 所示。

表 5－56　固定资产明细账——机器设备

日期	凭证号	摘要	借方金额	贷方金额	方向	余额
		年初余额			借	4 086 366.87
20140430	4－94	补提油扩散泵增值税	1 190			
20140430	4－94	上海交大购油扩散泵	7 000			
		本月合计				
		累计	8 190			
		期末余额	8 190		借	4 094 556.87
20140527	5－27	星光五金机电公司砂带机	3 150			
20140527	5－63	星光五金机电公司风动扳手	3 540			
		本月合计				
		累计	6 590			
		期末余额	14 780		借	4 101 146.87
20140730	7－66	上海电机集团公司发电机	6 800			
		累计				
		期末余额	21 580		借	4 101 146.87

续表 5－56

日期	凭证号	摘要	借方金额	贷方金额	方向	余额
20140829 20140830	8－44 8－58	新光家电城空调器 新光市星光五金机电公司曲线锯	5 480 2 480			
		本月合计 累计 期末余额	 7 960 29 540		 借	 14 115 906
20141231 20141231	12－86 12－92	鹤岗剑湖第二社会福利厂购切割机 结转在建工程	12 000 57 345.4			
		本月合计 累计 期末余额	 69 345.4 98 885.4		 借	 4 185 252.27

表 5－57　固定资产明细账——办公设备

日期	凭证号	摘要	借方金额	贷方金额	方向	年初余额
		年初余额			借	5 100
20140615	6－44	市恒通通信设备有限公司手机	10 930			
		累计 期末余额	 10 930		 借	 16 030
20140930	9－51	中大现代办公用品公司考勤钟卡架	2 890			
		累计 期末余额	 13 820		 借	 18 920
20141231	12－34	许小娇报购相机款	2 300			
		累计 期末余额	 16 120		 借	 21 220

表 5－58　固定资产明细账——电子设备

日期	凭证号	摘要	借方金额	贷方金额	方向	余额
		年初余额			借	19 250
20140829	8－44	长春大厂八达电脑经营部 CAD 软件	3 500			
		累计	3 500			
		期末余额			借	22 750

陈丽、马凯抽取部分新增业务，追查至凭证，对于金额较大的固定资产增加，还与有关的采购计划进行了核对。在审查过程中发现了以下问题：

（1）在"固定资产——电子设备"的增加中，本年只有一笔购置业务，即2014年8月购入CAD软件。有关的凭证如表5－59、表5－60、表5－61所示。

表5－59 转账凭证

2014年4月30日 字8－44号

摘要	总账科目	明细科目	√	借方金额	√	贷方金额
长春大厂八达电脑经营部CAD电脑软件	固定资产	电子设备	√	3 500		
	预付账款	长春八达电脑经营部			√	3 500
合计				¥3 500		¥3 500

账务主管：李大旗 记账：杨美 出纳：刘俪 审核：杨美 制单：刘俪

表5－60 长春市商业企业销售发票

发票联

发票代码：539827375294

销货单位：长春大厂八达电脑经营部 发票号码：636387152997

客户名称：新光铸件有限责任公司 2014年8月10日

货号	规格	单位	数量	单价	金额						
					万	千	百	十	元	角	分
CAD软件		套	1	3 500		3	5	0	0	0	0
合计金额（大写）		叁仟伍佰元整 ¥3 500									
销售单位纳税人登记号		10101010101020293939									
开户银行及账户		建设路9号工行东大街支行									

开票人：赵一红 收款人：唐杰 开票单位：（未盖章无效）

表5－61 入库单（记账凭证）

科目：固定资产 2014年8月10日 对方科目：预付账款

名称	单位	数量	单价	金额									备注
				百	千	万	千	百	十	元	角	分	
CAD软件	个	1	3 500			¥	3	5	0	0	0	0	技术部使用
大写	叁仟伍佰元整					¥	3	5	0	0	0	0	

财务主管：李大旗 会计：杨美 保管员：路遥 经手人：迟小明

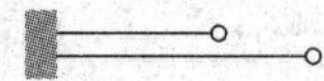

经询问有关人员得知：此业务为一车间为更新设备进行技术改造，从长春大厂八达电脑经营部购置了CAD绘图软件。该软件系单独购进，不是随机器配置的。按照我国会计准则的规定，购置单独计价的软件，应纳入无形资产核算。因此，新光公司的账务处理是错误的，审计人员陈丽、马凯将此错报记录在工作底稿中。

(2)审阅“固定资产——机器设备”明细账时，陈丽注意到有一笔从上海交通大学下属劳动服务公司购置的油扩散泵补提增值税的记录，追查至凭证，结果如表5-62、表5-63、表5-64所示。

表5-62　转账凭证

2014年4月30日　　字4-94号

摘要	总账科目	明细科目	√	借方金额	√	贷方金额
补提油扩散泵增值税	固定资产	机器设备	√	8 190		
上海交大购油扩散泵	其他应收款	张国强			√	7 000
	应付账款	上海交大劳动服务公司			√	1 190
合计				¥8 190		¥8 190

财务主管：李大旗　　记账：杨美　　出纳：刘俪　　审核：杨美　　制单：刘俪

表5-63　上海市增值税专用发票　　NO. 006243790

发票联　　开票日期：2013年7月14日

购货单位	名称：新光铸件有限责任公司 购货纳税人识别号：11010888341278 单位地址、电话：新光市和平里3号 开户行及账号：工行和平里支行2020202078738-1					密码区	略
货物或应税劳务名称	规格型号	单位	数量	单价	金额	税率	税额
油扩散泵 合计					7 000 ¥7 000	17%	1 190 ¥1 190
价税合计(大写)	捌仟壹佰玖拾元整(小写)¥8 190						
销货单位	名称：上海交大劳动服务公司 销货纳税人识别号：137875789991 单位地址、电话：上海交大主校区院内 开户行及账号：工行闵行支行12908480302-589					备注	

收款人：　　复核：　　开票人：苏向阳　　销货单位：(章)

表 5－64　入库单(记账凭证)

科目：固定资产　　　　2013 年 7 月 30 日　　　　对方科目：个人应收款

名称	单位	数量	单价	金额									备注
				百	千	万	千	百	十	元	角	分	
油扩散泵	个	1	8 190				8	1	9	0	0	0	需调试 3 个月
大写	捌仟壹佰玖拾元整					¥	8	1	9	0	0	0	

财务主管：李大旗　　会计：杨美　　保管员：路遥　　经手人：张国强

查明该固定资产系 2013 年 7 月购入，安装调试 3 个月后投入使用。公司财务人员由于疏忽，在开票之日起 180 天内未申报增值税进项税额抵扣，于 2013 年 12 月去税务机关申报增值税进项税额抵扣时，被告知不能再抵扣进项税，故新光公司于 2014 年 4 月补提固定资产进项税额，计入成本。

审计人员陈丽、马凯将此原因记录于工作底稿中。抽查其他几笔大额固定资产增加业务，未见异常。相关工作底稿如表 5－65 所示。

3. 检查固定资产减少业务

固定资产减少主要包括出售、向其他单位投资转出、债务重组转出、报废、毁损、盘亏等途径。审计固定资产减少的主要目的在于查明已减少的固定资产是否已做适当的会计处理。

本案例中，新光公司本期无固定资产减少的业务，故不再详述。

4. 检查固定资产的所有权

【审计程序】对于企业拥有的固定资产，审计人员最需要收集的是各种凭证，如契约、产权证明书、财产税单、发票等，以确定固定资产确实归企业所有。特别是在初次审计时，审计人员需采用一定的方法，花费一定的时间，收集足够多的证据，证明企业固定资产的归属，并将有关固定资产的凭单复印件存入审计永久性档案。

具体而言，各类固定资产的所有权证据是不同的，分述如下：

(1)外购的机器设备等，通常是经由审核过的采购发票、采购合同等予以确认。

(2)房地产类固定资产，需查阅有关的合同、产权证明、财产税单、抵押借款的还款凭据、保险单等书面文件。

(3)融资租入的固定资产，应验证有关的融资租赁合同。

(4)汽车等运输设备，应验证有关的营运证件等。

【案例分析】本案例中，新光公司已连续两年委托中意会计师事务所进行年度财务报表审计，故本次审计中，陈丽、马凯仅对本期固定资产增减业务获取了所有权证据。由于本期新光公司只有固定资产增加业务，并且方式多为购置，因此审查的重点是核实其购货发票、采购合同等。

此外，有一项为在建工程转入的固定资产，陈丽、马凯分别向有关人员索取了工程竣工结算单，得知为锅炉改造工程。此后，审计人员陈丽、马凯重点观察了这一固定资产，发现确实已完工，锅炉已经投入使用。有关锅炉改造工程的审计证据如表 5－66 所示。

表 5 – 65　固定资产测试表

被审计单位：新光公司　　索引号：4700 – 5　　页次：

项目：固定资产测试　　编制人：马凯　　日期：2015.1.20

财务报表截止日/期间：2014.12.31　　复核人：王洋　　日期：2015.1.21

日期	凭证编号	业务内容	科目名称	明细科目	借方金额	贷方金额	检查内容							附件
							1	2	3	4	5	6	……	
2014.8.29	8 – 44	长春大厂八达电脑经营部 CAD 软件	固定资产	电子设备	3 500	√	×	×	√	√	×			业务发票/验收单
			预付账款	长春八达电脑经营部		3 500		√	×	×	√	√	×	
2014.4.30	4 – 94	上海交大购油扩散泵	固定资产	机器设备	8 190		√	√	√	√	√	√		增值税发票/验收单
			其他应收款	张国强		7 000	√	√	√	√	√	√		
			应付账款	上海交大		1 190	√	√	√	√	√	√		
2014.12.31	12 – 92	结转在建工程	固定资产	机器设备	57 345.4		√	√	√	√	√	√		竣工决算单/完工报告
			在建工程	锅炉改造		57 345.4	√	√	√	√	√	√		
2014.12.31	12 – 86	鹤岗剑湖第二社会福利厂购切割机	固定资产	机器设备	12 000		√	√	√	√	√	√	√	普通发票/支票存根
			银行存款	工行		12 000	√	√	√	√	√	√	√	
合计														
检查内容说明：	1. 原始凭证内容完整。2. 记账凭证与原始凭证内容、金额相符。3. 账务处理正确。4. 记录于恰当的会计期间。5. 有授权审批。6. 账证的内容、金额相符。													

审计说明：单独计价购入的 CAD 软件应纳入无形资产核算。

表 5-66　新光公司工程竣工决算单

填报单位：新光公司　　　　2014 年 12 月 25 日　　　　金额单位：元

工程名称		锅炉	建筑地点			建筑结构			合同文号		工程编号		资金渠道	
规格		计量单位	座数	栋数	1	计划工程量		实际工作量					2014 年 10 月 1 日开工 2014 年 12 月 20 日竣工	

设备价款	租赁费用

交付项目	本年实际完成投资							上年末累计支出数	自开工起累计实际成本	待分摊投资	结转交付使用财产总值
	设备	材料	人工费	机械使用费	其他直接费	施工管理费	合计				
房屋及建筑物		50 000	7 000	345.4			57 345.4				57 345.4
需要安装设备											
不需要安装设备											
小计		50 000	7 000	345.4			57 345.4				57 345.4

验交意见

施工单位：新光第一建筑公司(公章) 单位主管：孙一平 经办人：蔡婷	施工单位：新光第一建筑公司(公章) 单位主管：孙一平 经办人：蔡婷	单位：新光铸件有限责任公司(公章) 单位主管：张发达 经办人：李明

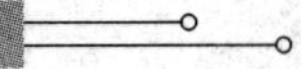

审计人员陈丽、马凯复印了上述凭单，作为在建工程转入固定资产的所有权证明。在审查其他新增固定资产的所有权过程中，未见异常。有关工作底稿如表 5－67 所示。

5. 对固定资产进行实地观察

【审计程序】实施实地观察审计程序时，审计人员一般以固定资产明细账为起点进行实地追查，以证实固定资产的存在。在初次审计时，审计人员应对所有固定资产全面观察，在以后连续审计时，实地观察的重点是本期新增的重要的固定资产。

【案例分析】本案例中，审计人员陈丽、马凯重点抽查了部分金额较大的新增固定资产。观察的具体步骤是：

表 5－67　固定资产所有权证据

单位：新光公司　　索引号：4100－4　　页次：

项目：所有权、保险和抵押担保检查　　编制人：陈丽　　日期：2015.1.20

财务报表截止日/期间：2014.12.31　　复核人：王洋　　日期：2015.1.20

序号	固定资产名称	原值	累计折旧	减值准备	账面价值	产权证明文件	是否归被保险抵押		保险情况	抵押情况
							是	否		
1	锅炉改造	57 345.4	0	0	57 345.4	竣工决算单	是		略	略
2	手机	10 930	983.7	0	9 946.3	发票	是		略	略
3	切割机	12 000	0	0	12 000	发票	是		略	略
4	油扩散泵	8 190	982.8	0	7 207.2	发票	是		略	略
	小计	88 465.4								

①采用直线法计提折旧，月折旧率为 1.5%，2014 年 12 月投入使用，本年折旧为零。

②采用直线法计提折旧，月折旧率为 1.5%，2014 年 6 月投入使用，每月计提 163.95 元（10 930 × 1.5%），共计提 6 个月。

③采用直线法计提折旧，月折旧率为 1.5%，2014 年 12 月投入使用，本年折旧为零。

④采用直线法计提折旧，月折旧率为 1.5%，2014 年 4 月投入使用，每月计提 122.85 元（8 190 × 1.5%），共计提 8 个月。

（1）根据审阅的固定资产明细账，选择 5 种金额较大的固定资产实地观察，它们分别是：相机、空调、手机、切割机、锅炉。

（2）观察前，将固定资产明细账与固定资产卡片进行核对，做到账卡相符。财务部人员提供了上述 5 种固定资产的明细卡片。以相机为例，具卡片如表 5－68 所示。

表 5－68　固定资产卡片（正）　　类别：办公设备

名称	相机	资产编号	0234
型号（结构）	爱国者 TC890	规格（　　）	
制（建）造厂		出厂时间	
使用单位	办公室	出厂编号	
资金来源	自有	资产原值	2 300 元
列账凭证	2014 年 12－34	启用时间	2014 年 12 月
附件或附属物	三脚架	验收日期	2014 年 12 月
		折旧年限	5 年
调拨转移记录		预计残值	10%
报废清理记录		预计清理费	
中间停用记录		原安装费	

折旧记录（背）

原值：2 300 元　　预计净残值：10%　　年折旧率：18%　　月折旧率：1.5%

年份	年折旧率	年折旧额	月折旧额	累计年折旧额	年份	年折旧率	年折旧额	月折旧额	累计年折旧额
2015 年	18%	414	34.5						

（3）实地观察固定资产是否存在。审计人员陈丽、马凯跟随财务人员到各存放地点进行实地观察，检查固定资产是否存在，未见异常。编制的工作底稿如表 5－69 所示。

表 5－69　固定资产盘点检查情况表

单位：新光公司　　索引号：4700－3　　页次：

项目：固定资产盘点检查情况　　编制人：马凯　　日期：2015. 1. 20

财务报表截止日/期间：2014. 12. 31　　复核人：王洋　　日期：2015. 1. 20

序号	名称规格型号	单位	单价	账面结存		被审计单位盘点			实际检查情况		
				数量	金额	数量	金额	盈亏（+、-）	数量	金额	盈亏（+、-）
1	调试设备	套	1 000 000	1	1 000 000				1	1 000 000	
2	铸造流水线	套	1 000 000	2	2 000 000				2	2 000 000	

续表 5－69

序号	名称规格型号	单位	单价	账面结存		被审计单位盘点			实际检查情况		
				数量	金额	数量	金额	盈亏（+、-）	数量	金额	盈亏（+、-）
3	包装流水线	套	300 000	1					1	300 000	
4	音响设备	套	5 000	1	5 000				1	5 000	
5	锅炉	台	57 345.4	1	57 345.4				1	57 345.4	
6	手机	部	5 465	2	10 930				2	10 930	
7	空调	台	5 480	1	5 480				1	5 480	
8	相机	部	2 300	1	2 300				1	2 300	
9	切割机	台	12 000	1	12 000				1	12 000	
	合计										
审计说明：无											

盘点时间：2015.1.20　　盘点地点：新光公司　　企业盘点人：李明　　监盘人：陈丽、马凯

6. 验证累计折旧的正确性

验证累计折旧的正确性是年度财务报表审计必须进行的审计程序，应结合固定资产实质性测试一并实施。

【审计程序】在验证累计折旧正确性的审计中，审计人员应注意两点：一是确定企业折旧政策和方法的适当性，二是审查折旧计提的范围是否合规。

【案例分析】本案例中，新光公司的累计折旧期末数为贷方余额 1 187 645.93 元。为了验证其是否正确，审计人员陈丽、马凯采取了如下步骤：

(1) 获取新光公司的折旧政策和折旧方法。经了解，新光公司的固定资产采用直线法计提折旧，不分类别，所有固定资产的折旧政策是：年限为 5 年，净残值率为 10%。

(2) 审查折旧计提范围是否合规。经审查，目前存在的固定资产均未到期，也无提前报废，故属于折旧计提的范围。

(3) 独立计算本期折旧计提是否正确。审计人员陈丽、马凯审阅了累计折旧总账，看到了如表 5－70 所示的会计记录。

表5-70　累计折旧总账

日期	凭证号	摘要	借方金额	贷方金额	方向	余额
		上年结转			借	-466 243.97
20140125	1-44	计提本月累计折旧		59 784.66		
		累计		59 784.66		
		期末余额			借	-526 208.63
201402282	2-55	计提本月折旧费用		59 784.66		
		累计		119 569.32		
		期末余额			借	-585 813.29
20140331	3-60	计提本月折旧费		59 784.66		
		累计		179 353.98		
		期末余额			借	-645 597.95
20140430	4-95	计提本月折旧费用		59 784.66		
		累计		239 138.64		
		期末余额			借	-705 382.61
20140530	5-106	计提本月折旧费用		59 907.51		
		累计		299 046.15		
		期末余额			借	-765 290.12
20140630	6-100	计提本月折旧费		60 006.36		
		累计		359 052.51		
		期末余额			借	-825 296.48
20140730	7-82	计提本月折旧费		60 170.30		
		累计		419 222.81		
		期末余额			借	-855 466.78
20140830	8-75	计提本月折旧费用		60 272.30		
		累计		479 495.11		
		期末余额			借	-945 739.08
20140930	9-81	计提本月累计折旧		60 444.20		
		累计		539 939.31		
		期末余额			借	-1 006 183.2
20141031	10-95	计提本月折旧		60 487.55		
		累计		600 426.86		
		期末余额			借	-1 006 183.28

续表 5－70

日期	凭证号	摘要	借方金额	贷方金额	方向	余额
20141130	11－67	计提本月折旧		60 487.55		
		累计		660.914.41		
		期末余额			借	－1 127 158.38
20141231	12－93	计提本月折旧		60 487.55		
		累计		721 401.96		
		期末余额			借	－1 187 645.93

从账上看，2014 年 1～4 月每月计提折旧均为 59 784.66 元，5 月计提折旧开始有变化，增加为 59 907.51 元。从前面的固定资产明细账上可以看出，2014 年 4 月油扩散泵开始投入使用，从 2014 年 5 月开始计提折旧，折旧计提的账簿记录符合实际情况。本年共计提折旧 721 401.96 元。

审计人员陈丽、马凯为了便于计算，向新光公司索取了固定资产增减变动情况表，如表 5－71 所示。

表 5－71　固定资产增减变动情况表

序号	物品名称	投入使用时间		原值	所属类别
		年	月		
1	油扩散泵	2014	4	8 190	机器设备
2	砂带机	2014	5	3 050	机器设备
3	风动扳手	2014	5	3 540	机器设备
4	手机	2014	6	10 930	办公设备
5	发动机	2014	7	68 00	机器设备
6	空调	2014	8	5 480	机器设备
7	曲线锯	2014	8	2 480	机器设备
8	CAD 软件	2014	8	3 500	电子设备
9	考勤钟卡架	2014	9	2 890	办公设备
10	相机	2014	12	2 300	办公设备
11	切割机	2014	12	12 000	机器设备
12	在建工程	2014	12	57 345.4	机器设备
	合计			118 505.4	

审计人员陈丽、马凯根据折旧政策和折旧方法，重新进行了相关计算，并编制了工作底稿，如表 5－72 所示。

表 5-72　折旧测试(直线法)

被审计单位：新光公司　　　　　　　　　　　　索引号：4700-2
项目：折旧测试(直线法)　　　　　　　　　　　截止日/期间：2014.12.31
编制：陈丽　　　　　　　　　　　　　　　　　复核：王洋
日期：2015.1.20　　　　　　　　　　　　　　日期：2015.1.20

序号	物品名称	投入时间	折旧年限(年)	到期日期	原值	月折旧额(月折旧率 1.5%)	2014 年度应提折旧
1	油扩散泵	2014.4	5	2019.4	8 190	122.85	122.85×8=982.8
2	砂带机	2014.5	5	2019.5	3 050	45.75	45.75×7=320.25
3	风动扳手	2014.5	5	2019.5	3 540	53.10	53.1×7=371.7
4	手机	2014.6	5	2019.6	10 930	163.95	163.95×6=983
5	发动机	2014.7	5	2019.7	6 800	102	102×5=510
6	空调	2014.8	5	2019.8	5 480	82.2	82.2×4=328.8
7	曲线锯	2014.8	5	2019.8	2 480	37.2	37.2×4=148.8
8	CAD 软件	2014.8	5	2019.8	3 500	52.5	52.5×4=210
9	考勤钟卡架	2014.9	5	2019.9	2 890	43.35	43.35×3=130.05
10	相机	2014.12	5	2019.12	2 300	34.50	0
11	切割机	2014.12	5	2019.12	12 000	180.00	0
12	在建工程	2014.12	5	2019.12	57 345.4	860.18	0
	小计	—	-	-	-		3 986.10

审计说明：

应计提折旧=新增固定资产增加的折旧额+原有设备本年度计提的折旧额=3 986.10+59 784.66×12=721 402.02(元)

新光公司实际计提折旧=721 401.96(元)

差异=721 402.02-721 401.96=0.06(元)

差异极小，可忽略不计。

(四)固定资产及累计折旧审计结果

中意会计师事务所陈丽、马凯实施上述程序后，认为新光公司固定资产及累计折旧核算中存在的主要问题是：购置的单独计价的软件应列入无形资产核算，不应通过固定资产核算。

1. 购入固定资产质次价高，采购人员捞取回扣

主要表现是：固定资产盘盈数量与购置合同要求不符、固定资产生产能力与购置合同不符、固定资产购置价格高于市场同类固定资产标价。

2. 扩大固定资产相关费用支出，变相报销各种违规费用

主要表现是：固定资产相关运费中掺杂旅游参观费用，支出偏高；固定资产购置记账凭

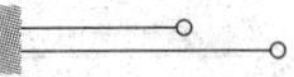

证与原始凭证所记录的运费支出范围不符等。

3. 擅自报废固定资产

主要表现是：固定资产报废清理业务的记账凭证未附报废清理报告，或记账凭证所附报废清理报告不符合审批程序；企业不向主管部门申报固定资产报废申请，会计人员违规进行账务处理。

4. 虚报固定资产毁损，私下变卖国有资产

主要表现是：固定资产毁损记账凭证与原始凭证所记录的毁损内容及范围不符；固定资产毁损记录日期内被审计单位未遭到意外天灾；“固定资产清理”科目中没有固定资产毁损记录；毁损的固定资产卡片所记录的使用年限短，不符合常理。

实训内容五　其他应付款审计

（一）学习其他应付款审计的相关法规

《企业会计准则——应用指南》中有关其他应付款的规定：

（1）“其他应付款”科目核算企业除应付票据、应收账款、预收账款、应付职工薪酬、应付利息、应付股利、应交税费、长期应付款等以外的其他各项应付、暂收的款项，企业应缴纳的保险保障基金，也通过本科目核算。

（2）“其他应付款”科目可按其他应付款的项目和对方单位（或个人）进行明细核算。

（3）企业发生其他各种应付、暂收款项时，借记“管理费用”等科目，贷记“其他应付款”科目；支付其他各种应付、暂收款项时，借记“其他应付款”科目，贷记“银行存款”等科目。

（4）“其他应付款”科目期末贷方余额，反映企业应付未付的其他应付款项。

（二）其他应付款审计工作底稿

2015 年 1 月 20 日，中意会计师事务所的审计人员孟静、姚晨依据《中国注册会计师独立审计准则》和新光公司 2014 年度财务报表审计的具体实施方案，负责其他应付款的审计。两人实施了审阅、核对、函证等程序，编制了如表 5－73 所示的审计工作底稿。

表 5－73　中意会计师事务所其他应付款工作目录表

编号	科目名称	工作底稿名称	索引号
1	其他应付款	程序表	5550－0
2	其他应付款	审定表	5550
3	其他应付款	明细表	5550－1
4	其他应付款	其他应付款测试表	5550－2

所进行的实质性测试程序如表 5－74 所示。

表 5－74　其他应付款实质性测试程序

被审计单位：新光公司　　　　索引号：4700－5　　　　页次：
项目：其他应付款实质性测试程序　　　　编制人：姚晨　　　　日期：2015.1.20
财务报表截止日/期间：2014.12.31　　　　复核人：王洋　　　　日期：2015.1.20

审计目标	财务报表认定：存在	完整性	权利与义务	计价和分摊	列报
A. 资产负债表中记录的其他应付款是存在的。					
B. 所有应当记录的其他应付款均已记录。					
C. 记录的其他应付款是被审计单位应当履行的现时义务。					
D. 其他应付款以恰当的金额包括在财务报表中，与之相关的计价调整已恰当记录。					
E. 其他应付款已按照《企业会计准则》的规定在财务报表中作恰当的列报。					

计划实施的实质性程序

审计目标	实质性程序	是否执行	未执行的原因	索引号	存在	完整性	权利与义务	计价和分摊	列报
D	1. 获取或编制其他应付款明细表：(1)复核加计是否正确，并与报表数、总账数和明细账合计数核对是否相符；(2)检查非记账本位币其他应付款的折算汇率及折算是否正确；(3)分析有借方余额的项目，查明原因，必要时做重分类调整；(4)结合应付账款、其他应收款等往来项目的明细余额，调查有无长期挂账的项目、异常余额或与“其他应付款”科目核算无关的其他款项，如有，应在5550－1上做出记录，必要时做调整；(5)标识重要明细账户。	是		5550－1				√	
ACD	2. 判断并选择金额较大和异常的明细余额，检查其原对未回函的重要单位编制的该单位其他应付款的增减变动表；必要时，收集客户资料，分析其变动的合理性。	是		5550－1				√	
	以下程序(略)	是		5550－2	√		√	√	

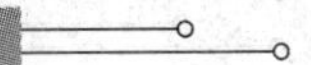

(三)其他应付款审计过程及分析

1. 取得或编制其他应付款明细表，复核加计是否正确，并与报表数、明细账和总账余额数核对相符

【审计程序】审计人员应获取或编制其他应付款明细表，实施核对程序，以验证账表之间、账账之间是否一致。

【案例分析】本案例中，新光公司提供了2014年度其他应付款明细表，审计人员孟静、姚晨复核加计余额正确。通过审阅明细账、总账及科目余额表，得知新光公司其他应付款分两个明细科目核算，分别是应付个人款和内部结算。内部结算主要反映的是新光公司与新光能源设备总厂之间发生的工资性费用，由于部分管理人员担任这两个企业的职务，因此其工资费用通过内部结算来核算。审计人员在工作底稿上做记录，如表5－75所示。

表5－75　其他应付款审定

被审计单位：新光公司　　索引号：5550

项目：其他应付款审定　　截止日/期间：2014.12.31

编制：姚晨　　复核：王洋

日期：2015.1.20　　日期：2015.1.20

项目	本期未审数	账款调整		重分类调整		本期审定数	上期审定数	索引号
		借方	贷方	借方	贷方			
应付个人款	497.38					497.38		5550－1
内部结算								
其他应付款合计	497.38					497.38		
	审计意见：无							

姚晨在审阅科目汇总表时看到如下记录，如表5－76所示。

表5－76　其他应付款构成表

单位名称：新光公司

科目编号	科目名称	借/贷	年初数	借方	贷方	期末余额
	……	……	……	……	……	……
2241	其他应付款	贷	497.38	470 236.55	470 236.55	497.38
224101	应付个人款	贷	497.38			497.38

续表 5-76

单位名称：新光公司						
科目编号	科目名称	借/贷	年初数	借方	贷方	期末余额
224102	内部结算	贷		470 236.55	470 236.55	
22410201	工资	贷		244 208.47	244 208.47	
22410202	工资中补助	贷		11 514.20	11 514.20	
22410203	奖金	贷				
22410204	应付福利费	贷		34 161.19	34 161.19	
22410205	养老保险金	贷		27 406.86	27 406.86	
2210206	会计及翻译人员工资	贷		58 500.00	58 500.00	
22410207	房屋租赁费	贷				
22410208	行车租赁费	贷	0			
22410209	留聘人员工资	贷	0	68 872.90	68 872.90	
22410210	加班费	贷	0			
22410211	营业费、冷饮费	贷	0	3 304.00	3 304.00	
22410212	待业保险金	贷	0			
22410213	工会费用	贷	0	7 716.96	7 716.96	
22410214	住房基金	贷	0			
22410215	住房公积金	贷	0	9 334.00	9 334.00	
22410216	其他代扣代缴项目	贷	0	9 217.97	9 217.97	
……	……	……	……	……	……	……

2. 分析其他应付款的账龄

【审计程序】在其他应付款审计中，审计人员应分析其账龄。账龄的确定方法同应收账款，此处不再赘述。其他应付款账龄分析表应与明细账、总账余额核对。对长期挂账的其他应付款，审计人员应查明原因，加以记录，必要时提请被审计单位进行调整。

【案例分析】本案例中，新光公司的其他应付款内容较简单，期末余额 497.38 元为应付职工陈佳的保证金及其利息，账龄在 2 年以上。

3. 测试其他应付款业务的真实性、合规性

【审计程序】审计人员审计时，首先，检查被审计单位其他应付款核算的内容是否合规；其次，应选择金额大和异常的明细余额，追查其原始凭证是否正确；最后，检查其他应付款是否存在借方余额，如有，则建议被审计单位进行重分类调整。

【案例分析】本案例中，审计人员考虑到新光公司与新光能源设备总厂是关联方，孟静、姚晨主要对其他应付款中的内部结算明细账进行了审查。姚晨审查到的内部结算中的工资明细账如表 5-77 所示。

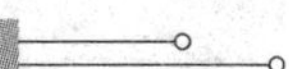

表 5－77　其他应付款——内部结算(工资)明细账

日期	凭单号	摘要	借方金额	贷方金额	借或贷	余额
		年初余额			贷	0
20140125	1－49	新光能源设备总厂工资费用	20 256.92			
20140125	1－51	结转本月内部费用		20 256.92		
		本月合计	20 256.92	20 256.92		
		累计	20 256.92	20 256.92		
		期末余额			贷	0
20140225	2－45	新光能源设备总厂补 2014 年度工资	18 077.50			
20140225	2－45	新光能源设备总厂补 2014 年度工资	85 610.36			
20140225	2－46	新光能源设备总厂 2 月份工资	20 256.90			
20140228	2－58	结转本月内部费用		123 944.76		
		本月合计	123 944.76	123 944.76		
		累计	144 201.68	144 201.68	贷	0
		期末余额				
20140331	3－45	新光能源设备总厂工资费用	20 830.57			
20140331	3－62	结转本月内部费用		20 830.57		
		本月合计	20 830.57	20 830.57		
		累计期末余额	165 032.25	165 032.25	贷	0
20140428	4－80	新光能源设备总厂工资费用	21 685.66			
20140430	4－99	结转本月内部费用		21 685.66		
		本月合计	21 685.66	21 685.66		
		累计期末余额	186 717.91	186 717.91	贷	0
20140527	5－68	新光能源设备总厂补提工资费用	34 965.69			
20140527	5－99	新光能源设备总厂本月工资费用	22 524.87			
20140530	5－111	结转本月内部费用		57 490.56		
		本月合计	57 490.56	57 490.56		
		累计期末余额	244 208.47	244 208.47	贷	0

追查 1 月份的记录至原始凭证，结果如表 5－78 至表 5－80 和图 5－3 所示。

表5－78　转账凭证

2014年1月25日

摘要	总账科目	明细科目	√	借方金额	√	贷方金额
新光能源设备总厂工资费用	其他应收款	内部结算				
		（工资）	√	20 256.92		
		（工资中补贴）	√	2 772.91		
		（应付福利费）	√	2 835.97		
		（养老保险金）	√	5 302.86		
		（会计及翻译人员工资）	√	6 500.00		
	应付账款	新光能源设备总厂			√	37 668.66
合计				¥37 668.66		¥37 668.66

主管：李大旗　　记账：杨美　　出纳：刘俪　　审核：杨美　　制单：刘俪

关于2014年1月工资性费用结算的说明

本月与新光能源设备总厂的人员工资费用结算如下：

1. 车间共有6人，耗用工时为150小时，每小时平均工资为20元，共需18 000元
2. 车间管理层1人，月工资合计为2 256.92元
3. 岗位津贴共需2 772.91元
4. 计提福利费共需2 835.97元
5. 计提单位负担的养老保险金，共需5 302.86元
6. 会计及翻译人员工资6 500元

新光公司财务部（章）

图5－3　新光公司1－49号记账凭证所附原始凭证

表5－79　转账凭证

2014年1月25日

摘要	总账科目	明细科目	√	借方金额	√	贷方金额
结转本月内部费用	应付职工薪酬	工资		23 029.83		
	管理费用	工资	√	6 500.00		
	生产成本	直接人工	√	8 138.83		

续表 5－79

摘要	总账科目	明细科目	√	借方金额	√	贷方金额
	其他应付款	内部结算				
		（工资）			√	20 256.92
		（工资中补贴）			√	2 772.91
		（应付福利费）			√	2 835.97
		（养老保险金）			√	5 302.86
	应付账款	（会计及翻译人员工资）			√	6 500.00
合计				¥37 668.66		¥37 668.66

主管：李大旗　　记账：杨美　　出纳：刘俪　　审核：杨美　　制单：刘俪

表 5－80

2014 年 1 月工资结算表（应付新光能源设备总厂）

序号	岗位	工资	津贴	福利费	养老保险金
1	一车间	1 000	500	140	260
2	二车间	1 000	500	140	260
……	……	……	……	……	……
小计		20 256.92	2 772.91	2 835.91	5 302.86
1	会计	3 000			
2	翻译	3 500			
小计		6 500			
合计		26 756.92	2 772.91	2 835.91	5 302.86

但为什么只有前 5 个月的账务记录呢？审计人员姚晨询问了新光公司财务人员，答复是从 6 月份起，新光能源设备总厂的工资费用不再通过“内部结算”过渡科目结转到“应付账款”科目中，而是直接通过“应付职工薪酬”“应付账款”科目来结算。于是，姚晨查阅了“应付职工薪酬”账户，情况属实。抽查其他几笔分录，未见异常。相关工作底稿如表 5－81 所示。

表 5－81　其他应付款测试表

被审计单位：新光公司　　索引号：5550－2　　页次：

项目：其他应付款测试　　编制人：姚晨　　日期：2015.1.20

财务报表截止日/期间：2014.12.31　　复核人：王洋　　日期：2015.1.21

日期	凭证编号	业务内容	科目名称	明细科目	借方金额	贷方金额	检查内容							附件
							1	2	3	4	5	6	……	
2014.1.25	1－49	新光能源设备总厂工资费用	其他应付款	内部结算	37 668.66		√	√	√	√	√	√		工资结算说明
			应付账款	新光能源设备总厂		37 668.66	√	√	√	√	√	√		
2014.1.25	1－51	结算本月内部费用	应付职工薪酬	工资	23 029.83		√	√	√	√	√	√		2014 年 1 月工资结算表
			管理费用	工资	6 500.00		√	√	√	√	√	√		
			生产成本	直接人工	8 138.83		√	√	√	√	√	√		
			其他应付款	内部结算		37 668.66	√	√	√	√	√	√		
2014.4.28	4－80	新光能源设备总厂工资费用	其他应付款	内部结算	21 685.66		√	√	√	√	√	√		工资结算说明
			应付账款	新光能源设备总厂		21 685.66	√	√	√	√	√	√		
合计														
检查说明：	1. 原始凭证内容完整。2. 记账凭证与原始凭证内容、金额相符。3. 账务处理正确。4. 记录于恰当的会计期间。5. 有授权审批。6. 账证的内容、金额相符。													

审计说明：无

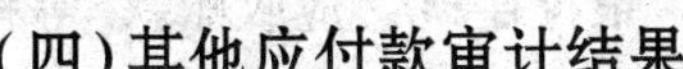

(四)其他应付款审计结果

1. 审计中发现的问题

中意会计师事务所孟静、姚晨实施上述程序后，认为新光公司的其他应付款报表项目披露无重大错报或漏报，余额可以确认。

2. 其他应付款审计中常见的问题

(1)逾期包装物押金不做转账处理，长期挂在“其他应付款”账户。

(2)隐藏包装物销售收入、固定资产变价收入等，长期挂在“其他应付款”账户。

实训内容六　营业收入审计

按照我国《企业会计准则》的有关规定，会计报表中的“营业收入”应根据“主营业务收入”和“其他业务收入”的本期发生额之和填列。在审计实务中，审计人员要分别对主营业务收入和其他业务收入实施审计程序，然后汇总到一起说明会计报表的披露是否正确。本书以主营业务收入审计为例，说明审计的程序与注意事项。

(一)学习营业收入审计的相关法规

1.《企业会计准则第 14 号——收入》有关规定

收入是企业在日常活动中形成的、会导致所有者权益增加的、与所有者投入资本无关的经济利益的总流入。其中，日常活动是指企业为完成其经营目标所从事的经常性活动以及与之相关的活动。按照企业从事日常活动的性质，可将收入分为销售商品收入、提供劳务收入、让渡资产使用权收入、建造合同收入等。

销售商品收入确认的条件是：

(1)企业已将商品所有权上的主要风险和报酬转移给了购货方；

(2)企业既没有保留通常与所有权相联系的继续管理权，也没有对已售出的商品实施有效控制；

(3)收入的金额能够可靠地计量；

(4)相关的经济利益很可能流入企业；

(5)相关的已发生或将要发生的成本能够可靠地计量。

销售商品的结算方式有交款提货、预收账款、托收承付、委托代销、分期收款、附销售退回条件的销售等。

对于提供劳务收入，如果企业在资产负债表日提供劳务的交易结果能够可靠计量，应当按完工百分比法确认；否则不能使用该方法，按已经发生的劳务成本能否得到补偿分别进行会计处理。

2.《企业会计准则——应用指南》有关主营业务收入的规定

(1)“主营业务收入”科目核算企业确认的销售商品、提供劳务等主营业务的收入。

(2)“主营业务收入”科日可按主营业务的种类进行明细核算。

(3)主营业务收入的主要账务处理。企业销售商品或提供劳务实现的收入，应按实际收到或应收的金额，借记“银行存款”“应收账款”“应收票据”等科目，按确认的营业收入，贷记“主营业务收入”科目。本期(月)发生的销售退回或销售折让，按应冲减的营业收入，借记

"主营业务收入"科目，按实际支付或应退还的金额，贷记"银行存款""应收账款"等科目。上述销售业务涉及增值税销项税额的，还应进行相应的处理。

(4)期末，应将"主营业务收入"科目的余额转入"本年利润"科目，结转后本科目应无余额。

(二)营业收入审计中的工作底稿

2015年1月20日，中意会计师事务所的审计人员高英、方明依据《中国注册会计师独立审计准则》和新光公司2014年度财务报表审计的具体实施方案，负责营业收入的审计。两人实施了审阅、核对、函证等程序，编制了如表5－82所示的审计工作底稿。

表5－82 中意会计师事务所营业收入工作表目录

编号	科目名称	工作底稿名称	索引号
1	营业收入	程序表	6100－0
2	营业收入	审定表	6100
3	营业收入	营业收入(成本)明细表	6100－1
4	营业收入	产品销售分析表	6100－1－1
5	营业收入	分月销售分析表	6100－1－2
6	营业收入	收入确认原则检查表	6100－2
7	营业收入	收入截止测试表	6100－3
8	营业收入	收入检测表	6100－4

所进行的实质性测试程序如表5－83所示。

(三)营业收入审计过程及分析

1. 取得或编制主营业务收入明细表，复核加计正确，并与总账数和明细账数核对相符

【审计程序】审计实务中，审计人员应要求企业编制并提供主营业务收入明细表，作为主营业务收入总账、明细账的具体说明；同时，应将明细表余额与有关账户数加以核对，以证实账账、账表等相符。

【案例分析】本案例中，新光公司提供了2014年度主营业务收入明细表。审计人员高英、方明复核加计正确，并与主营业务收入总账、明细账进行了核对，未见异常。据此，编制了工作底稿的部分内容，如表5－84所示。

2. 运用分析程序进行比较分析

【审计程序】由于企业的销售收入数额较大，且分月列示，审计人员为了能从总体上把握企业收入确认的真实性，一般先要对收入实施分析程序，初步确定收入审计的重点领域，查明哪些产品或哪些月份收入的显示可能不正常，然后再结合其他审计方法，对那些重点领域进一步深入审查，以揭示可能存在的错弊。在营业收入审计中常用的分析程序有：

表 5－83 营业收入实质性测试程序

被审计单位：新光公司　　索引号：6100－0　　页次：

项目：营业收入实质性测试程序　　编制人：高英　　日期：2015.1.20

财务报表截止日/期间：2014 年度　　复核人：王洋　　日期：2015.1.20

审计目标	财务报表认定					
	发生	完整性	准确性	截止	分类	列报
A. 利润表中记录的营业收入已发生，并且与被审计单位有关	√					
B. 所有应当记录的营业收入均已记录		√				
C. 与营业收入有关的金额及其他数据已恰当记录			√			
D. 营业收入已记录于正确的会计期间				√		
E. 营业收入已记录于恰当的账户					√	
F. 营业收入已按照《企业会计准则》的规定在财务报表中作恰当的列报						√

计划实施的实质性程序

审计目标	实质性程序	是否执行	未执行的原因	索引号	发生	完整性	准确性	截止	分类	列报
	主营业务收入									
C	获取或编制主营业务收入明细表：（1）复核加计是否正确，并与总账数和明细账合计数核对是否相符；（2）检查以非记账本位币结算的主营业务收入的折算汇率及折算是否正确。	是		6100－1			√			

续表 5－83

审计目标	实质性程序	是否执行	未执行的原因	索引号	发生	完整性	准确性	截止	分类	列报
ABC	2. 实质性分析程序(必要时)： (1)将本期的主营业务收入与上期的主营业务收入进行比较，分析产品销售的结构和价格变动是否异常，并分析异常变动的原因；	是		6100－1－1	√	√	√			
	(2)计算本期重要产品的毛利率，与上期比较，检查是否存在异常，各期之间是否存在重大波动，并查明原因；	是		6100－1－2	√	√	√			
	(3)比较本期各月各类主营业务收入的波动情况，分析其变动趋势是否正常，是否符合被审计单位季节性、周期性的经营规律，查明异常现象和重大波动的原因；	是		6100－1－3	√	√	√			
	(4)将本期重要产品的毛利率与同行业企业进行对比分析，检查是否存在异常；	是		6100－1－4	√	√	√			
	(5)根据增值税发票申报表或普通发票估算全年收入，与实际金额进行比较。	是		6100－1－5	√	√	√			
审计目标	实质性程序	是否执行	未执行的原因	索引号	发生	完整性	准确性	截止	分类	列报
ABCD	3. 检查主营业务收入的确认条件、方法是否符合《企业会计准则》的规定，前后期是否一致；关注周期性、偶然性的收入是否符合既定的收入确定原则、方法。	是		6100－2	√	√	√	√		
D	4. 销售的截止日期。	是		6100－3				√		
A	5. 抽取记账凭证，审查入账日期、品名、数量、单价、金额等是否与发票、发货单、销售合同等一致。	是		6100－4	√					
	6. 其他程序(略)。									

其他业务收入(略)。

(1)将本期主营业务收入的实际数与上期实际数进行比较，分析产品的销售结构和价格变动是否正常。

(2)将本年度各月主营业务收入的实际数额进行比较，检查有无异常变动的情况，并结合实际情况分析波动的原因。

(3)计算本期重要产品的毛利率，分析比较本期与上期同类产品毛利率变化情况，注意收入和成本是否配比，并查明重大波动和异常情况的原因。

(4)计算对重要客户的销售额及毛利率，分析比较本期与上期有无异常变化。

(5)根据增值税发票申报表或普通发票估算全年收入，与实际收入金额进行比较。

(6)根据产品生产能力、仓储能力和运输能力，原材料采购数量及单位产品材料耗用定额，生产工人数量、生产工时及劳动生产率分析产品生产量和销售量的合理性，并查明异常情况的原因。

表5－84　营业收入审定表

被审计单位：新光公司　　索引号：6100

项目：营业收入审定　　截止日/期间：2014年度

编制：高英　　复核：王洋

日期：2015.1.20　　日期：2015.1.20

项目	本期未审数	账项调整		重分类调整		本期审定数	上期审定数	索引号
		借方	贷方	借方	贷方			
一、主营业务收入								6100－1
1.低温储罐类	9 177 027.33	100 000				9 077 027.33	6 662 776.21	6100－1
2. 槽车类	5 587 179.48	200 000				5 387 179.48	3 393 746.96	6100－1
主营业务收入小计	14 764 206.81	300 000				14 464 206.81	10 056 523.17	
二、其他业务收入	336 594.75					336 594.75	0	
营业收入合计	15 100 801.56	300 000				14 800 801.56	10 056 523.17	
审计意见：销售给鹤岗第二农药厂货物取得的10万元提前入账，见表5－92。								

【案例分析】本案例中，审计人员高英、方明查阅了主营业务收入明细账、科目余额表等，核实了分产品分月营业收入和营业成本的情况，如表5－85所示。

表5－85　营业收入和营业成本构成表

单位名称：新光公司　　单位：元

科目编号	科目名称	借/贷	年初数	借方	贷方	期末余额
……	……	……	……	……	……	……
6001	主营业务收入	贷	0	14 764 206.81	14 764 206.81	0
600101	槽车类产品	贷	0	5 587 179.48	5 587 179.48	0
600102	低温储罐类产品	贷	0	9 177 027.33	9 177 027.33	0
6401	主营业务成本	借	0	11 594 233.01	11 594 233.01	0

续表 5-85

科目编号	科目名称	借/贷	年初数	借方	贷方	期末余额
64010	槽车类产品	借	0	4 375 291.30	4 375 291.30	0
640102	低温储罐类产品	借	0	7 218 941.71	7 218 941.71	0
……	……	……	……		……	……
6051	其他业务收入	贷	0	336 594.75	336 594.75	0
605101	其他业务收入	贷	0	336 594.75	336 594.75	0
6402	其他业务成本	借	0	284 107.82	284 107.82	0
640201	其他业务成本	借	0	284 107.82	284 107.82	0

审计人员高英、方明将表 5-85 中有关数据同新光公司的营业收入明细表进行了核对，未见异常。为了便于分析成本的情况，在此将有关成本的数据一并列入，方明在工作底稿上做了如下记录，如表 5-86 所示。

表 5-86 营业收入(成本)明细

被审计单位：新光公司　　　　索引号：6100-1
项目：营业收入(成本)明细　　　　截止日/期间：2014 年度
编制：高英　　　　复核：王洋
日期：2015.1.20　　　　日期：2015.1.20

项目	本期数				上期数	增长率	增长率
	调整前	审计调整	索引号	调整后		（调整期）	（调整后）
一、主营业务收入							
槽车类	5 587 179.48	-200 000		5 387 179.48	3 393 746.96	64.63%	58.74%
低温储罐类	9 177 027.33	-100 000		9 077 027.33	6 662 776.21	37.74%	36.23%
小计	14 764 206.81	-300 000		14 464 206.81	10 056 523.17	46.81%	43.83%
二、其他业务收入							
……	……			……	0		
小计	336 594.75			336 594.75	0	100%	100%
营业收入合计	15 100 801.56	-300 000		14 800 801.56	10 056 523.17	50.16%	47.18%
三、主营业务收入							
槽车类	4 375 291.30	-160 000		4 215 291.30	2 657 625.66	64.63%	58.61%
低温储罐类	7 218 941.71	-80 000		7 138 941.71	5 450 948.79	32.43%	30.97%
小计	11 594 233.01	-240 000		11 354 233.01	8 108 574.45	42.98%	40.03%
四、其他业务成本							
……				……	0		
小计	284 107.82			284 107.82	0	100%	100%
营业成本合计	11 878 340.83	-240 000		11 638 340.83	8 108 574.45	46.49%	43.53%

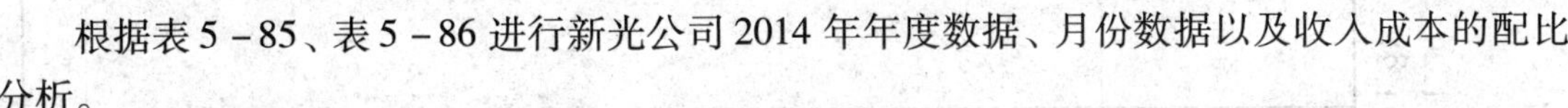

根据表 5－85、表 5－86 进行新光公司 2014 年年度数据、月份数据以及收入成本的配比分析。

(1)年度数据比较。从科目余额表上可以看出：新光公司的销售收入主要来自两种产品：槽车类产品和低温储罐类产品。2014 年度实现的收入分别为 5 587 179.48 元和 9 177 027.33 元，共计 14 764 206.81 元。同 2013 年度相比，槽车类产品的销售增长率为 64.63%，低温储罐类产品的销售增长率为 37.74%，说明两种产品销售有长足发展态势。

审计人员高英审阅了本年度销售收入台账，完成以下工作底稿，如表 5－87 所示。

表 5－87 产品销售分析表

被审计单位：新光公司　　索引号：6100－1－1

项目：产品销售分析　　截止日/期间：2014 年度

编制：高英　　复核：王洋

日期：2015.1.20　　日期：2015.1.21

产品名称	本期数				上期数				变动幅度			
	数量	主营业务收入	主营业务成本	毛利率	数量	主营业务收入	主营业务成本	毛利率	数量	主营业务收入	主营业务成本	毛利率
低温储罐	36	9 177 027.33	7 218 941.71	21.34%	24	6 662 776.21	5 450 948.79	18.19%	12	37.74%	32.43%	3.15%
槽车	13	5 587 179.48	4 375 291.30	21.69%	4	3 393 746.96	2 657 635.66	21.69%	9	64.63%	64.63%	0
合计		14 764 206.81	11 594 233.01			10 056 523.17	8 108 574.45			46.81%	42.98%	

审计意见：无

(2)月份数据比较。审计人员高英、方明接着审阅了主营业务收入明细账，了解到月份产品的销售情况。根据账簿记录，审计人员高英、方明据此编制了工作底稿，如表 5－88 所示。

审计人员高英、方明根据上述有关数据，分析得出：槽车类产品 5、9、10、12 月份变动较大；低温储罐类产品 3、6、11、12 月份变动较大。

为什么在这些月份产品销售的波动较大呢？有无充分的理由或解释呢？审计人员高英、方明就此问题询问了新光公司相关人员，答复是：该企业的产品系订单生产，在这些月份，由于生产波动，销售也随着波动。

(3)计算毛利率，查明收入、成本是否配比。

毛利率＝(收入－成本)/收入×100%

在上面的工作底稿表中，可以看出：低温储罐在 3、6、11、12 月毛利率波动较大，槽车在 5 月份波动最为异常。

表 5－88　产品分月分析表

被审计单位：新光公司　　索引号：6100－1－2　　页次：

项目：产品分月分析　　编制人：高英　　日期：2015.1.20

截止日/期间：2014 年度　　复核人：王洋　　日期：2015.1.21

类别 月份	全部产品			主产品										备注
	销售收入	销售成本	成本销售率	A. 低温储罐类					B. 槽车类					
				销售收入		销售成本		毛利率（%）	销售收入		销售成本		毛利率（%）	
				数量	金额	数量	金额		数量	金额	数量	金额		
1	1 692 076.07	1 260 776.55		3	1 692 076.07	3	1 260 776.55	25.49						
2	892 515.39	687 708.87		3	892 515.39	3	687 708.87	22.95						
3	477 692.30	390 716.81		2	477 692.30	2	390 716.81	18.21						
4	1 075 213.67	826 285.37		3	647 863.24	3	502 590.61	22.42	2	427 350.43	2	323 694.76	24.26	
5	2 090 170.94	1 752 050.78		6	1 320 940.17	6	1 040 742.68	21.21	2	769 230.77	2	711 308.10	7.53	
6	2 222 222.22	1 821 231.42		1	829 059.83	1	679 148.26	18.08	2	1 393 162.39	2	11 422 083.16	18.02	
7	1 636 628.18	1 272 183.41		6	1 055 431.60	6	806 488.65	23.59	1	581 196.58	1	465 694.7	19.87	
8	557 264.96	432 626.78		3	557 264.96	3	43 226.78	22.37						
9	876 068.38	540 650.21							1	876 068.38	1	540 650.21	38.8	
10	1 173 252.14	824 998.04		3	592 055.56	3	468 119.96	20.93	1	581 196.58	1	356 878.08	38.60	
11	882 128.21	638 228.56		3	882 128.21	3	638 228.56	27.65						
12	1 188 974.35	1 146 776.21		3	230 000.00	3	311 793.98	－35.57	4	958 974.35	4	834 982.23	12.93	
合计	14 764 206.81	11 594 233.01		36	9 177 027.33	36	7 218 941.71	21.34	13	5 587 179.48	13	4 375 291.30	21.69	
调整														
审定数														

审计意见：

(四)测试主营业务收入的真实性

【审计程序】审计人员审查企业的主营业务收入是否真实、合法，主要依据《企业会计准则第14号——收入》的相关规定，结合具体的销售方式和结算方式加以确定。

(1)销售商品采用交款提货方式的，应于货款收到或取得收取货款的权利，同时将账单等交给对方时确认收入。

(2)销售商品采用预收货款方式进行的，在发出商品时确认收入。

(3)销售商品采用托收承付方式的，应在产品已发出或劳务已提供，并将发票账单等提交银行办妥托收承付手续后才能确认收入实现。

(4)采用支票、商业汇票、信用证等结算方式销售商品的，应在产品发出时确认收入。

(5)委托代销商品，应分情况确认。在视同买断方式下，如果委托方和受托方的协议明确规定，受托方取得代销商品后，是否卖出、是否获利等均与委托方无关，则交付代销商品时确认收入；否则，委托方应在商品售出，收到受托方交付代销清单时确认收入。收取手续费方式代销的，委托方应在收到代销清单时确认收入。

(6)采用分期收款销售商品的，如果延期收取的款项具有融资性质，在符合收入确认的条件下，应当按应收的合同或协议价款的公允价值确认收入金额，其公允价值通常按照其未来现金流量现值或商品现销价格计算确定。

(7)对于附销售退回条件的销售，如果企业能根据以往经验合理估计退货可能性且能确认与退货相关的负债的，通常应在发出商品时确认收入；否则，通常在售出商品退货期满时确认收入。

【案例分析】本案例中，审计人员高英、方明询问了销售的流程，确认了收入实现的方式，并抽取了部分与主营业务收入有关的原始凭证，确定收入是否真实。在审查过程中，高英、方明重点选择的是发生额较大的业务，编制的工作底稿如表5－89所示。

表5－89　收入确认原则检查表

被审计单位：新光公司	索引号：6100－2	页次：
项目：收入确认原则检查	编制人：方明	日期：2015.1.20
财务报表截止日/期间：2014年度	复核人：王洋	日期：2015.1.20

一、公司销售商品收入的确认原则 1. 公司已将商品所有权上的主要风险和报酬转移给购货方； 2. 公司既没有保留通常与所有权相联系的继续管理权，也没有对已售出的商品实施有效控制； 3. 收入的金额能够可靠地计量； 4. 相关的经济利益很可能流入企业； 5. 相关的已发生或将发生的成本能够可靠地计量。 新光公司的销售结算方式有两种：交款提货或预收款。大宗业务采用预收款方式的较多，对于小客户或交易额中等及以下的业务多采用交款提货的方式。

续表 5-89

<table>
<tr><td colspan="2">二、销售业务及收入确认流程(文字或图表)</td></tr>
<tr><td>交款提货方式下：
1. 接受订单；
2. 组织生产，并按期发货；
3. 信用期内回收款项。</td><td>预收款方式下：
1. 接受订单；
2. 收到预收款，组织生产，并按期发货；
3. 回收余款。</td></tr>
<tr><td colspan="2">三、收入循环的控制测试
见前面控制测试工作底稿。
四、审计结论
收入确认原则符合《企业会计准则》的要求。</td></tr>
</table>

(五)实施主营业务收入截止测试

【审计程序】截止测试是主营业务收入审计中常见的一种技术手段，主要目的在于确定企业主营业务收入的会计分录归属期是否正确，防止“主营业务收入”账户内出现应计入本期而被推迟到下期，或应计入下期而被提前计入本期的异常事项。

1. 截止测试的关键日期

审计人员应注意三个关键日期：开票日期、记账日期、发货日期。若这三个日期在同一会计期间，则表明记录是正确的。

(1)开票日期：指开具增值税专用发票或普通发票的日期。

(2)记账日期：指企业确认主营业务收入实现并将该笔经济业务记入“主营业务收入”账户的日期。

(3)发货日期：指仓库开具出库单并发出库存商品的日期。

2. 截止测试路线

在审计实务中，审计人员可以考虑三条审计路线实施主营业务收入的截止测试：

(1)以账簿记录为起点。从资产负债表日前后若干天的账簿记录查至记账凭证，检查发票存根与发运凭证，目的是证实已入账的收入是否在同一期间已开具发票并发货。使用这种方法主要是为了防止多计收入。

(2)以销售发票为起点。从资产负债表日前后若干天的发票存根查至发运凭证与账簿记录，确定已开具发票的货物是否已发货并于同一会计期间内确认收入。使用这种方法主要是防止少计收入。

(3)以发运凭证为起点。从资产负债表日前后若干天的发运凭证查至发票开具情况与账簿记录，确定主营业务收入是否已计入恰当的会计期间。使用这种方法主要是防止少计收入。

【案例分析】本案例中，审计人员高英、方明经过综合分析判断，认为新光公司2014年度会计报表中的收入可能虚计，因此采用从账簿记录入手的收入截止测试路线。高英、方明审阅了2014年12月31日前后5笔业务(假设为抽查报表日前3笔业务、报表日后2笔业务)并追查至发运凭证和销售发票。相关账簿记录如表5-90、表5-91所示。

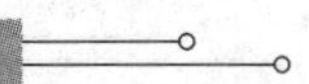

表 5-90　新光公司 2014 年 12 月收入明细账

日期	凭证号	摘要	借方	贷方	方向	余额
		年初余额			贷	0
20150120	1-28	新光大件起重安装公司退货	100 000			
20150120	1-38	林德气体厦门有限公司 25 立方低温储罐			515 592.31	
20150120	1-40	长春华新电线电缆公司 5 立方储罐			152 136.75	
20150120	1-42	北京普莱克斯公司 14.7 立方储罐			213 675.21	
……	……	……	……	……	……	……

表 5-91　新光公司 2014 年 5 月收入明细账

日期	凭证号	摘要	借方	贷方	方向	余额
……	……	……	……	……	……	……
20141231	12-74	湛江港港区政南化工厂		-105 128.21		
20141231	12-74	湛江港港区政南化工厂		53 846.15		
20141231	12-74	湛江港港区政南化工厂		51 282.05		
20141231	12-78	长春振兴实业有限公司特制储罐		30 000		
20141231	12-80	新光大件起重安装公司		100 000		
20141231	12-81	鹤岗第二农药厂 5 立方乙烯储罐		100 000		
20141231	12-101	调整科目余额		0.01		
		结转本月产品销售收入	230 000			
		本月合计	230 000	230 000		
		累计	9 177 027.33	9 177 027.33		
		期末余额			贷	0

比如，对 12 月 31 日入账的销售给鹤岗第二农药厂 5 立方乙烯储罐追查至凭证，结果表明：开具销售发票的时间为 2015 年 1 月 2 日，发货单日期是 2015 年 1 月 1 日。而新光公司将此笔业务记录于 2014 年度的销售业务账簿中，因此属于提前入账，截止测试不正确，应建议调整。使用同样的方法进行其他 4 笔业务的追查，其结果如表 5-92 所示。

表 5－92　销售截止测试表

被审计单位：新光公司　　索引号：6100－3　　页次：

项目：销售截止测试　　编制人：高英　　日期：2015.1.20

截止日/期间：2014 年度　　复核人：王洋　　日期：2015.1.21

编号	发货单		发票内容						明细账				是否跨期√(×)
	日期	号码	发票号	日期	客户名称	货物名称	销售额	税额	日期	凭证号	主营业务收入	应交税费	
1	2014.12.31	＊＊4095	＊＊8831	2014.12.20	长春振兴实业有限公司	储罐	30 000	5 100	12.31	12－78	30 000	5 100	×
2	2014.12.22	＊＊4086	＊＊8834	2014.12.20	东风大件起重安装公司	储罐	100 000	17 000	12.31	12－80	100 000	17 000	×
3	2015.1.1	＊＊4105	＊＊8838	2015.1.2	鹤岗第二农药厂	储罐	100 000	17 000	12.31	12－81	100 000	17 000	√
4													
5													
截止日期：2014 年 12 月 31 日 截止日后													
6	2015.1.6	＊＊4106	＊＊8838	2015.1.6	林德气体厦门有限公司	储罐	515 592.31	87 650.69	1.20	1－38	515 592.31	8 650.69	×
7	2015.1.6	＊＊4107	＊＊8839	2015.1.6	长春华新电线电缆公司	储罐	152 136.75	25 863.25	1.20	1－40	152 136.75	25 863.25	×
8													
	审计说明：2015 年 1 月销售给鹤岗第二农药厂货物取得的 10 万元收入属于提前入账，截止测试不准确。												

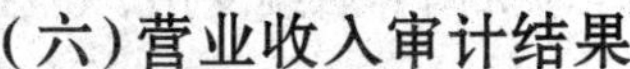

(六)营业收入审计结果

1. 审计中发现的问题

中意会计师事务所审计人员高英、方明实施上述程序后，认为新光公司主营业务收入核算中主要存在的问题是2015年1月发生的一笔销售储罐业务提前入账，建议调整报表相关项目。

2. 营业收入审计中常见的问题

(1)虚设客户，虚增收入。

(2)将主营业务收入列入往来账户长期挂账，不通过“主营业务收入”账户核算。

(3)购销双方以货易货，相互串通不开发票，以收据结算差额，隐匿业务收入。

(4)以收款收据、调拨单代替发票，隐匿收入。

(5)不按规定开具发票，应购买单位请求改变抬头或业务内容。

(6)价外收入不计入主营业务收入，直接转入营业外收入或资本公积。

(7)将自制半成品、零配件的销售收入不计入产品销售收入而直接冲减“生产成本”“制造费用”“原材料”等账户。

(8)把企业自产的应税产品按来料加工进行核算，采取将销售收入与原材料成本的差额计入主营业务收入的手段隐匿收入。

(9)将材料领用或销售单独计价的包装物销售收入直接冲减“原材料”或“包装物”账户，而漏记其他业务收入。

(10)对清理回收的包装物押金，不计入其他业务收入而挂往来账。

(11)以开具收据形式销售材料，不计入其他业务收入而转作“小金库”。

(12)有意将部分材料报废，以废品形式出售，吃回扣，变相贪污。

实训内容七　期间费用审计

企业的期间费用包括管理费用、销售费用和财务费用。期间费用直接计入当期损益，并在利润表上分项列示。本教材以管理费用为例，说明期间费用的审计过程和应注意的事项。

(一)学习管理费用的相关法规

《企业会计准则——应用指南》有关管理费用的相关规定如下：

(1)“管理费用”科目核算企业为组织和管理企业生产经营所发生的管理费用，包括企业在筹建期间发生的开办费、董事会和行政管理部门在企业的经营管理中发生的或者应由企业统一负担的公司经费(包括行政管理部门职工工资及福利费、物料消耗、低值易耗品摊销、办公费和差旅费)、工会经费、董事会费(包括董事会成员津贴、会议费和差旅费等)、聘请的中介机构费、咨询费(含顾问费)、诉讼费、业务招待费、税金及附加、技术转让费、矿产资源补偿费、研究费用、排污费等。

企业(商品流通)管理费用不多的，可不设置“管理费用”科目，该科目核算内容并入“销售费用”科目核算。

企业生产车间(部门)和行政管理部门等发生的固定资产修理费用等后续支出，也在“管理费用”科目核算。

(2)“管理费用”科目可按费用项目进行明细核算。

(3)管理费用的主要账务处理：

①企业在筹建期间发生的开办费，包括人员工资、办公费、培训费、差旅费、印刷费、注册登记费以及不计入固定资产成本的借款费用等在实际发生时，借记“管理费用”科目(开办费)，贷记“银行存款”等科目。

②按行政管理部门人员的职工薪酬，借记“管理费用”科目，贷记“应付职工薪酬”科目。

③行政管理部门计提固定资产折旧时，借记“管理费用”科目，贷记“累计折旧”科目。

企业发生办公费、水电费、业务招待费、聘请中介机构费、咨询费、诉讼费、技术转让费、研究费用时，借记“管理费用”科目，贷记“银行存款”“研发支出”等科目。按规定计算确定的应交矿产资源补偿费、房产税、车船税、土地使用税、印花税，借记“管理费用”科目，贷记“应交税费”科目。

(4)期末，应将“管理费用”科目的余额转入“本年利润”科目，结转后该科目无余额。

(二)管理费用审计中的工作底稿

2015 年 1 月 20 日，中意会计师事务所审计人员梁龙、王菲依据《中国注册会计师独立审计准则》和新光公司 2014 年度财务报表审计的具体实施方案，负责期间费用的审计。

梁龙、王菲按照规范要求，对管理费用等实施了审阅、核对、询问等程序，编制了如表 5 - 93 所示的工作底稿。

表 5 - 93　中意会计师事务所管理费用工作表目录

编号	科目名称	工作底稿名称	索引号
1	管理费用	程序表	6330 - 0
2	管理费用	审定表	6330
3	管理费用	明细表	6330 - 1
4	管理费用	管理费用项目分析表	6330 - 1 - 1
5	管理费用	管理费用月度分析表	6330 - 1 - 2
6	管理费用	管理费用测试表	6330 - 2

所进行的实质性测试程序如表 5 - 94 所示。

表 5－94 管理费用实质性测试程序

被审计单位：新光公司　　　　索引号：6330　　　　页次：

项目：管理费用实质性测试程序　　　　编制人：梁龙　　　　日期：2015.1.20

财务报表截止日/期间：2014 年度　　　　复核人：王洋　　　　日期：2015.1.20

审计目标					财务报表认定					
					发生	完整性	准确性	截止	分类	列报
A	利润表中记录的管理费用已发生，并且与被审计单位有关。				√					
B	所有应当记录的管理费用均已记录。					√				
C	与管理费用有关的金额及其他数据已恰当记录。						√			
D	管理费用已记录于正确的会计期间。							√		
E	管理费用已记录于恰当的账户。								√	
F	管理费用已按照《企业会计准则》的规定在财务报表中作恰当的列报。									√
计划实施的实质性程序										
审计目标	实质性程序	是否执行	未执行原因	索引号	发生	完整性	准确性	截止	分类	列报
C	1. 获取或编制管理费用明细表：复核加计是否正确，并与报表数、总账数及明细账合计数核对是否相符。	是		6330			√			
ABC	2．对管理费用进行分析：（1）计算分析管理费用中各项目发生额及其占费用总额的比率，将本期、上期管理费用各主要明细项目作比较分析，判断其变动的合理性；（2）将管理费用实际金额与预算金额进行比较；（3）比较本期各月份管理费用，对有重大波动和异常情况的项目应查明原因，必要时作适当处理。	是		6330－1－2	√	√	√			

续表 5-94

审计目标	实质性程序	是否执行	未执行原因	索引号	发生	完整性	准确性	截止	分类	列报
E	3. 检查管理费用明细项目的设置是否符合规定的核算内容与范围；结合成本费用的审计，检查是否存在费用分类错误，若有，应提请被审计单位调整。	是		6330-1-2 6330-2					√	
ABC	4. 检查公司经费(包括行政管理部门职工薪酬、物料消耗、低值易耗品摊销、办公费和差旅费)是否系经营管理中发生或应由公司统一负担，检查相关费用报销内部管理办法，检查是否有合法的原始凭证支持。	是		6330-2	√	√	√			
ABC	5. 检查董事会费(包括董事会成员津贴、会议费和差旅费等)，检查相关董事会及股东会决议，是否在合规范围内开支费用。	是		6330-2	√	√	√			
ABC	6. 检查聘请中介机构费、咨询费(含顾问费)，检查是否按合同规定支付费用，有无涉及诉讼及赔偿款项支出。	是		6330-2	√	√	√			
C	7. 检查业务招待费的支出是否合理，如超过规定限额，应在计算应纳税所得额时调整。	是		6330-2			√			
C	8. 复核本期发生的矿产资源补偿费、房产税、土地使用税、印花税等税费是否正确。	是		6330-2			√			
ABC	9. 针对特殊行业，检查排污费等环保费用是否合理计提。	是		6330-2	√	√	√			
ABC	10. 选择重要或异常的管理费用，检查费用的开支标准是否符合有关规定，计算是否正确，原始凭证是否合法，会计处理是否正确。	是		6330-2	√	√	√			

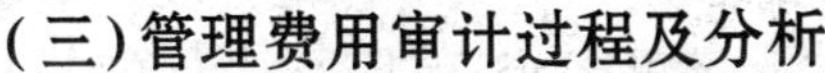

(三)管理费用审计过程及分析

1. 核对管理费用明细账与总账余额是否相符

【审计程序】审计人员应编制或获取企业管理费用明细表，并与管理费用总账、明细账及报表核对，验证三者的余额是否相符。一般而言，企业提供管理费用明细表的情况居多，审计人员可以节省时间，提高审计效率。

【案例分析】本案例中，新光公司提供了管理费用明细表。

首先，审计人员梁龙、王菲复核了其发生额与有关账户数是否相符，并与报表数进行了核对，结果无异议。管理费用审核完，编制的审定表如表 5－95 所示。

审计人员根据新光公司提供的管理费用明细表在工作底稿上做记录，如表 5－96 所示。

其次，梁龙、王菲查看了管理费用核算的内容是否合规。其中，注意到明细科目中“其他”、“业务招待费”、“办公费”、“差旅费用”等金额较大，应重点审核。

2. 测试管理费用的真实性和合法性

【审计程序】在上一个审计程序中，审计人员大体上能了解到企业管理费用明细项目的设置及本期发生额的大小。但这些项目与上一年度比较，增减变动了多少呢？这些变动有合理的解释或说明吗？这些问题通过实施下一个审计程序来解决。

具体测试中，审计人员通常进行两项比较：

(1)将本年度管理费用与上一年度管理费用进行比较，检查哪些明细项目有重大变动。

(2) 将本年度各个月份的管理费用进行比较，检查哪些月份变动较大。一般来说，管理费用的明细项目中有很多属于固定费用，各月的变动幅度不应太大。如果变动幅度较大，则属于异常现象，审计人员应视为重点领域进行审查。

表 5－95　管理费用审定表

被审计单位：新光公司　　索引号：6330

项目：管理费用审定　　截止日/期间：2014 年度

编制：梁龙　　复核：王洋

日期：2015. 1. 20　　日期：2015. 1. 20

项目	本期未审数	账项调整		重分类调整		本期审定数	上期审定数	索引号
		借方	贷方	借方	贷方			
管理费用	1 205 027.65		10 000			1 195 027.65	1 110 496.94	6330－1

审计意见：1. 职工旅游休假费用 12 万元不能计入管理费用，见表 5－102。

2. 个人礼品款不能报销，见表 5－102。

表 5-96 管理费用明细表

被审计单位：新光公司　　　　索引号：6330-1

项目：管理费用明细　　　　截止日/期间：2014 年度

编制：梁龙　　　　复核：王洋

日期：2015.1.20　　　　日期：2015.1.20

明细科目	项目	本期数	备注
660201	工资	110 859.44	
660202	福利费		
660203	折旧费	20 112.00	
660204	会务费	4 120.00	
660205	业务招待费	13 736.10	
660206	办公费	125 046.24	
660207	差旅费	122 820.81	
660208	运输费	31 081.36	
660209	保险费	13 775.06	
660210	修理费	14 002.49	
660211	咨询费	57 301.28	
660212	物料消耗	11 311.33	
660213	退休养老金		
660214	其他	269 319.18	
660215	出国人员经费		
660216	坏账损失	2 460.83	
660217	递延费用摊销	13 714.44	
660218	工会经费	9 873.01	
660219	上交管理费		
660220	绿化费		
660221	产品样本		
660222	退休统筹金		
660223	新增效益工资		
660224	电话费	84 164.19	
660225	残疾人就业保障金		
660226	车船税		
660227	“三包”维修费		
660228	存货盘点盈亏		

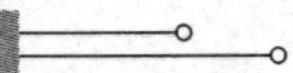

续表 5－96

明细科目	项目	本期数	备注
660229	印花税	2 875.20	
6602230	无形资产摊销	165 860.04	
660231	职工教育经费	3 786.65	
660232	劳动保险费		
660233	待业保险费		
660234	技术开发费		
660235	技术转让费		
660236	审计费	5 000.00	
660237	诉讼费		
660238	排污费		
660239	董事会费		
660240	土地使用费		
660241	租赁费	108.00	
	共计	1 205 027.65	

【案例分析】本案例中，审计人员梁龙、王菲从新光公司获取了2014年度管理费用明细项目的数据，并分月列示。对异常波动进行了必要的询问和核实，如表5－97、表5－98所示。

表 5－97　管理费用项目分析表

被审计单位：新光公司	索引号：6330－1－1
项目：管理费用项目分析	截止日/期间：2014年度
编制：梁龙	复核：王洋
日期：2015.1.20	日期：2015.1.20

明细科目	项目	本期数	上年数	变动原因
660201	工资	110 859.44	110 859.44	
660202	福利费			
660203	折旧费	20 112.00	18 998.25	新增固定资产需计提折旧
660204	会务费	4 120.00	3 000.00	
660205	业务招待费	137 436.10	102 675.34	业务量增加
660206	办公费	125 046.24	124 005.78	业务量增加
660207	差旅费	122 820.81	119 564.34	业务量增加
660208	运输费	31 081.36	28 000.00	业务量增加
660209	保险费	13 775.06	11 673.78	业务量增加

续表 5-97

明细科目	项目	本期数	上年数	变动原因
660210	修理费	14 002.49	14 002.49	
660211	咨询费	57 301.38	57 301.38	
660212	物料消耗	11 311.33	8 000.00	业务量增加
660213	退休养老金			
660214	其他	269 319.18	120 678.45	
660215	出国人员经费			
660216	坏账损失	2 460.83	1 200.00	坏账损失
660217	递延费用摊销	13 714.44	13 714.44	
660218	工会经费	9 873.01	9 873.01	
660219	上交管理费			
660220	绿化费			
660221	产品样本			
660222	退休统筹金			
660223	新增效益工资			
660224	电话费	84 164.19	60 127.45	业务量增加
660225	残疾人就业保障金			
660226	车船税			
660227	“三包”维修费		100 000.00	严格质量控制
660228	存货盘点盈亏		30 789.64	严格质量控制
660229	印花税	2 875.20	1 278.56	业务量增加
660230	无形资产摊销	165 860.04	165 860.04	
660231	职工教育经费	3 786.65	3 786.65	
660232	劳动保险费			
660233	待业保险费			
660234	技术开发费			
660235	技术转让费			
660236	审计费	5000.00	5000.00	
660237	诉讼费			
660238	排污费			
660239	董事会费			
660240	土地使用费			
660241	租赁费	108.00	108.00	
	合计	1 205 027.65	1 205 027.65	

表 5 – 98　管理费用项目分析表

被审计单位：新光公司　　　　索引号：6330 – 1 – 1
项目：管理费用项目分析　　　　截止日/期间：2014 年度
编制：梁龙　　　　复核：王洋
日期：2015. 1. 20　　　　日期：2015. 1. 20

项目	工资	折旧费	会务费	业务招待费	办公费	差旅费	运输费	保险费	修理费	咨询费	物料消耗
1	17 434.22	1 583.18		8 414.8	4 606.4	6 361.9	32.02	1 043.4			50.36
2	17 254.3	1 583.18		7 125.8	4 673.83	1 748.5	510	1 043.44			
3	13 165.78	1 583.18		2 043.7	3 096.8	4 412.6	486				636.75
4	8 752.57	1 583.18		3 515.7	6 551.1	5 905.8					386
5	8 752.57	1 583.18		23 520.5	3 371.6	27 506.31	7 205	750			109.65
6	6 500	1 583.18		6 942.8	5 730.88	4 031.5		540	620	28 500	
7	6 500	1 747.13		38 756	25 983.7	10 352	1 292.5		484.5	6 000	280
8	6 500	1 747.13		3 703.2	5 497.7	6 869.5	2 588		12 897.99		887.63
9	6 500	1 747.13		4 905.6	1 739.7	18 146.9	6 673			4 051.28	461.55
10	6 500	1 747.13	400	18 055.7	10 733.71	17 002.8	1 022			6 000	
11	6 500	1 747.13	3 720	7 875	46 415.44	10 106.4	10 707.34	1 303			
12	6 500	1 747.13		12 577.3	6 645.38	10 376.6	565.5	9 095.22		12 750	8 499.39
合计	110 859.44	20 112	4 120	137 436.1	125 046.24	122 820	31 081.36	13 775.06	14 002.49	57 301.28	11 311.33

续表 5 - 98

项目	其他	坏账损失	递延费用摊销	工会经费	电话费	印花税	无形资产摊销	职工教育经费	审计费	租赁费	总计(略)
1	7 226.5		1 142.87		6 962.21	1 007.6	13 821.67				
2	34 511.56		11 42.87	2 884.04	5 532.7		13 821.67				
3	5 710.76		1 142.87	416.61	5 711.39		13 821.67				
4	40 680.74	2 460.83	1 142.87	433.71	810.33		13 821.67				
5	-17 982.49		1 142.87	1 145.81	5 279.44	-1 007.6	13 821.67		5 000		
6	58 832.44		1 142.87	419.28	4 941.96		13 821.67				
7	21 618.555		1 142.87	316.36	7 744.21		13 821.67	451.7			
8	7 020		1 142.87	511.92	6 730.36		13 821.67	639.9		108	
9	12 600.28		1 142.87	1 544.23	6 577.24	2 875.2	13 821.67				
10	13 899.05		1 142.87	411.79	11 604.71		13 821.67	514.73			
11	25 797.10		1 142.87	827.87	7 211.98		13 821.67	1 034.83			
12	59 404.69		1 142.87	916.39	7 764.26		13 821.67	1 145.49			
合计	269 319.18	2 460.83	137 714.44	9 873.01	84 164.19	2 875.2	165 860.04	3 786.65	5 000	108	

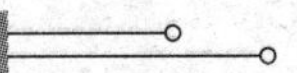

从表5－98中可以看出，管理费用明细项目中，“其他”项目中第4、6、12月份发生额较大，需抽取凭证进行重点核查。

3. 测试管理费用的合规性

【审计程序】审计人员应选择重要或异常的管理费用项目，检查其原始凭证是否合法，会计处理是否正确。一般来说，管理费用中容易出现问题的项目是办公费、差旅费、会议费、招待费等。还有一些企业将不便公开的项目列支在“其他”项目中，审计人员需要在账证资料审查的前提下，对这些容易出现问题的项目进行调查，以弄清事情的真相。

【案例分析】本案例中，审计人员梁龙经过以上分析，决定抽查“其他”项目下的业务进行核算。其中，4月份“其他”项目发生的业务如表5－99所示。

表5－99　新光公司“管理费用——其他”4月份明细账

日期	凭证号	摘要	借方金额	贷方金额	方向	余额
……	……	……	……	……	……	……
2014028	4－11	本厂钱爱军报费用	34.90			
2014028	4－15	张国强报费用	188.00			
2014028	4－30	调整09.3/9#	－3 000.00			
2014028	4－31	张国强报路试费	1 905.00			
2014028	4－33	报冲扩费用	55.50			
2014028	4－38	曹辉报费用	747.40			
2014028	4－42	张国强报费用	418.80			
2014028	4－42	吕佳宁报年检费用	42.00			
2014028	4－43	李忠艳报费用	77.00			
2014028	4－43	钱爱军报费用	900.00			
2014028	4－44	张国强报费用	81.00			
2014028	4－50	钱爱军报费用	170.00			
2014028	4－63	补转管理费用		－3 000.00		
2014028	4－66	新光对外交流中心服务费	40 000.00			
20140430	4－107	结转管理费用		10 906.74		
20140430	4－115	结转3～4月公共设施费		11 435.25		
20140430	4－115	计提3～4月公共设施费	435.25			
20140430	4－116	新光能源设备总厂压力容器监检费	338.75			

续表 5－99

日期	凭证号	摘要	借方金额	贷方金额	方向	余额
20140430	4－117	补转管理费用		21 338.75		
20140430	4－99	结转本月内部费用	1 345.00			
20140430	4－99	结转本月内部费用	542.14			
		本月发生额	40 680.74	40 680.74		
		累计	88 129.56	88 129.56		
		期末余额				

表 5－100　转账凭证

2014 年 4 月 28 日　　字第 4－66 号

摘要	总账科目	明细科目	✓	借方金额	✓	贷方金额
新光对外交流中心	管理费用	其他	✓	40 000		
	预付账款	新光对外交流中心			✓	20 000
	银行存款	工行			✓	20 000
合计				￥40 000		￥40 000

附单据叁张

财务主管：李大旗　记账：杨美　制单：刘俪　审核：杨美　出纳：刘俪

中国工商银行

转账支票存根

VIIIX 15673976

附加信息：无

出票日期：2014 年 3 月 20 日

收款人：新光对外交流中心

金额：￥ 20 000.00

用途：支付旅游费

单位主管　　会计

图 5－4　新光公司 4－66 号记账凭证所附原始凭证(1)

关于组织职工出境考察的说明

根据我公司通过的《关于调动职工积极性若干办法》文件，组织张东学等 3 位同志出境考察工作。本公司负担费用，其中预交 50%，待回来后再与对外交流中心结算余额。

新光公司财务部

2014. 2.1

图 5－5　新光公司 4－66 号记账凭证所附原始凭证(2)

表 5－101 新光服务业专用发票

服务项目	单位	数量	单价	金额								
				十	万	千	百	十	元	角	分	
旅游费					4	0	0	0	0	0	0	
合计金额	（大写）肆万元整 ￥40 000											
销售单位纳税人登记号			10101010101020293939									
开户银行及账户			建设路 9 号工行东大街支行									

付款单位：新光铸件有限责任公司　　2014 年 4 月 28 日　　支票号：

开票人：赵一　　收款人：李红　　开票单位：（新光对外交流中心章）

接着，审计人员梁龙继续审查了 6 月、12 月的业务，发现又有两笔同样金额的开支，即管理费用中列支职工旅游费。

经询问，该费用系职工出境旅游的开销。新光公司为了激励职工勤奋工作，增强企业的凝聚力，制定了一系列奖励措施，其中包括为表现突出的职工提供免费出境旅游的优惠政策。本年度共开销 12 万元职工旅游费。根据《企业会计准则》的规定，职工福利包括外出旅游等，因此新光公司 12 万元旅游费应通过应付职工薪酬中的福利费开支，不能直接计入管理费用。

另外，在审查 6 月份“其他”项目的业务时，审计人员梁龙还发现新光公司市场部经理请客送礼支出的 1 万元发票在单位报销的问题。具体过程，此处不再详述。

抽查管理费用的“其他”明细科目，未见异常。所做工作底稿如表 5－102 所示。

（四）管理费用审计结果

1. 审计中发现的问题

中意会计师事务所审计人员梁龙、王菲实施上述程序后，认为新光公司管理费用核算中存在以下问题：

（1）职工旅游休假 12 万元不应计入管理费用，应在应付职工薪酬的福利费中列支。

（2）请客送礼 1 万元属于严重违反财经纪律的行为，发票不能报销，应向有关人员追回此款。

2. 期间费用核算和管理中常见的问题

（1）销售费用：

①将支付的回扣、提成计入销售费用。

②以广告样品的名义，变相向职工发放实物。

③混淆销售费用与应收账款的界限，把为客户代垫的运杂费计入销售费用。

（2）管理费用：

①超标准或超平均水平发放劳动保护用品，行政管理人员坐享劳动保护待遇。

表 5－102　管理费用测试表

被审计单位：新光公司　　索引号：6330－2　　页次：

项目：管理费用测试　　编制人：梁龙　　日期：2015.1.20

财务报表截止日/期间：2014.12.31　　复核人：王洋　　日期：2015.1.20

日期	凭证编号	业务内容	科目名称	明细科目	借方金额	贷方金额	检查内容							附件
							1	2	3	4	5	6	……	
2014.4.28	4－66	新光对外交流中心服务费	管理费用	其他	40 000		√	×	×	√	√	×		旅游业发票/支票存根/新光对外交流中心出境游结算清单
			预付账款	新光对外交流中心		20 000	√	×	×	√	√	×		
			银行存款	工行		20 000	√	×	×	√	√	×		
2014.6.30	6－24	本厂刘清明报费用	管理费用	其他	10 000		√	×	×	√	×	×		礼品发票
			现金	刘清明		10 000	√	×	×	√	×	×		
.	10－101	计提本月公共设施费	管理费用	其他	13 727.05		√	×	×	√	×	×		公共设施费计提计算表
			预提费用	公共费用预提		13 727.05	√	√	√	√	√	√		
2014.12.31	12－98	计提住房基金	管理费用	其他	79 782.96		√	√	√	√	√	√		住房公积金计算表
			制造费用	其他	34 192.69		√	√	√	√	√	√		
			应付职工薪酬	职工住房公积金		113 975.65	√	√	√	√	√	√		
合计							√	√	√	√	√	√		
检查内容说明	1. 原始凭证内容完整。2. 记账凭证与原始凭证内容、金额相符。3. 账务处理正确。4. 记录于恰当的会计期间。5. 有授权审批。6. 账证的内容、金额相符。													

审计说明：1. 经审查，凭证 4－66、6－23、12－29 支付职工外出旅游费共计 12 万元；

2. 凭证 6－24 为职工个人到单位报销。

②将企业行政管理部门使用的车辆、设备等固定资产折旧费及机物料消耗计入制造费用，增加生产成本，降低管理费用。

③研制新产品、新技术成本不计入技术开发成本，而计入生产成本，研制的新产品或样机销售收入不入账，存入“小金库”。

④业务招待费超标准、超额度，以业务招待为名到歌厅、舞厅、豪华饭店高消费，业务招待费多头核算。

实训六

审计调整实务

一、实训目的

(1)掌握审计调整分录与会计分录的异同;

(2)理解审计调整分录编制的步骤;

(3)掌握不同审计调整分录的类型与判断标准;

(4)掌握试算平衡表的编制方法。

二、实训内容

实训内容一　编制审计调整分录

(一)认识审计调整的相关术语

1. 审计调整

审计调整是指审计人员通过调整和纠正在审计过程中发现的错弊事项,使企业的经济活动和经营成果得以真实、正确地反映,是审计结束阶段前的一项重要工作。

2. 审计差异

通俗地讲,审计差异是指审计人员所发现的错弊事项,按其是否需要调整企业的账户记录可分为核算错误和重分类错误。

(1)核算错误。核算错误是因为企业对经济业务进行了不正确的会计核算而引起的错误。用审计重要性原则来衡量每一个核算错误,又可把这些核算错误区分为建议调整的不符事项和未建议调整的不符事项(即未调整不符事项)。

(2)重分类错误。重分类错误是因企业未按《企业会计准则》列报财务报表而引起的错误。例如,企业在应付账款项目反映预付账款,在应收账款项目反映预收账款等。

审计人员对于上述错误的处理是不一样的。

(1)建议调整的不符事项。审计人员需要在工作底稿上记录，并且要求企业调整报表相关项目。

(2)未建议调整的不符事项。审计人员需要在工作底稿上记录，但不要求企业调整报表相关项目。

(3)重分类错误。审计人员需要在工作底稿上记录，并且要求企业调整报表相关项目。在财务报表审计中，常见的重分类调整事项为：应收账款与预收账款、应付账款与预付账款、其他应收款与其他应付款。比如应收账款报表项目，余额本应在借方，表明是资产；如果出现贷方余额，则表明此项目已不再是资产，而是预收款项，应列示在预收账款中。其他重分类调整分录，类似于此。

3. 审计调整分录

无论是建议调整的不符事项，还是未建议调整的不符事项，或是重分类错误，审计人员在工作底稿上通常以会计分录的形式反映，这些分录被称为审计调整分录。

(二)编写审计调整分录

审计调整分录既然是会计分录的形式，则必然有会计分录的基本特征，比如有借必有贷，借贷必相等。但它又不是真正意义上的会计分录，因此在学习审计调整分录的编写前，需要弄清审计调整分录与会计分录的区别与联系。

1. 审计调整分录与会计分录的比较和联系

(1)审计调整分录有多处区别于会计分录，如表6－1所示。

表6－1　审计调整分录与会计分录的差异

项目	审计调整分录	会计分录
编制依据	经济业务的正确会计分录与企业所做的错误会计分录的差异	会计准则和相关会计制度的规定
单位	可以万元为单位	只能以元为单位
使用的名称	借贷方使用的报表项目名称，无总账、明细账之分	借贷方使用的是会计科目名称，有总账、明细账之分
编制的目的	审计人员反映、汇总审计差异，进而为确定审计意见提供依据	根据会计分录登记账簿
编制者	由审计人员编制，但只调整企业的报表相关项目，不负责据此调整相关账户，简称为“调表不调账”	由会计人员编制，是会计记账、登账、过账的依据，最终要反映在报表上，简称为“调表又调账”

(2)审计调整分录与会计分录的联系：

①两者在编制过程中皆遵循“有借必有贷，借贷必相等”的原则。

②审计人员编写完审计调整分录后，对其中建议调整的不符事项和重分类错误，应以书面方式及时征求企业的意见。如果企业予以采纳，审计人员才能调整相应的报表项目，企业

的会计人员依据审计调整意见调整相关的账户；如果企业不予以采纳，则审计人员不能调整相应的报表项目，根据未调整不符事项的性质和重要程度，确定是否在审计报告中反映。

2. 审计调整分录的编写步骤

在审计实务中，明确了审计调整分录和会计分录的区别之后，很容易编制审计调整分录，一般需采取以下步骤完成：

(1)列出错误分录；

(2)列出错弊账项应记的正确分录；

(3)比较正确分录与错误分录，按其差异编写审计调整分录。

如果调整分录涉及所得税和利润分配，则在汇总审计差异阶段一并考虑，而不是编写一个审计调整分录，立即考虑对所得税和利润分配的影响。

(三)审计调整分录编写实务

1. 基本案情

2015 年 1 月 25 日，中意会计师事务所新光公司年审项目组成员完成外勤工作，将所编写的工作底稿交给项目经理王洋。王洋逐张复核了所有的工作底稿，核实了他们在审计过程中发现的问题，并指导助理人员编写相应的调整分录。

2. 案例分析

在审计计划阶段确定的报表层次重要性水平为 10 万元，接着，王洋与有关人员一起回顾了审计中发现的问题。

(1)应收账款审计中，资产负债表日后退货未调整 2014 年度报表相关项目，此笔错误系漏报，即 2014 年度报表数应包括其影响而实际上未包括。因此，所做调整分录如下所示(单位：元)。

冲减此笔业务的收入：

借：营业收入　　100 000

　　应交税费　　17 000

　　贷：应收账款　　117 000

冲减此笔业务的成本。经审阅，销货的成本率为 80%，则：

借：存货——库存商品　　80 000

　　贷：营业成本　　80 000

【思考】成本的调整分录中，用的是“存货”而不是“库存商品”，为什么呢？

(2)应收账款审计中，虚构 20 万元对北京化工研究院的槽车销售款。新光公司应收款、主营业务收入等均虚增，需要通过审计调整分录调整过来。

冲减此笔业务的收入：

借：营业收入　　200 000

　　应交税费　　34 000

　　贷：应收账款　　234 000

经审阅，销货成本率为 80%，冲减此笔业务的成本：

借：存货——库存商品　　160 000

贷：营业成本　　160 000

(3)应收账款审计中，其明细账余额有贷方余额共计 2 077 469.77 元。

重分类调整分录是：

借：应收账款　　2 077 469.77

贷：预收账款　　2 077 469.77

(4)存货审计中，存货采购成本不正确，采购途中发生装卸费 2 000 元，应计入采购成本。

正确的会计分录是：

借：原材料　　15 069.23

应交税费　　2 221.77

贷：应付账款　　15 291

银行存款　　2 000

错误的会计分录是：

借：原材料　　13 069.23

销售费用　　2 000

应交税费　　2 221.77

贷：应付账款　　15 291

银行存款　　2 000

因此，调整分录应是：

借：存货——原材料　　2 000

贷：销售费用　　2 000

(5)固定资产及累计折旧审计中，购买的软件应纳入无形资产核算。

所做调整分录应是：

①冲减“固定资产——电子设备(CAD 软件)”项目。

借：无形资产——CAD 软件　　3 500

贷：固定资产——电子设备(CAD 软件)　　3 500

②冲减本年度该软件已计提的累计折旧。

进一步审阅，发现误计入固定资产核算的软件本年度已计提折旧为：

$3\,500 \times (1-10\%)/(5 \times 12) \times 4 = 210$(元)

该项资产的折旧计入制造费用，并且分配到产品成本中尚未转销：

借：固定资产——累计折旧　　210

贷：存货——产成品　　210

③补提本年度无形资产摊销额。

经审阅，该无形资产的使用年限是 5 年，按直线法计提摊销额，当年摊销：

应提摊销额 $= 3\,500/(5 \times 12) \times 5 = 291.67$(元)

借：管理费用　　291.67

贷：无形资产——累计摊销　　291.67

(6)审计主营业务收入时，销售给鹤岗第二农药厂的款项提前入账。

此错弊虚构的是收入、应收账款等报表项目，因此需冲减此笔款项的收入、成本等。

①冲减虚构收入：

借：营业收入　　100 000

　　应交税费　　17 000

　　贷：应收账款　　117 000

②冲减虚增成本：

经查阅，该项收入的成本率为80%，冲减成本：

借：存货——库存商品　　80 000

　　贷：营业成本　　80 000

(7)管理费用审计中，职工旅游休假支出违规计入管理费用。

职工旅游休假费用属公益性支出，应在"应付职工薪酬——福利费"中列支，其调整分录是：

借：应付职工薪酬——福利费　　120 000

　　贷：管理费用　　120 000

(8)管理费用审计中，个人请客送礼违规计入管理费用。

个人请客送礼属于严重违规行为，其发票不能在单位报销，有关款项应追缴，其调整分录是：

借：其他应收款　　10 000

　　贷：管理费用　　10 000

实训内容二　汇总审计差异

(一)汇总审计差异的步骤

审计人员外勤工作结束后，通常将审计过程中发现的问题进行整理，然后与企业管理层沟通，取得对方同意调整的书面文件后，再汇总审计差异，考虑未调整不符事项的性质和重要程度，确定是否在审计报告中予以反映。这个过程涉及如下四个步骤。

1.确定审计差异的种类

如前所述，审计差异分为核算错误和重分类错误。重分类错误容易辨别，难点在于核算错误的分类。通常运用审计的重要性原则将核算错误分为建议调整的不符事项和未调整不符事项。区分时审计人员需要考虑核算错误的金额和性质。在财务报表审计中，审计人员常将审计差异称为错报或漏报。

(1)对于单笔核算错误超过了所涉及的报表项目(账项)层次重要性水平的，应视为建议调整的不符事项。例如，冲减管理部门固定资产多提折旧2万元，调整分录为：

借：固定资产——累计折旧　　20 000

　　贷：管理费用　　20 000

假设"累计折旧"账户重要性水平为10万元，"管理费用"账户重要性水平为1.5万元，而该笔错报金额为2万元，超过了涉及的"管理费用"账户重要性水平，故该笔审计调整分录应归为建议调整的不符事项。

(2)对于单笔核算错误大大低于所涉及的报表项目(账项)层次重要性水平，但性质重要的，比如涉及舞弊与违法行为的错误、影响收益趋势的核算错误、股本项目等不期望出现的核算错误，应视为建议调整的不符事项。

例如，某业务员个人应负担物业费8 000元，但通过抬头写成某公司名称的方式，在公司的财务账上报销，会计将其计入了管理费用。

调整分录为：

借：其他应收款　　　　8 000

　贷：管理费用　　　　8 000

假设“其他应收款”账户的重要性水平为20万元，“管理费用”账户的重要性水平为10万元，该笔错报金额为8 000元，虽然金额小于所涉及的“其他应收款”“管理费用”等账户的重要性水平，但由于该行为属于违规，故应归为建议调整的不符事项。

(3)对于单笔核算错误大大低于所涉及的报表项目(账项)层次重要性水平，并且性质不重要的，一般应视为未建议调整的不符事项，但应考虑小金额累计起来重要的可能性。

例如，审计人员对折旧经过独立测试后，与企业的原报相比少了150元。调整分录是：

借：管理费用　　　　150

　贷：固定资产——累计折旧　　　　150

假设“管理费用”的重要性水平为2万元，“累计折旧”的重要性水平为20万元，则该笔错报金额150元远远小于所涉及的“管理费用”和“累计折旧”的重要性水平，故可归为未建议调整不符事项。

2. 与企业管理层沟通，取得同意调整的书面文件

审计实务中，审计人员将建议调整的不符事项和重分类错误，以书面方式及时告知企业。如企业同意调整，则应取得书面确认的文件；若不同意调整，则审计人员不能调整相应的报表项目，应将此项审计调整和未建议调整不符事项一起汇总到未更正错报汇总表。

3. 汇总审计差异

经过与企业管理层沟通后，审计人员可以将审计差异分别汇总到调整分录汇总表、重分类分录汇总表和未更正错报汇总表。

4. 编制试算平衡表

试算平衡表是审计人员在企业提供未审计财务报表的基础上，考虑调整分录、重分类分录等内容以确定已审数与报表披露数的表式。

在手工编制试算平衡表时，可先按财务报表项目设置“丁”字账户，区分调整分录和重分类分录进行汇总，然后按报表项目将汇总后的借、贷方发生额分别过入试算平衡表中的“调整金额”和“重分类调整”栏内。

在编制完试算平衡表后，应注意核对相应的钩稽关系。例如，资产负债表试算平衡表左边的审计前金额、审定金额、报表反映的各栏合计数应分别等于其右边的相应各栏合计数；资产负债表试算平衡表左边的调整金额栏中的借方合计数与贷方合计数之差应等于右边的调整金额栏中的贷方合计数与借方合计数之差；资产负债表试算平衡表左边的重分类调整栏中的借方合计数与贷方合计数之差应等于右边的重分类调整栏中的贷方合计数与借方合计数之差。

(二)汇总审计差异实务

1. 基本案情

2015 年 1 月 26 日，中意会计师事务所新光公司 2014 年度财务报表审计的项目经理王洋复核完工作底稿后，就发现的问题及时与新光公司的经理层进行了沟通，告知其本次共发现 8 处错报或漏报，其中需要调整的审计差异有 6 处。新光公司的意见是：除了对“资产负债表日后退货 10 万元”和“职工外出休假费用 12 万元”拒绝调整外，其他问题均同意调整，并书面确认。据此，王洋编制了相应的工作底稿。

2. 案例分析

项目经理王洋按照以下 4 个步骤汇总审计差异。

(1)确定审计差异的种类

在审计计划阶段，审计小组确定的报表层次和账户层次重要性水平如表 6 - 2 所示。

①报表层次重要性水平的确定。报表层次重要性水平为 10 万元。

②账户层次重要性水平的确定。本案例中，可能涉及的账户层次的重要性水平如表 6 - 2 和表 6 - 3 所示。

表 6 - 2　资产负债表中账户层次重要性水平　　单位：万元

……			
应收账款	5	应付职工薪酬	1
……			
其他应收款	2	应交税费	0.5
……			
存货	10	预收账款	2
……			
固定资产	5	未分配利润	4
……			
无形资产	2		

表 6 - 3　利润表中账户层次重要性水平　　单位：万元

……	
营业收入	7
营业成本	3
管理费用	1.5
销售费用	1.5
……	
所得税	2

审计人员运用重要性水平的原则，将审计差异的错报或漏报与涉及的账户层次重要性水平比较，结果如下：

①应收账款审计中，资产负债表日后退货未调整2014年度报表相关项目。

调整分录如下：

冲减收入：

借：营业收入　　　　100 000

　　应交税费　　　　17 000

　　贷：应收账款　　　　117 000

冲减成本：

借：存货——库存商品　　　　80 000

　　贷：营业成本　　　　80 000

【分析】在收入的调整分录中，由于错报金额大于涉及的"营业收入""应交税费""应收账款"等账户层次的重要性水平，因此错报为建议调整的不符事项。又因为收入与成本的配比关系，冲减成本的调整分录性质应同收入。

②应收账款审计中，虚构对北京化工研究院的款项应冲减。

冲减收入：

借：营业收入　　　　200 000

　　应交税费　　　　34 000

　　贷：应收账款　　　　234 000

冲减成本：

借：存货——库存商品　　　　160 000

　　贷：营业成本　　　　160 000

【分析】冲减收入的调整分录中，由于错报金额大于涉及的"营业收入""应交税费""应收账款"等账户层次的重要性水平，因此错报为建议调整的不符事项。又因为收入与成本的配比关系，冲减成本的调整分录性质应同收入。

③应收账款审计中，其明细账余额有贷方余额，共计2 077 469.77元。

重分类调整分录是：

借：应收账款　　　　2 077 469.77

　　贷：预收账款　　　　2 077 469.77

【分析】重分类错误不分金额大小，均要求企业据此调整。

④存货审计中，存货采购成本不正确，采购途中发生装卸费2 000元应计入采购成本。

调整分录应是：

借：存货——原材料　　　　2 000

　　贷：销售费用　　　　2 000

【分析】此笔错报金额小于所涉及的"存货""销售费用"账户层次重要性水平，因此应归为未建议调整的不符事项。

⑤固定资产及累计折旧审计中，单独购进的软件误计入固定资产。

首先冲减"固定资产——电子设备(CAD软件)"项目。

借：无形资产——CAD 软件　3 500

　　贷：固定资产——电子设备(CAD 软件)　3 500

其次冲减本年度该软件已计提的累计折旧。

借：固定资产——累计折旧　210

　　贷：存货——产成品　210

最后补提本年度无形资产摊销额。

借：管理费用　291.67

　　贷：无形资产——累计摊销　291.67

【分析】此笔错报金额小于所涉及的"无形资产""固定资产"等账户层次重要性水平，因此应归为未建议调整的不符事项。

⑥主营业务收入审计时，销售给鹤岗第二农药厂的款项提前入账。

首先冲减虚构收入：

借：营业收入　100 000

　　应交税费　17 000

　　贷：应收账款　11 7000

其次冲减虚增成本：

借：存货——库存商品　80 000

　　贷：营业成本　80 000

【分析】冲减收入的调整分录中，由于错报金额大于涉及的"营业收入""应交税费""应收账款"等账户层次的重要性水平，因此错报为建议调整的不符事项。又因为收入与成本的配比关系，冲减成本的调整分录性质应同收入。

⑦管理费用审计中，职工旅游休假支出违规计入管理费用。

调整分录是：

借：应付职工薪酬——福利费　120 000

　　贷：管理费用　120 000

【分析】此笔错报金额大于所涉及的"应付职工薪酬""管理费用"等账户层次重要性水平，因此应归为建议调整的不符事项。

⑧管理费用审计中，个人请客送礼违规计入管理费用。

调整分录是：

借：其他应收款　10 000

　　贷：管理费用　10 000

【分析】此笔错报金额小于所涉及的"其他应收款""管理费用"等账户层次重要性水平，但严重违反财经纪律，因此应归为建议调整的不符事项。

(2)与企业管理层沟通，取得同意调整的书面确认书

项目经理王洋经与新光公司管理层沟通，对方同意调整部分事项，王洋据此在工作底稿上做了记录。

(3)汇总审计差异

审计项目经理王洋根据新光公司的反馈信息，分别编制了3种审计差异汇总表，如表6

-4、表6-5和表6-6所示。

表6-4　账项调整分录汇总表

被审计单位：新光铸件有限责任公司　　　　索引号：9100-1

项目：账项调整分录汇总　　　　截止日/时间：2014.12.31

编制：王洋　　　　复核：王月

日期：2015.1.25　　　　日期：2015.1.26

序号	内容及说明	索引号	未调整内容（单位：元）				影响利润表 +/-	影响资产负债表 +/-
			借方项目	借方金额	贷方项目	贷方金额		
1	虚构应收北京化工研究院款		营业收入 应交税费	20万元 3.4万元	应收账款	23.4万元	-20万元	-23.4万元
			存货	16万元	营业成本	16万元	+16万元	+16万元
2	销售给鹤岗第二农药厂收入跨期		营业收入 应交税费	10万元 1.7万元	应收账款	11.7万元	-10万元	-11.7万元
			存货	8万元	营业成本	8万元	+8万元	+8万元
3	个人送礼计入管理费用		其他应收款	1万元	管理费用	1万元	+1万元	+1万元

与被审计单位的沟通：

参加人员：

被审计单位：张发达（董事长）、陈青山（总经理）、李大旗（财务处长）

审计项目组：王洋（项目经理）、王小兵、刘海峰、梁龙、王菲

被审计单位的意见：建议上述事项调整。

结论：

是否同意上述审计调整：同意调整。

被审计单位授权代表签字：张发达　　　　日期：2015.1.26

表6-5　重分类调整汇总表

被审计单位：新光铸件有限责任公司　　　　索引号：9100-2

项目：重分类调整汇总　　　　截止日/时间：2014.12.31

编制：王洋　　　　复核：王月

日期：2015.1.25　　　　日期：2015.1.26

序号	内容及说明	索引号	调整项目和金额（单位：元）			
			借方项目	借方金额	贷方项目	贷方金额
1	应收账款明细账贷方余额		应收账款	2 077 469.77	预收账款	2 077 469.77

与被审计单位的沟通：

参加人员：

被审计单位：张发达（董事长）、陈青山（总经理）、李大旗（财务处长）

审计项目组：王洋(项目经理)、王小兵、刘海峰、梁龙、王菲

被审计单位的意见：建议重分类调整报表项目应收账款和预收账款。

结论：

是否同意上述审计调整：同意调整。

被审计单位授权代表签字：张发达　　　　　日期：2015.1.26

表6-6　未更正错报汇总表

被审计单位：新光铸件有限责任公司　　　　　索引号：9100-3

项目：未更正错误汇总　　　　　截止日/时间：2014.12.31

编制：王洋　　　　　复核：王月

日期：2015.1.25　　　　　日期：2015.1.26

序号	内容及说明	索引号	未调整内容(单位：元)				备注
			借方项目	借方金额	贷方项目	贷方金额	
1	资产负债表日后退货未调整2014年度报表相关项目		营业收入 应交税费	100 000 17 000	应收账款	117 000	拒绝调整
			存货	80 000	营业成本	80 000	拒绝调整
2	职工旅游休假支出违规计入管理费用		应付职工薪酬	120 000	管理费用	120 000	拒绝调整
3	存货途中装卸费列支销售费用		存货	2 000	销售费用	2 000	未建议调整
4	单独购进软件误计入固定资产		无形资产	3 500	固定资产	3 500	未建议调整
			固定资产	210	存货	210	未建议调整
			管理费用	291.67	无形资产	291.67	未建议调整

未更正错报的影响：

项目	金额	百分比	计划百分比
1. 总资产	-35 291.67		
2. 总负债	-137 000		
3. 净资产	+101 708.3		
4. 销售收入	-100 000		
5. 费用总额	-121 708.33		
6. 毛利	-2 000		
7. 净利润	+101 708.3		

结论：

被审计单位授权代表签字：张发达　　　日期：2015.1.26

未更正错报影响数的计算过程如下所示：

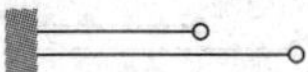

①设置“丁”字账户，计算各调整额(单位：元)。

营业收入

借方		贷方	
未调 1	100 000		
	100 000		

应交税费

借方		贷方	
未调 1	17 000		
	17 000		

应收账款

借方		贷方	
		未调 1	117 000
			117 000

存货

借方		贷方	
未调 2	80 000	未调 6	210
未调 4	2 000		
	81 790		

营业成本

借方		贷方	
未调 1	80 000		
80 000			

应付职工薪酬

借方		贷方	
未调 1	120 000		
	120 000		

管理费用

借方		贷方	
未调 7	291.67	未调 3	120 000
			119 708.33

销售费用

借方		贷方	
		未调 4	2 000
			2 000

无形资产

借方		贷方	
未调 5	3 500	未调 7	291.67
	3 208.33		

固定资产

借方		贷方	
未调 6	210	未调 5	3 500
			3 290

图 6－1 设置各调整额的“丁”字账户

上述问题调整后，会计报表数额变动如表 6－7、表 6－8 所示。

②利润表、资产负债表变动。

表 6－7 利润表变动简表

营业收入	－100 000
减：营业成本	－80 000
……	
管理费用	119 708.33
……	
销售费用	－2 000
……	
未分配利润	101 708.33

表 6－8　资产负债表变动简表

应收账款	－117 000	应交税费	－17 900
……		……	
存货	＋81 700	应付职工薪酬	－120 000
……		……	
固定资产	－3 290		
无形资产	＋3 208.33		
		未分配利润	＋101 708.33
……		……	
资产总计	－35 291.67	负债与所有者权益	－35 291.67

（4）编制试算平衡表

编制试算平衡表时仅考虑企业同意调整的审计调整分录、重分类分录等内容。

本案例中，新光公司共有 6 个事项需要调整，但对方同意调整 4 个事项的审计差异，拒绝两个事项的审计问题的调整，项目经理王洋将此问题汇总到未更正错报汇总表并考虑对审计报告的影响。

具体实施步骤是：

①计算调整事项对所得税、利润分配的影响。审计实务中，应在编制试算平衡表时一并考虑调整事项对所得税、利润分配的影响。一般是先进行企业的财务报表审计，之后再进行企业的所得税汇算清缴。如果调整事项涉及所得税的调整，此时应考虑。

本案例的调整不考虑对所得税的影响。

同意调整的调整事项如下：

A. 应收账款审计中，虚构销售给北京化工研究院槽车的 20 万元款项应冲减。

冲减收入：

调整 1：借：营业收入　　200 000
　　　　　　应交税费　　34 000
　　　　　贷：应收账款　　234 000

冲减成本：

调整 2：借：存货——库存商品　　160 000
　　　　　贷：营业成本　　160 000

B. 应收账款审计中，其明细账余额有贷方余额共计 2 077 469.77 元应做重分类调整。

重分类调整分录：

调整 3：借：应收账款　　2 077 469.77
　　　　　贷：预收账款　　2 077 469.77

C. 主营业务收入审计中，销售给鹤岗第二农药厂的款项提前入账。

冲减虚构收入：

调整 4：借：营业收入　　100 000

　　　　　　应交税费　　17 000

　　　　　贷：应收账款　　117 000

冲减虚增成本：

调整 5：借：存货——库存商品　　80 000

　　　　　贷：营业成本　　80 000

D. 管理费用审计中，个人请客送礼违规计入管理费用。个人请客送礼属于严重违规行为，其发票不能在单位报销，有关款项应追缴。

调整 6：借：其他应收款　　10 000

　　　　　贷：管理费用　　10 000

②按报表项目设置“丁”字账户，计算各调整额（单位：元）。

营业收入

借方		贷方	
调整 1	200 000		
调整 4	100 000		
	300 000		

应交税费

借方		贷方	
调整 1	34 000		
调整 4	17 000		
	51 000		

应收账款

借方		贷方	
调整 3	2 077 468.77	调整 1	234 000
		调整 4	117 000
	2 077 469.77		351 000

存货

借方		贷方	
调整 2	160 000		
调整 5	80 000		
	240 000		

营业成本

借方		贷方	
		调整 2	160 000
		调整 5	80 000
			240 000

预收账款

借方		贷方	
		调整 3	2 077 469.77
			2 077 469.77

其他应收款

借方		贷方	
调整 6	10 000		
	10 000		

管理费用

借方		贷方	
		调整 6	10 000
			10 000

图 6－2　报表项目调整“丁”字账户

③编制试算平衡表的工作底稿。项目经理王洋据此编制了如表6－9、表6－10所示的工作底稿。

表6－9 利润表试算平衡表工作底稿

被审计单位：新光铸件有限责任公司　　索引号：9100－5

项目：利润表试算平衡表　　截止日/时间：2014.12.31

编制：王洋　　复核：王月

日期：2015.1.25　　日期：2015.1.26

项目	期末未审数	账项调整		重分类调整		期末审定数
		借方	贷方	借方	贷方	
一、营业收入	15 100 801.56	300 000				14 800 801.56
减：营业成本	11 878 340.83		240 000			11 638 340.83
营业税金及附加	12 154.47					12 154.47
销售费用	7 769.80					7 769.80
管理费用	1 205 027.65		10 000			1 195 027.65
财务费用	－4 862.77					－4 862.77
资产减值损失						
加：公允价值变动收益						
投资收益						
二、营业利润	2 002 371.58	300 000	250 000			1 952 371.58
加：营业外收入	5 000.00					5 000.00
减：营业外支出	16 714.43					16 714.43
三、利润总额	1 990 675.15	300 000	250 000			1 940 657.15
减：所得税费用						
四、净利润	1 990 657.15	300 000	250 000			1 940 657.15
加：年初未分配利润	519 240.87					519 240.87
减：提取法定盈余公积						
计提职工奖励基金	376 484.70					376 484.70
计提储备基金	250 989 81					250 989 81
计提企业发展基金	376 484.70					376 484.70
五、未分配利润	1 505 938.81	300 000	250 000			1 455 938.81

审计说明：无

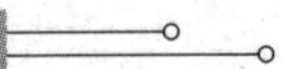

表 6－10　资产负债表试算平衡表工作底稿

被审计单位：新光铸件有限责任公司　　索引号：9100－5

项目：资产负债表试算平衡表　　截止日/时间：2014.12.31

编制：王洋　　复核：王月

日期：2015.1.25　　日期：2015.1.26

项目	期末未审数	账项调整		重分类调整		期末审定数
		借方	贷方	借方	贷方	
	240 000			2 077 469.77		
货币资金	1 088 056.20					1 088 056.20
交易性金融资产						
应收票据	70 000					70 000
应收账款	2 197 407.85		351 000	2 077 469.77		3 923 877.62
预付账款						
应收利息						
应收股利						
其他应收款	77 546	10 000				87 546
存货	3 362 905.19	240 000				3 602 905.19
一年内到期的非流动资产						
其他流动资产	30 023.17					30 023.17
可供出售金融资产						
持有至到期投资						
长期应收款						
长期股权投资						
投资性房地产						
固定资产	3 041 579.34					3 041 579.34
在建工程						
工程物资						
固定资产清理						
无形资产	594 331.61					594 331.61
开发支出						
商誉						
长期待摊费用						
递延所得税资产						

续表 6－10

项目	期末未审数	账项调整		重分类调整		期末审定数
		借方	贷方	借方	贷方	
其他非流动资产	35 428.80					35 428.80
资产合计	10 497 275.16	250 000	351 000	2 077 469.77		12 473 744.93
短期借款						
交易性金融负债						
应付票据						
应付账款	－137 102.62					－137 102.62
预收款项	2 125 290.00				2 077 469.77	4 202 759.77
应付职工薪酬	188 476.35					188 476.35
应交税费	6 657.89	51 000				15 657.89
应付利息						
应付股利						
其他应付款	497.38					497.38
一年内到期的非流动负债	301 984.70					301 984.70
其他流动负债	10 000					10 000
长期借款						
应付债券						
长期应付款						
专项应付款						
预计负债						
递延所得税负债						
其他非流动负债						
实收资本(股本)	5 808 058.14					5 808 058.14
资本公积						
盈余公积	627 474.51					627 474.51
其中：储备基金	250 989.81					250 989.81
企业发展基金	376 484.70					376 484.70
未分配利润	1 505 938.81	300 000	250 000			1 455 938.81
负债和所有者权益合计	10 497 275.16	351 000	250000		2 077 469.77	12 473 744.93
审计说明：无						

实训七

审计报告实务

一、实训目的

(1)理解审计报告的作用和种类；

(2)理解审计报告应当包括的基本内容；

(3)掌握审计报告的意见类型；

(4)掌握各种审计意见类型出具的条件；

(5)了解审计报告的编制格式。

二、实训内容

实训内容一　认识审计报告编制程序

(一)认识审计报告专业术语

1.审计报告的含义

审计报告是指注册会计师根据审计准则的规定，在执行审计工作的基础上，对财务报表发表审计意见的书面文件。

审计报告是注册会计师在完成审计工作后向委托人提交的最终产品，具有以下特征：

(1)注册会计师应当按照审计准则的规定执行审计工作；

(2)注册会计师在实施审计工作的基础上才能出具审计报告；

(3)注册会计师通过对财务报表发表意见履行业务约定书约定的责任；

(4)注册会计师应当以书面形式出具审计报告。

注册会计师应当根据由审计证据得出的结论，清楚表达对财务报表的意见。注册会计师一旦在审计报告上签名盖章，就表明对其出具的审计报告负责。

审计报告是注册会计师对财务报表是否在所有重大方面按照财务报告编制基础编制并实现公允反映发表审计意见的书面文件，因此，注册会计师应当将已审计的财务报表附于审计报告之后，以便于财务报表使用者正确理解和使用审计报告，并防止被审计单位替换、更改已审计的财务报表。

2. 审计报告的编制程序

按照我国审计准则的规定，在财务报表审计中，审计报告一般应由审计项目经理负责编制。其步骤是：

(1)审计项目经理汇总、复核工作底稿，提出审计报告的初步意见。审计项目经理对审计工作底稿的全面复核通常是在审计现场完成的，以便及时发现解决问题，争取审计工作的主动。

(2)项目合伙人对工作底稿进行复核，严把审计质量关。在审计人员完成审计外勤工作后，需要项目合伙人对审计工作底稿再次复核。此次复核既是对审计项目经理复核的再监督，也是对重要审计事项的重点把关。

(3)会计师事务所实施独立复核，评价审计报告类型是否客观。为了保证审计质量，我国审计准则规定，除了上述两次项目组内部复核外，还要求在审计报告出具前，会计师事务所进行独立的项目质量控制复核，以便对项目组做出的重大判断和在出具报告时形成的结论进行客观评价。

(4)撰写审计报告初稿。经过上述工作底稿的复核，审计项目经理可以撰写审计报告的初稿。初稿形成后，项目组应充分讨论，反复推敲，认真研究，修改初稿。

(5)审定并出具审计报告。审计报告经过复核、修改定稿后，应由审计人员和会计师事务所签章，送达委托人或其他部门和人员；同时，会计师事务所应留档保管。

(二)审计意见类型

在财务报表审计中，注册会计师根据审计结果和被审计单位对有关问题的处理情况形成不同的审计意见，出具标准审计报告和非标准审计报告。非标准审计报告是指标准审计报告以外的其他审计报告，包括带强调事项段的无保留意见的审计报告、保留意见的审计报告、否定意见的审计报告和无法表示意见的审计报告。

1. 标准审计报告

标准审计报告又称为标准无保留意见的审计报告，是注册会计师通过实施必要的审计程序后，对被审计单位的财务报表给予充分肯定的意见。标准审计报告不附带说明段、强调事项段或任何修饰性用语，是被审计单位最期望获得的审计报告类型。

参考格式 7-1：对上市公司实体财务报表出具的审计报告

背景信息：

(1)对上市公司整体财务报表进行审计。该审计不属于集团审计(即不适用《中国注册会计师审计准则第 1401 号——对集团财务报表审计的特殊考虑》)。

(2)管理层按照企业会计准则编制财务报表。

(3)审计业务约定条款体现了《中国注册会计师审计准则第 1111 号——就审计业务约定书条款达成一致意见》关于管理层对财务报表责任的描述。

(4)基于获取的审计证据，注册会计师认为发表无保留意见是恰当的。

(5)适用的相关职业道德要求为中国注册会计师职业道德守则。

(6)基于获取的审计证据，根据《中国注册会计师审计准则第 1324 号——持续经营》，注

 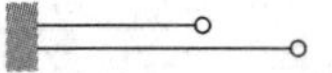

册会计师认为可能导致对被审计单位持续经营能力产生重大疑虑的相关事项或情况不存在重大不确定性。

(7)已按照《中国注册会计师审计准则第1504号——审计报告中沟通关键审计事项》的规定沟通了关键审计事项。

(8)负责监督财务报表的人员与编制财务报表的人员不同。

(9)除财务报表审计外，按照法律法规的要求，注册会计师负有其他报告责任，且注册会计师决定在审计报告中履行其他报告责任。

审　计　报　告

ABC股份有限公司全体股东:

一、对财务报表出具的审计报告

(一)审计意见

我们审计了ABC股份有限公司(以下简称“ABC公司”)财务报表，包括20×1年12月31日的资产负债表，20×1年度的利润表、现金流量表、股东权益变动表以及相关财务报表附注。

我们认为，后附的财务报表在所有重大方面按照企业会计准则的规定编制，公允反映了ABC公司20×1年12月31日的财务状况以及20×1年度的经营成果和现金流量。

(二)形成审计意见基础

我们按照中国注册会计师审计准则的规定执行了审计工作。审计报告的“注册会计师对财务报表审计的责任”部分进一步阐述了我们在这些准则下的责任。按照中国注册会计师职业道德守则，我们独立于ABC公司，并履行了职业道德方面的其他责任。我们相信，我们获取的审计证据是充分、适当的，为发表审计意见提供了基础。

(三)关键审计事项

关键审计事项是根据我们的职业判断，认为对本期财务报表审计最为重要的事项。这些事项是在对财务报表整体进行审计并形成审计意见的背景下处理的，我们不对这些事项提供单独的意见。

[按照《中国注册会计师审计准则第1504号——在审计报告中沟通关键审计事项》的规定描述每一关键审计事项。]

(四)管理层和治理层对财务报表的责任

管理层负责按照企业会计准则的规定编制财务报表，使其公允反映，并设计、执行和维护必要的内部控制，以使财务报表不存在由于舞弊或错误导致的重大错报。

在编制财务报表时，管理层负责评估ABC公司的持续经营能力，披露与持续经营相关的事项(如适用)，并运用持续经营假设，除非计划清算ABC公司、停止营运或别无其他现实的选择。

治理层负责监督ABC公司的财务报告的产生过程。

(五)我们注册会计师对财务报表审计的责任

我们的目标是对财务报表整体不存在由于舞弊或错误导致的重大错报获取合理保证，并出具包含审计意见的审计报告。合理保证是高水平的保证，但不能保证按照审计准则执行的审计在某一重大错报存在时总能发现。错报可能由于舞弊或错误导致，如果合理预期错报单独或汇总企业可能影响财务报表使用者依据财务报表作出的经济决策，则通常认为错报是重大的。

在按照审计准则执行审计的过程中，我们运用了职业判断，保持职业怀疑。我们同时：

(1)识别和评估由于舞弊或错误导致的财务报表重大错报风险；对这些风险有针对性地设计和实施审计程序；获取充分、适当的审计证据，作为发表审计意见的基础。由于舞弊可能涉及串通、伪造、故意遗漏、虚假陈述或凌驾于内部控制之上，未能发现由于舞弊导致的重大错报风险高于未能发现由于错误导致的重大错报的风险。

(2)了解与审计相关的内部控制，以设计恰当的审计程序，但目的并非对内部控制的有效性发表意见。

(3)评价管理层选用会计政策的恰当性和作出会计估计及相关披露的合理性。

(4)对管理层使用持续经营假设的恰当性得出结论。同时，根据获取的审计证据，就可能导致 ABC 公司持续经营能力产生重大疑虑的事项或情况是否存在重大不确定性得出结论。如果我们得出结论认为存在重大不确定性，审计准则则要求我们在审计报告中提请报表使用者注意财务报表中的相关披露；如果披露不充分，我们应当发表非无保留意见。我们的结论基于审计报告日可获得的信息。然而，未来的事项或情况可能导致 ABC 公司不能持续经营。

(5)评价财务报表的总体列报、结构和内容(包括披露)，并评价财务报表是否公允反映相关交易和事项。

我们与治理层就计划的审计范围、时间安排和重大审计发现(包括我们在审计中识别的值得关注的内部控制缺陷)等事项进行沟通。

我们还就遵守关于独立性的相关职业道德要求向治理层提供声明，并就可能被合理认为影响我们独立性的所有关系和其他事项，以及相关的防范措施(如适用)与治理层进行沟通。

从与治理层沟通的事项中，我们确定哪些事项对本期财务报表审计最为重要，因而构成关键审计事项。我们在审计报告中描述这些事项，除非法律法规禁止公开披露这些事项，或在极其罕见的情形下，我们合理预期在审计报告中沟通某事项造成的负面后果超过在公众利益方面产生的益处，我们确定不应在审计报告中沟通该事项。

二、按照相关法律法规的要求报告的事项

[本部分的格式和内容，取决于法律法规对其他报告责任的性质的规定。法律法规规范的事项(其他报告责任)应当在本部分处理，除非其他报告责任与审计准则所要求的报告责任涉及相同的主体。如果涉及相同的主体，其他报告责任可以在审计准则所要求的同一报告要素部分中列示。当其他报告责任和审计准则规定的报告责任涉及同一主体，并且在审计报告中措辞能够将其他报告责任与审计准则规定的责任予以清楚地区分(如存在差异)时，允许将两者合并列示(即包含在“对财务报表出具的审计报告”部分中，并使用恰当的副标题)。]

×××会计事务所　　　　　　　　中国注册会计师：×××(项目合伙人)
(盖章)　　　　　　　　　　　　　(签名并盖章)
　　　　　　　　　　　　　　　中国注册会计师：×××
　　　　　　　　　　　　　　　　(签名并盖章)
中国××市　　　　　　　　　　　二〇×二年×月×日

2.带强调事项段的无保留意见的审计报告

带强调事项段的无保留意见的审计报告本质上还是无保留意见的审计报告。所谓的强调事项段，是指注册会计师在审计意见段之后增加的对重大不确定事项予以强调的段落。重大不确定事项是指可能对财务报表产生重大影响的不确定事项。在某些情况下，不确定事项的结果可能对财务报表影响较大，注册会计师认为有必要在意见段之后增加强调事项段，以阐明该重大不确定事项及其对财务报表可能产生的影响。如果不能对重大不确定事项的潜在结果予以量化，注册会计师应对此作出说明。

增加强调事项段的要求：

(1)将强调事项段作为单独的一部分置于审计报告中，并使用包含"强调事项"这一术语的适当标题。

(2)明确提及被强调事项以及相关披露的位置。

(3)指出审计意见没有因该强调事项而改变。

(4)强调事项段不能代替下列情形：

(a)发表非无保留意见；

(b)适用的财务报告编制基础要求管理层在财务报表中作出的披露，或为实现公允列报所需的其他披露；

(c)当可能导致对被审计单位持续经营能力产生重大疑虑的事项或情况存在重大不确定时作出的报告。

强调事项段的撰写：

审计报告示例

(三)强调事项——火灾的影响

我们提醒财务报表使用者关注，财务报表附注描述了火灾对 ABC 公司的生产设备造成的影响。本段内容不影响已发表的审计意见。

(三)强调事项——未决诉讼的影响

我们提醒财务报表使用者关注，财务报表附注所述，截至财务报表批准日，XYZ 公司对 ABC 公司提起的诉讼尚在审理当中，其结果具有不确定性。本段内容不影响已发表的审计意见。

3. 保留意见的审计报告

保留意见是指注册会计师对财务报表的审计意见是有所保留的。一般是由于某些事项的存在，使无保留意见的适用条件不完全具备，影响财务报表的表述，因而审计人员对无保留意见加以修正，对影响事项提出保留意见，并表示对该意见负责。

当出具保留意见的审计报告时，注册会计师应当在审计意见段中使用"除……影响外"等术语。如果因审计范围受到限制，注册会计师还应当在注册会计师责任段中提及这一情况。

参考格式 7－2：由于财务报表存在重大错报风险而发表保留意见的审计报告

背景信息：

(1)对上市公司整体财务报表进行审计。该审计不属于集团审计(即不适用《中国注册会计师审计准则第 1401 号——对集团财务报表审计的特殊考虑》)。

(2)管理层按照企业会计准则编制财务报表。

(3)审计业务约定条款体现了《中国注册会计师审计准则第 1111 号——就审计业务约定书条款达成一致意见》关于管理层对财务报表责任的描述。

(4)存货存在错报，该错报对财务报表影响重大但不具有广泛性(即保留意见是恰当的)。

(5)适用的相关职业道德要求为中国注册会计师职业道德守则。

(6)基于获取的审计证据，根据《中国注册会计师审计准则第1324号——持续经营》，注册会计师认为可能导致对被审计单位持续经营能力产生重大疑虑的相关事项或情况不存在重大不确定性。

(7)已按照《中国注册会计师审计准则第1504号——审计报告中沟通关键审计事项》的规定沟通了关键审计事项。

(8)负责监督财务报表的人员与编制财务报表的人员不同。

(9)除财务报表审计外，按照法律法规的要求，注册会计师负有其他报告责任，且注册会计师决定在审计报告中履行其他报告责任。

审 计 报 告

ABC股份有限公司全体股东：

一、对财务报表出具的审计报告

(一)保留审计意见

我们审计了ABC股份有限公司(以下简称“ABC公司”)财务报表，包括20×1年12月31日的资产负债表，20×1年度的利润表、现金流量表、股东权益变动表以及相关财务报表附注。

我们认为，除“形成保留意见的基础”部分所述事项产生的影响外，后附的财务报表在所有重大方面按照企业会计准则的规定编制，公允反映了ABC公司20×1年12月31日的财务状况以及20×1年度的经营成果和现金流量。

(二)保留意见的基础

ABC公司20×1年12月31日资产负债表中存货的列示金额为××元。管理层根据成本对存货进行计量，而没有根据成本与可变现净值孰低的原则进行计量，这不符合企业会计准则的规定。ABC公司的会计记录显示，如果管理层以成本与可变现净值孰低来计量存货，存货列示金额将减少××元。相应地，资产减值损失将增加××元，所得税、净利润和股东权益将分别减少××元、××元和××元。

我们按照中国注册会计师审计准则的规定执行了审计工作。审计报告的“注册会计师对财务报表审计的责任”部分进一步阐述了我们在这些准则下的责任。按照中国注册会计师职业道德守则，我们独立于ABC公司，并履行了职业道德方面的其他责任。我们相信，我们获取的审计证据是充分、适当的，为发表审计意见提供了基础。

(三)关键审计事项

关键审计事项是根据我们的职业判断，认为对本期财务报表审计最为重要的事项。这些事项是在对财务报表整体进行审计并形成审计意见的背景下处理的，我们不对这些事项提供单独的意见。

[按照《中国注册会计师审计准则第1504号——在审计报告中沟通关键审计事项》的规定描述每一关键审计事项。]

(四)管理层和治理层对财务报表的责任

管理层负责按照企业会计准则的规定编制财务报表，使其公允反映，并设计、执行和维护必要的内部控制，以使财务报表不存在由于舞弊或错误导致的重大错报。

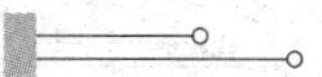

在编制财务报表时，管理层负责评估ABC公司的持续经营能力，披露与持续经营相关的事项(如适用)，并运用持续经营假设，除非计划清算ABC公司、停止营运或别无其他现实的选择。

治理层负责监督ABC公司的财务报告的产生过程。

(五)我们注册会计师对财务报表审计的责任

我们的目标是对财务报表整体不存在由于舞弊或错误导致的重大错报获取合理保证，并出具包含审计意见的审计报告。合理保证是高水平的保证，但不能保证按照审计准则执行的审计在某一重大错报存在时总能发现。错报可能由于舞弊或错误导致，如果合理预期错报单独或汇总企业可能影响财务报表使用者依据财务报表作出的经济决策，则通常认为错报是重大的。

在按照审计准则执行审计的过程中，我们运用了职业判断，保持职业怀疑。我们同时：

(1)识别和评估由于舞弊或错误导致的财务报表重大错报风险；对这些风险有针对性地设计和实施审计程序，获取充分、适当的审计证据，作为发表审计意见的基础。由于舞弊可能涉及串通、伪造、故意遗漏、虚假陈述或凌驾于内部控制之上，未能发现由于舞弊导致的重大错报风险高于未能发现由于错误导致的重大错报风险。

(2)了解与审计相关的内部控制，以设计恰当的审计程序，但目的并非对内部控制的有效性发表意见。

(3)评价管理层选用会计政策的恰当性和作出会计估计及相关披露的合理性。

(4)对管理层使用持续经营假设的恰当性得出结论。同时，根据获取的审计证据，就可能导致ABC公司持续经营能力产生重大疑虑的事项或情况是否存在重大不确定性得出结论。如果我们得出结论认为存在重大不确定性，审计准则则要求我们在审计报告中提请报表使用者注意财务报表中的相关披露；如果披露不充分，我们应当发表非无保留意见。我们的结论基于审计报告日可获得的信息。然而，未来的事项或情况可能导致ABC公司不能持续经营。

(5)评价财务报表的总体列报、结构和内容(包括披露)，并评价财务报表是否公允反映相关交易和事项。

我们与治理层就计划的审计范围、时间安排和重大审计发现(包括我们在审计中识别的值得关注的内部控制缺陷)等事项进行沟通。

我们还就遵守关于独立性的相关职业道德要求向治理层提供声明，并就可能被合理认为影响我们独立性的所有关系和其他事项，以及相关的防范措施(如适用)与治理层进行沟通。

从与治理层沟通的事项中，我们确定哪些事项对本期财务报表审计最为重要，因而构成关键审计事项。我们在审计报告中描述这些事项，除非法律法规禁止公开披露这些事项，或在极其罕见的情形下，我们合理预期在审计报告中沟通某事项造成的负面后果超过在公众利益方面产生的益处，我们确定不应在审计报告中沟通该事项。

二、按照相关法律法规的要求报告的事项

[本部分的格式和内容，取决于法律法规对其他报告责任的性质的规定。法律法规规范的事项(其他报告责任)应当在本部分处理，除非其他报告责任与审计准则所要求的报告责任涉及相同的主体。如果涉及相同的主体，其他报告责任可以在审计准则所要求的同一报告要素部分中列示。当其他报告责任和审计准则规定的报告责任涉及同一主体，并且在审计报告中措辞能够将其他报告责任与审计准则规定的责任予以清楚地区分(如存在差异)时，允许将

两者合并列示(即包含在“对财务报表出具的审计报告”部分中，并使用恰当的副标题)。]

×××会计事务所　　　　　　　　　　中国注册会计师：×××(项目合伙人)
(盖章)　　　　　　　　　　　　　　　　　　　(签名并盖章)
　　　　　　　　　　　　　　　　　　　　中国注册会计师：×××
　　　　　　　　　　　　　　　　　　　　　　(签名并盖章)
中国××市　　　　　　　　　　　　　　　　　二〇×二年×月×日

4. 否定意见的审计报告

否定意见是指与无保留意见相反，否定财务报表恰当、公允地反映被审计单位财务经营成果和现金流量的审计意见。

当出具否定意见的审计报告时，注册会计师应当在审计意见中使用“由于上述问题造成的重大影响”“由于受到前段所述事项的重大影响”等术语。

审　计　报　告

ABC 股份有限公司全体股东：

一、对财务报表出具的审计报告

(一)否定意见

我们审计了 ABC 股份有限公司(以下简称“ABC 公司”)财务报表，包括 20×1 年 12 月 31 日的资产负债表，20×1 年度的利润表、现金流量表、股东权益变动表以及相关财务报表附注。

我们认为，由于“形成否定意见的基础”部分所述事项的重要性，后附的财务报表没有在所有重大方面按照企业会计准则的规定编制，未能公允反映 ABC 公司 20×1 年 12 月 31 日的财务状况以及 20×1 年度的经营成果和现金流量。

(二)形成无法表示意见的基础

如财务报表附注××所述，20×1 年 ABC 公司通过非同一控制下的企业合并获得对 XYZ 公司的控制权，因未能取得购买日 XYZ 公司某些重要资产和负债的公允价值，故未将 XYZ 公司纳入合并财务报表的范围，而是按成本法核算对 XYZ 公司的股权投资。ABC 公司的这项会计处理不符合企业会计准则的规定。如果将 XYZ 公司纳入合并财务报表的范围，ABC 公司合并财务报表的多个报表项目将受到重大影响。但我们无法确定未将 XYZ 公司纳入合并范围对财务报表产生的影响。

我们按照中国注册会计师审计准则的规定执行了审计工作。审计报告的“注册会计师对财务报表审计的责任”部分进一步阐述了我们在这些准则下的责任。按照中国注册会计师职业道德守则，我们独立于 ABC 公司，并履行了职业道德方面的其他责任。我们相信，我们获取的审计证据是充分适当的，为发表否定审计意见提供了基础。

(三)管理层和治理层对财务报表的责任

管理层负责按照企业会计准则的规定编制财务报表，使其公允反映，并设计、执行和维护必要的内部控制，以使财务报表不存在由于舞弊或错误导致的重大错报。

在编制财务报表时，管理层负责评估 ABC 公司的持续经营能力，披露与持续经营相关的

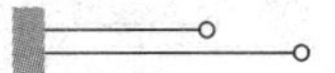

事项(如适用)，并运用持续经营假设，除非计划清算ABC公司、停止营运或别无其他现实的选择。

治理层负责监督ABC公司财务报告的产生过程。

(四)我们注册会计师对财务报表审计的责任

我们的目标是对财务报表整体不存在由于舞弊或错误导致的重大错报获取合理保证，并出具包含审计意见的审计报告。合理保证是高水平的保证，但不能保证按照审计准则执行的审计在某一重大错报存在时总能发现。错报可能由于舞弊或错误导致，如果合理预期错报单独或汇总企业可能影响财务报表使用者依据财务报表作出的经济决策，则通常认为错报是重大的。

在按照审计准则执行审计的过程中，我们运用了职业判断，保持职业怀疑。我们同时：

(1)识别和评估由于舞弊或错误导致的财务报表重大错报风险；对这些风险有针对性地设计和实施审计程序，获取充分、适当的审计证据，作为发表审计意见的基础。由于舞弊可能涉及串通、伪造、故意遗漏、虚假陈述或凌驾于内部控制之上，未能发现由于舞弊导致的重大错报风险高于未能发现由于错误导致的重大错报风险。

(2)了解与审计相关的内部控制，以设计恰当的审计程序，但目的并非对内部控制的有效性发表意见。

(3)评价管理层选用会计政策的恰当性和作出会计估计及相关披露的合理性。

(4)对管理层使用持续经营假设的恰当性得出结论。同时，根据获取的审计证据，就可能导致ABC公司持续经营能力产生重大疑虑的事项或情况是否存在重大不确定性得出结论。如果我们得出结论认为存在重大不确定性，审计准则则要求我们在审计报告中提请报表使用者注意财务报表中的相关披露；如果披露不充分，我们应当发表非无保留意见。我们的结论基于审计报告日可获得的信息。然而，未来的事项或情况可能导致ABC公司不能持续经营。

(5)评价财务报表的总体列报、结构和内容(包括披露)，并评价财务报表是否公允反映相关交易和事项。

我们与治理层就计划的审计范围、时间安排和重大审计发现(包括我们在审计中识别的值得关注的内部控制缺陷)等事项进行沟通。

我们还就遵守关于独立性的相关职业道德要求向治理层提供声明，并就可能被合理认为影响我们独立性的所有关系和其他事项，以及相关的防范措施(如适用)与治理层进行沟通。

从与治理层沟通的事项中，我们确定哪些事项对本期财务报表审计最为重要，因而构成关键审计事项。我们在审计报告中描述这些事项，除非法律法规禁止公开披露这些事项，或在极其罕见的情形下，我们合理预期在审计报告中沟通某事项造成的负面后果超过在公众利益方面产生的益处，我们确定不应在审计报告中沟通该事项。

二、按照相关法律法规的要求报告的事项

[本部分的格式和内容，取决于法律法规对其他报告责任的性质的规定。法律法规规范的事项(其他报告责任)应当在本部分处理，除非其他报告责任与审计准则所要求的报告责任涉及相同的主体。如果涉及相同的主体，其他报告责任可以在审计准则所要求的同一报告要素部分中列示。当其他报告责任和审计准则规定的报告责任涉及同一主体，并且在审计报告中措辞能够将其他报告责任与审计准则规定的责任予以清楚地区分(如存在差异)时，允许将两者合并列示(即包含在"对财务报表出具的审计报告"部分中，并使用恰当的副标题)。]

××× 会计事务所　　　　中国注册会计师：×××（项目合伙人）
（盖章）　　　　（签名并盖章）
中国注册会计师：×××
（签名并盖章）

中国××市　　　　二〇×二年×月×日

5. 无法表示意见的审计报告

无法表示意见是指注册会计师对财务报表不能表示意见，即对财务报表不发表无保留、保留和否定意见。

当出具无法表示意见的审计报告时，注册会计师应当删除注册会计师的责任段，并在审计意见段中使用“由于审计范围受到限制可能产生的影响非常重大而广泛”“我们无法对上述财务报表发表意见”等术语进行审计报告编制。

参考格式 7-3：由于注册会计师无法针对财务报表多个要素获取充分、适当的审计证据而发表无法表示意见的审计报告

背景信息：

（1）对非上市公司整体财务报表进行审计。该审计不属于集团审计（即不适用《中国注册会计师审计准则第 1401 号——对集团财务报表审计的特殊考虑》）。

（2）管理层按照企业会计准则编制财务报表。

（3）审计业务约定条款体现了《中国注册会计师审计准则第 1111 号——就审计业务约定书条款达成一致意见》关于管理层对财务报表责任的描述。

（4）对财务报表的多个要素，注册会计师无法获取充分、适当的审计证据。例如，对被审计单位的存货和应收账款，注册会计师无法获取审计证据，这一事项对财务报表可能产生的影响重大且具有广泛性。

（5）适用的相关职业道德要求为中国注册会计师职业道德守则。

（6）负责监督财务报表的人员与负责编制财务报表的人员不同。

（7）按照审计准则要求在注册会计师的责任部分作出更有限的表述。

（8）除财务报表审计外，按照法律法规的要求，注册会计师负有其他报告责任，且注册会计师决定在审计报告中履行其他报告责任。

审 计 报 告

ABC 股份有限公司全体股东：

一、对财务报表出具的审计报告

（一）无法表示审计意见

我们接受委托，审计 ABC 股份有限公司（以下简称“ABC 公司”）财务报表，包括 20×1 年 12 月 31 日的资产负债表，20×1 年度的利润表、现金流量表、股东权益变动表以及相关财务报表附注。

我们不对后附的 ABC 公司财务报表发表审计意见。由于“形成无法表示意见的基础”部分所述事项的重要性，我们无法获取充分、适当的审计证据以作为对财务报表发表审计意见的基础。

(二)形成无法表示意见的基础

我们于20×2年1月接受ABC公司的审计委托，因而未能对ABC公司20×1年初金额为××元的存货和年末金额为××元的存货实施监盘程序。此外，我们也无法实施替代审计程序以获取充分、适当的审计证据。并且，ABC公司于20×1年9月采用新的应收账款电算化系统，由于存在系统缺陷导致应收账款出现大量错误。截至报告日，管理层仍在纠正系统缺陷并更正错误，我们也无法实施替代审计程序，以对截至20×1年12月31日的应收账款总额××元获取充分、适当的审计证据。因此，我们无法确定是否有必要对存货、应收账款以及财务报表其他项目作出调整，也无法确定应调整的金额。

(三)管理层和治理层对财务报表的责任

管理层负责按照企业会计准则的规定编制财务报表，使其公允反映，并设计、执行和维护必要的内部控制，以使财务报表不存在由于舞弊或错误导致的重大错报。

在编制财务报表时，管理层负责评估ABC公司的持续经营能力，披露与持续经营相关的事项(如适用)，并运用持续经营假设，除非计划清算ABC公司、停止营运或别无其他现实的选择。

治理层负责监督ABC公司的财务报告的产生过程。

(四)我们注册会计师对财务报表审计的责任

我们的目标是对财务报表整体不存在由于舞弊或错误导致的重大错报获取合理保证，并出具包含审计意见的审计报告。合理保证是高水平的保证，但不能保证按照审计准则执行的审计在某一重大错报存在时总能发现。错报可能由于舞弊或错误导致，如果合理预期错报单独或汇总企业可能影响财务报表使用者依据财务报表作出的经济决策，则通常认为错报是重大的。

在按照审计准则执行审计的过程中，我们运用了职业判断，保持职业怀疑。我们同时：

(1)识别和评估由于舞弊或错误导致的财务报表重大错报风险；对这些风险有针对性地设计和实施审计程序，获取充分、适当的审计证据，作为发表审计意见的基础。由于舞弊可能涉及串通、伪造、故意遗漏、虚假陈述或凌驾于内部控制之上，未能发现由于舞弊导致的重大错报风险高于未能发现由于错误导致的重大错报的风险。

(2)了解与审计相关的内部控制，以设计恰当的审计程序，但目的并非对内部控制的有效性发表意见。

(3)评价管理层选用会计政策的恰当性和作出会计估计及相关披露的合理性。

(4)对管理层使用持续经营假设的恰当性得出结论。同时，根据获取的审计证据，就可能导致ABC公司持续经营能力产生重大疑虑的事项或情况是否存在重大不确定性得出结论。如果我们得出结论认为存在重大不确定性，审计准则则要求我们在审计报告中提请报表使用者注意财务报表中的相关披露；如果披露不充分，我们应当发表非无保留意见。我们的结论基于审计报告日可获得的信息。然而，未来的事项或情况可能导致ABC公司不能持续经营。

(5)评价财务报表的总体列报、结构和内容(包括披露)，并评价财务报表是否公允反映相关交易和事项。

我们与治理层就计划的审计范围、时间安排和重大审计发现(包括我们在审计中识别的值得关注的内部控制缺陷)等事项进行沟通。

我们还就遵守关于独立性的相关职业道德要求向治理层提供声明，并就可能被合理认为影响我们独立性的所有关系和其他事项，以及相关的防范措施(如适用)与治理层进行沟通。

从与治理层沟通的事项中，我们确定哪些事项对本期财务报表审计最为重要，因而构成关键审计事项。我们在审计报告中描述这些事项，除非法律法规禁止公开披露这些事项，或在极其罕见的情形下，我们合理预期在审计报告中沟通某事项造成的负面后果超过在公众利益方面产生的益处，我们确定不应在审计报告中沟通该事项。

二、按照相关法律法规的要求报告的事项

[本部分的格式和内容，取决于法律法规对其他报告责任的性质的规定。法律法规规范的事项(其他报告责任)应当在本部分处理，除非其他报告责任与审计准则所要求的报告责任涉及相同的主体。如果涉及相同的主体，其他报告责任可以在审计准则所要求的同一报告要素部分中列示。当其他报告责任和审计准则规定的报告责任涉及同一主体，并且在审计报告中措辞能够将其他报告责任与审计准则规定的责任予以清楚地区分(如存在差异)时，允许将两者合并列示(即包含在“对财务报表出具的审计报告”部分中，并使用恰当的副标题)。]

×××会计事务所　　　　　　　　　　中国注册会计师：×××(项目合伙人)
(盖章)　　　　　　　　　　　　　　(签名并盖章)
　　　　　　　　　　　　　　　　　中国注册会计师：×××
　　　　　　　　　　　　　　　　　(签名并盖章)
中国××市　　　　　　　　　　　　二〇×二年×月×日

实训内容二　审计报告的编制实务

(一)基本案情

天职国际会计事务所对新光公司的2017年度财务报表审计外勤工作于2018年1月20日—1月25日进行。其间，以项目经理叶华为首的项目组成员对该公司的货币资金编制了工作底稿。按照审计业务约定书的规定，天职国际会计事务所于2018年2月1日递交了审计报告。新光公司2017年度审计前财务报表反映的资产总额为10 497 275.16元，所有者权益为7 941 471.46元，利润总额为1 990 657.15元。报表层次的重要性水平为10万元。

项目组的审计人员在审查过程中发现新光公司存在以下问题：

(1)2017年12月29日，销售产品确认收入10万元，增值税税率为17%，成本为8万元，货物已发出。2018年1月15日，购货方以货物品种不符合合同规定为由，拒绝接受并办理退货手续。新光公司将此业务记录在2018年1月的账册中，未调整2017年度相关财务报表项目。

(2) 2017年10月，虚构客户，虚增应收账款23.4万元和主营业务收入20万元，同时成本虚转16万元。

(3) 2017年12月31日，应收账款明细账有贷方余额2 077 469.77元未进行重分类调整。

(4) 2017年2月，在原材料采购中，将装卸费2 000元计入管理费用。

(5) 2017年8月，单独计价的CAD软件3 500元纳入固定资产核算。

(6) 2017年12月，销售给鹤岗第二农药厂货款10万元提前入账。

(7) 2017 年支付职工外出休假旅游费 12 万元，计入管理费用。

(8) 2017 年 6 月，职工刘清明因私请客送礼开销 1 万元，计入管理费用。

(4)、(5) 为未建议调整不符事项，其余皆为建议调整不符事项或重分类错误。

【要求】

(1)假设新光公司同意调整(1)、(2)、(3)、(6)、(7)、(8)，天职国际会计事务所应出具什么意见的审计报告？并说明理由。

(2)假设新光公司同意调整(2)、(3)、(6)、(8)，拒绝调整(1)、(7)，天职国际会计事务所应出具什么意见的审计报告？并说明理由。

(3)假设第(1)个事项中涉及的货物销售为 2 000 万元，增值税税率为 17%，应收账款为 2 340 万元，成本为 1 600 万元。其他问题不变。新光公司同意调整(2)、(3)、(6)、(8)，拒绝调整(1)、(7)，天职国际会计事务所应出具什么意见的审计报告？并说明理由。

(4)假设新光公司只存在(4)、(5)、(6)、(7)、(8)项中的问题，同意调整(6)、(7)(8)。另外，由于销售部工作失误，客户联系方式丢失，无法实施函证程序。在此情况下，天职国际会计事务所应出具什么意见的审计报告？并说明理由。

(5)假设新光公司不存在上述 8 个事项。在项目组进驻以后，发现新光公司前 6 个月的会计凭证因保管不慎，在火灾中受损，已无法恢复。在此情况下，天职国际会计事务所应出具什么意见的审计报告？并说明理由。

(二)审计报告的编制

1. 审计问题的调整分录

各问题的审计调整分录参照实训六，这里不再重复。

2. 各种假设情况下审计意见的确定过程

(1)第一种假设情况下审计意见的确定

此种情况下，天职国际会计事务所应出具无保留意见的审计报告。理由是：审计人员提出了 6 个问题的调整意见，新光公司均同意调整。调整后，已审计财务报表的编制是恰当、公允的，符合出具无保留意见的条件。

审计报告的格式如下：

审　计　报　告

新光铸件股份有限公司全体股东：

一、对财务报表出具的审计报告

(一)审计意见

我们审计了新光铸件股份有限公司(以下简称“新光公司”)财务报表，包括 2017 年 12 月 31 日的资产负债表，2017 年度的利润表、现金流量表、股东权益变动表以及相关财务报表附注。

我们认为，后附的财务报表在所有重大方面按照企业会计准则的规定编制，公允反映了新光公司 2017 年 12 月 31 日的财务状况以及 2017 年度的经营成果和现金流量。

(二)形成审计意见的基础

我们按照中国注册会计师审计准则的规定执行了审计工作。审计报告的“注册会计师对财务报表审计的责任”部分进一步阐述了我们在这些准则下的责任。按照中国注册会计师职业道德守则，我们独立于新光公司，并履行了职业道德方面的其他责任。我们相信，我们获取的审计证据是充分、适当的，为发表审计意见提供了基础。

(三)关键审计事项

关键审计事项是根据我们的职业判断，认为对本期财务报表审计最为重要的事项。这些事项是在对财务报表整体进行审计并形成审计意见的背景下处理的，我们不对这些事项提供单独的意见。

[按照《中国注册会计师审计准则第1504号——在审计报告中沟通关键审计事项》的规定描述每一关键审计事项。]

(四)管理层和治理层对财务报表的责任

管理层负责按照企业会计准则的规定编制财务报表，使其公允反映，并设计、执行和维护必要的内部控制，以使财务报表不存在由于舞弊或错误导致的重大错报。

在编制财务报表时，管理层负责评估新光公司的持续经营能力，披露与持续经营相关的事项(如适用)，并运用持续经营假设，除非计划清算新光公司、停止营运或别无其他现实的选择。

治理层负责监督新光公司的财务报告的产生过程。

(五)我们注册会计师对财务报表审计的责任

我们的目标是对财务报表整体不存在由于舞弊或错误导致的重大错报获取合理保证，并出具包含审计意见的审计报告。合理保证是高水平的保证，但不能保证按照审计准则执行的审计在某一重大错报存在时总能发现。错报可能由于舞弊或错误导致，如果合理预期错报单独或汇总企业可能影响财务报表使用者依据财务报表作出的经济决策，则通常认为错报是重大的。

在按照审计准则执行审计的过程中，我们运用了职业判断，保持职业怀疑。我们同时：

(1)识别和评估由于舞弊或错误导致的财务报表重大错报风险；对这些风险有针对性地设计和实施审计程序，获取充分、适当的审计证据，作为发表审计意见的基础。由于舞弊可能涉及串通、伪造、故意遗漏、虚假陈述或凌驾于内部控制之上，未能发现由于舞弊导致的重大错报风险高于未能发现由于错误导致的重大错报风险。

(2)了解与审计相关的内部控制，以设计恰当的审计程序，但目的并非对内部控制的有效性发表意见。

(3)评价管理层选用会计政策的恰当性和作出会计估计及相关披露的合理性。

(4)对管理层使用持续经营假设的恰当性得出结论。同时，根据获取的审计证据，就可能导致新光公司持续经营能力产生重大疑虑的事项或情况是否存在重大不确定性得出结论。如果我们得出结论认为存在重大不确定性，审计准则则要求我们在审计报告中提请报表使用者注意财务报表中的相关披露；如果披露不充分，我们应当发表非无保留意见。我们的结论基于审计报告日可获得的信息。然而，未来的事项或情况可能导致新光公司不能持续经营。

(5)评价财务报表的总体列报、结构和内容(包括披露)，并评价财务报表是否公允反映相关交易和事项。

我们与治理层就计划的审计范围、时间安排和重大审计发现(包括我们在审计中识别的值得关注的内部控制缺陷)等事项进行沟通。

我们还就遵守关于独立性的相关职业道德要求向治理层提供声明，并就可能被合理认为影响我们独立性的所有关系和其他事项，以及相关的防范措施(如适用)与治理层进行沟通。

从与治理层沟通的事项中，我们确定哪些事项对本期财务报表审计最为重要，因而构成关键审计事项。我们在审计报告中描述这些事项，除非法律法规禁止公开披露这些事项，或在极其罕见的情形下，我们合理预期在审计报告中沟通某事项造成的负面后果超过在公众利益方面产生的益处，我们确定不应在审计报告中沟通该事项。

二、按照相关法律法规的要求报告的事项

[本部分的格式和内容，取决于法律法规对其他报告责任的性质的规定。法律法规规范的事项(其他报告责任)应当在本部分处理，除非其他报告责任与审计准则所要求的报告责任涉及相同的主体。如果涉及相同的主体，其他报告责任可以在审计准则所要求的同一报告要素部分中列示。当其他报告责任和审计准则规定的报告责任涉及同一主体，并且在审计报告中措辞能够将其他报告责任与审计准则规定的责任予以清楚地区分(如存在差异)时，允许将两者合并列示(即包含在"对财务报表出具的审计报告"部分中，并使用恰当的副标题)。]

天职国际会计事务所　　　　　　　　中国注册会计师：叶华

(盖章)　　　　　　　　　　　　　　(签名并盖章)

中国北京市　　　　　　　　　　　　二〇一八年二月一日

(2)第二种假设情况下审计意见的确定

在此情况下，天职国际会计事务所应出具保留意见的审计报告。其理由是：新光公司拒绝调整的第(1)、(7)事项均属于金额较大或性质较严重的错报。

第(1)事项影响利润 = -10 - (-8) = -2(万元)

第(7)事项影响利润 = +12(万元)

两个事项合计影响利润 = +12 -2 =10(万元)

这已达到了报表层次的重要性水平，因此应当发表保留意见。

审计报告格式如下：

审　计　报　告

新光铸件股份有限公司全体股东：

一、对财务报表出具的审计报告

(一)保留审计意见

我们审计了新光铸件股份有限公司(以下简称"新光公司")财务报表，包括2017年12月31日的资产负债表，2017年度的利润表、现金流量表、股东权益变动表以及相关财务报表附注。

我们认为，除"形成保留意见的基础"部分所述事项产生的影响外，后附的财务报表在所有重大方面按照企业会计准则的规定编制，公允反映了新光公司2017年12月31日的财务状况以及2017年度的经营成果和现金流量。

(二)保留意见的基础

我们发现，新光公司2017年度财务报表存在以下事项：

2017年度支付职工外出旅游费12万元，计入管理费用。按照《企业会计准则第9号——职工薪酬》的规定，应通过应付职工薪酬核算，但新光公司拒绝调整。

上述事项使贵公司2017年12月31日资产负债表虚增12万元，2017年度利润表虚减12万元。

我们按照中国注册会计师审计准则的规定执行了审计工作。审计报告的“注册会计师对财务报表审计的责任”部分进一步阐述了我们在这些准则下的责任。按照中国注册会计师职业道德守则，我们独立于新光公司，并履行了职业道德方面的其他责任。我们相信，我们获取的审计证据是充分、适当的，为发表审计意见提供了基础。

（三）管理层和治理层对财务报表的责任

管理层负责按照企业会计准则的规定编制财务报表，使其公允反映，并设计、执行和维护必要的内部控制，以使财务报表不存在由于舞弊或错误导致的重大错报。

在编制财务报表时，管理层负责评估新光公司的持续经营能力，披露与持续经营相关的事项（如适用），并运用持续经营假设，除非计划清算新光公司、停止营运或别无其他现实的选择。

治理层负责监督新光公司的财务报告的产生过程。

（四）我们注册会计师对财务报表审计的责任

我们的目标是对财务报表整体不存在由于舞弊或错误导致的重大错报获取合理保证，并出具包含审计意见的审计报告。合理保证是高水平的保证，但不能保证按照审计准则执行的审计在某一重大错报存在时总能发现。错报可能由于舞弊或错误导致，如果合理预期错报单独或汇总企业可能影响财务报表使用者依据财务报表作出的经济决策，则通常认为错报是重大的。

在按照审计准则执行审计的过程中，我们运用了职业判断，保持职业怀疑。我们同时：

（1）识别和评估由于舞弊或错误导致的财务报表重大错报风险；对这些风险有针对性地设计和实施审计程序，获取充分、适当的审计证据，作为发表审计意见的基础。由于舞弊可能涉及串通、伪造、故意遗漏、虚假陈述或凌驾于内部控制之上，未能发现由于舞弊导致的重大错报风险高于未能发现由于错误导致的重大错报风险。

（2）了解与审计相关的内部控制，以设计恰当的审计程序，但目的并非对内部控制的有效性发表意见。

（3）评价管理层选用会计政策的恰当性和作出会计估计及相关披露的合理性。

（4）对管理层使用持续经营假设的恰当性得出结论。同时，根据获取的审计证据，就可能导致新光公司持续经营能力产生重大疑虑的事项或情况是否存在重大不确定性得出结论。如果我们得出结论认为存在重大不确定性，审计准则则要求我们在审计报告中提请报表使用者注意财务报表中的相关披露；如果披露不充分，我们应当发表非无保留意见。我们的结论基于审计报告日可获得的信息。然而，未来的事项或情况可能导致新光公司不能持续经营。

（5）评价财务报表的总体列报、结构和内容（包括披露），并评价财务报表是否公允反映相关交易和事项。

我们与治理层就计划的审计范围、时间安排和重大审计发现（包括我们在审计中识别的值得关注的内部控制缺陷）等事项进行沟通。

我们还就遵守关于独立性的相关职业道德要求向治理层提供声明，并就可能被合理认为影响我们独立性的所有关系和其他事项，以及相关的防范措施（如适用）与治理层进行沟通。

从与治理层沟通的事项中，我们确定哪些事项对本期财务报表审计最为重要，因而构成关键审计事项。我们在审计报告中描述这些事项，除非法律法规禁止公开披露这些事项，或在极其罕见的情形下，我们合理预期在审计报告中沟通某事项造成的负面后果超过在公众利益方面产生的益处，我们确定不应在审计报告中沟通该事项。

二、按照相关法律法规的要求报告的事项

[本部分的格式和内容，取决于法律法规对其他报告责任的性质的规定。法律法规规范的事项(其他报告责任)应当在本部分处理，除非其他报告责任与审计准则所要求的报告责任涉及相同的主体。如果涉及相同的主体，其他报告责任可以在审计准则所要求的同一报告要素部分中列示。当其他报告责任和审计准则规定的报告责任涉及同一主体，并且在审计报告中措辞能够将其他报告责任与审计准则规定的责任予以清楚地区分(如存在差异)时，允许将两者合并列示(即包含在“对财务报表出具的审计报告”部分中，并使用恰当的副标题)。]

天职国际会计事务所　　　　　　中国注册会计师：叶华
（盖章）　　　　　　　　　　　（签名并盖章）
中国北京市　　　　　　　　　　二〇一八年二月一日

(3)第三种假设情况下审计意见的确定

在此情况下，天职国际会计事务所应出具否定意见的审计报告。其理由是：新光公司调整的第(1)、(7)个事项均属于金额重大或性质严重的错报。

第(1)个事项影响利润 = -2 000 - (-1 600) = -400(万元)

第(7)个事项影响利润 = +12(万元)

两个事项影响利润 = -400 +12 = -388(万元)

未审计的利润总额 =199.065 715(万元)，考虑到上述不符事项的影响，新光公司实际利润总额约为 -189(万元)。如果该公司拒绝调整，则虚盈实亏的事实将严重误导报表使用者。

审计报告格式如下：

审 计 报 告

新光铸件股份有限公司全体股东：

一、对财务报表出具的审计报告

(一)否定意见

我们审计了新光铸件股份有限公司(以下简称“新光公司”)财务报表，包括2017年12月31日的资产负债表，2017年度的利润表、现金流量表、股东权益变动表以及相关财务报表附注。

我们认为，由于“形成否定意见的基础”部分所述事项的重要性，后附的财务报表没有在所有重大方面按照企业会计准则的规定编制，未能公允反映新光公司2017年12月31日的财务状况以及2017年度的经营成果和现金流量。

(二)形成无法表示意见的基础

我们发现，新光公司2017年度财务报表存在以下事项。

2017年12月销售产品确认收入2 000万元，成本1 600万元，货物已发出。2018年1月15日购货方以货物品种不符合合同规定为由，拒绝接受并办理了退货手续，按照《企业会计准则第29号——资产负债表日后事项》的规定，该事项属于日后应调整事项，需调整2017年度财务报表相关项目，但新光公司拒绝调整。

上述事项使新光公司2017年12月31日资产负债表虚增740万元，2017年利润表虚增400万元，从而导致新光公司由盈利199万元变成亏损201万元。

我们按照中国注册会计师审计准则的规定执行了审计工作。审计报告的“注册会计师对财务报表审计的责任”部分进一步阐述了我们在这些准则下的责任。按照中国注册会计师职业道德守则，我们独立于新光公司，并履行了职业道德方面的其他责任。我们相信，我们获取的审计证据是充分适当的，为发表否定审计意见提供了基础。

（三）管理层和治理层对财务报表的责任

管理层负责按照企业会计准则的规定编制财务报表，使其公允反映，并设计、执行和维护必要的内部控制，以使财务报表不存在由于舞弊或错误导致的重大错报。

在编制财务报表时，管理层负责评估新光公司的持续经营能力，披露与持续经营相关的事项（如适用），并运用持续经营假设，除非计划清算新光公司、停止营运或别无其他现实的选择。

治理层负责监督新光公司的财务报告的产生过程。

（四）我们注册会计师对财务报表审计的责任

我们的目标是对财务报表整体是否不存在由于舞弊或错误导致的重大错报获取合理保证，并出具包含审计意见的审计报告。合理保证是高水平的保证，但不能保证按照审计准则执行的审计在某一重大错报存在时总能发现。错报可能由于舞弊或错误导致，如果合理预期错报单独或汇总企业可能影响财务报表使用者依据财务报表作出的经济决策，则通常认为错报是重大的。

在按照审计准则执行审计的过程中，我们运用了职业判断，保持职业怀疑。我们同时：

(1) 识别和评估由于舞弊或错误导致的财务报表重大错报风险；对这些风险有针对性地设计和实施审计程序，获取充分、适当的审计证据，作为发表审计意见的基础。由于舞弊可能涉及串通、伪造、故意遗漏、虚假陈述或凌驾于内部控制之上，未能发现由于舞弊导致的重大错报风险高于未能发现由于错误导致的重大错报风险。

(2) 了解与审计相关的内部控制，以设计恰当的审计程序，但目的并非对内部控制的有效性发表意见。

(3) 评价管理层选用会计政策的恰当性和作出会计估计及相关披露的合理性。

(4) 对管理层使用持续经营假设的恰当性得出结论。同时，根据获取的审计证据，就可能导致新光公司持续经营能力产生重大疑虑的事项或情况是否存在重大不确定性得出结论。如果我们得出结论认为存在重大不确定性，审计准则则要求我们在审计报告中提请报表使用者注意财务报表中的相关披露；如果披露不充分，我们应当发表非无保留意见。我们的结论基于审计报告日可获得的信息。然而，未来的事项或情况可能导致新光公司不能持续经营。

(5) 评价财务报表的总体列报、结构和内容（包括披露），并评价财务报表是否公允反映相关交易和事项。

我们与治理层就计划的审计范围、时间安排和重大审计发现（包括我们在审计中识别的值得关注的内部控制缺陷）等事项进行沟通。

我们还就遵守关于独立性的相关职业道德要求向治理层提供声明，并就可能被合理认为影响我们独立性的所有关系和其他事项，以及相关的防范措施（如适用）与治理层进行沟通。

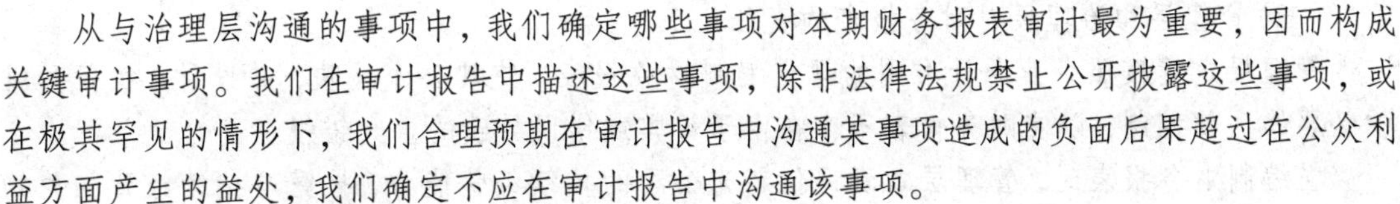

从与治理层沟通的事项中，我们确定哪些事项对本期财务报表审计最为重要，因而构成关键审计事项。我们在审计报告中描述这些事项，除非法律法规禁止公开披露这些事项，或在极其罕见的情形下，我们合理预期在审计报告中沟通某事项造成的负面后果超过在公众利益方面产生的益处，我们确定不应在审计报告中沟通该事项。

二、按照相关法律法规的要求报告的事项

[本部分的格式和内容，取决于法律法规对其他报告责任的性质的规定。法律法规规范的事项(其他报告责任)应当在本部分处理，除非其他报告责任与审计准则所要求的报告责任涉及相同的主体。如果涉及相同的主体，其他报告责任可以在审计准则所要求的同一报告要素部分中列示。当其他报告责任和审计准则规定的报告责任涉及同一主体，并且在审计报告中措辞能够将其他报告责任与审计准则规定的责任予以清楚地区分(如存在差异)时，允许将两者合并列示(即包含在“对财务报表出具的审计报告”部分中，并使用恰当的副标题)。]

天职国际会计事务所　　　　中国注册会计师：叶华

(盖章)　　　　(签名并盖章)

中国北京市　　　　二〇一八年二月一日

(4)第四种假设情况下审计意见的确定

在此情况下，天职国际会计事务所应出具保留意见的审计报告。其理由是：由于审计范围受限，审计人员未能实施应收账款的函证程序，该部分资产在资产总额中所占比重为20.98%(2 223 090.03/10 497 275.16×100%)，局部受到限制。

审计报告格式如下：

审 计 报 告

新光铸件股份有限公司全体股东：

一、对财务报表出具的审计报告

(一)保留审计意见

我们审计了新光铸件股份有限公司(以下简称“新光公司”)财务报表，包括2017年12月31日的资产负债表，2017年度的利润表、现金流量表、股东权益变动表以及相关财务报表附注。

我们认为，除“形成保留意见的基础”部分所述事项产生的影响外，后附的财务报表在所有重大方面按照企业会计准则的规定编制，公允反映了新光公司2017年12月31日的财务状况以及2017年度的经营成果和现金流量。

(二)形成保留意见的基础

新光公司2017年12月31日应收账款余额为2 223 090.03元，占总资产的20.98%。由于新光公司未能提供债务人的地址，我们无法实施函证以及其他审计程序，以获取充分、适当的审计证据。

我们按照中国注册会计师审计准则的规定执行了审计工作。审计报告的“注册会计师对财务报表审计的责任”部分进一步阐述了我们在这些准则下的责任。按照中国注册会计师职业道德守则，我们独立于新光公司，并履行了职业道德方面的其他责任。我们相信，我们获取的审计证据是充分、适当的，为发表审计意见提供了基础。

（三）管理层和治理层对财务报表的责任

管理层负责按照企业会计准则的规定编制财务报表，使其公允反映，并设计、执行和维护必要的内部控制，以使财务报表不存在由于舞弊或错误导致的重大错报。

在编制财务报表时，管理层负责评估新光公司的持续经营能力，披露与持续经营相关的事项（如适用），并运用持续经营假设，除非计划清算新光公司、停止营运或别无其他现实的选择。

治理层负责监督新光公司的财务报告的产生过程。

（四）我们注册会计师对财务报表审计的责任

我们的目标是对财务报表整体不存在由于舞弊或错误导致的重大错报获取合理保证，并出具包含审计意见的审计报告。合理保证是高水平的保证，但不能保证按照审计准则执行的审计在某一重大错报存在时总能发现。错报可能由于舞弊或错误导致，如果合理预期错报单独或汇总企业可能影响财务报表使用者依据财务报表作出的经济决策，则通常认为错报是重大的。

在按照审计准则执行审计的过程中，我们运用了职业判断，保持职业怀疑。我们同时：

（1）识别和评估由于舞弊或错误导致的财务报表重大错报风险；对这些风险有针对性地设计和实施审计程序，获取充分、适当的审计证据，作为发表审计意见的基础。由于舞弊可能涉及串通、伪造、故意遗漏、虚假陈述或凌驾于内部控制之上，未能发现由于舞弊导致的重大错报风险高于未能发现由于错误导致的重大错报风险。

（2）了解与审计相关的内部控制，以设计恰当的审计程序，但目的并非对内部控制的有效性发表意见。

（3）评价管理层选用会计政策的恰当性和作出会计估计及相关披露的合理性。

（4）对管理层使用持续经营假设的恰当性得出结论。同时，根据获取的审计证据，就可能导致新光公司持续经营能力产生重大疑虑的事项或情况是否存在重大不确定性得出结论。如果我们得出结论认为存在重大不确定性，审计准则则要求我们在审计报告中提请报表使用者注意财务报表中的相关披露；如果披露不充分，我们应当发表非无保留意见。我们的结论基于审计报告日可获得的信息。然而，未来的事项或情况可能导致新光公司不能持续经营。

（5）评价财务报表的总体列报、结构和内容（包括披露），并评价财务报表是否公允反映相关交易和事项。

我们与治理层就计划的审计范围、时间安排和重大审计发现（包括我们在审计中识别的值得关注的内部控制缺陷）等事项进行沟通。

我们还就遵守关于独立性的相关职业道德要求向治理层提供声明，并就可能被合理认为影响我们独立性的所有关系和其他事项，以及相关的防范措施（如适用）与治理层进行沟通。

从与治理层沟通的事项中，我们确定哪些事项对本期财务报表审计最为重要，因而构成关键审计事项。我们在审计报告中描述这些事项，除非法律法规禁止公开披露这些事项，或在极其罕见的情形下，我们合理预期在审计报告中沟通某事项造成的负面后果超过在公众利益方面产生的益处，我们确定不应在审计报告中沟通该事项。

二、按照相关法律法规的要求报告的事项

［本部分的格式和内容，取决于法律法规对其他报告责任的性质的规定。法律法规规范的事项（其他报告责任）应当在本部分处理，除非其他报告责任与审计准则所要求的报告责任

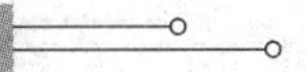

涉及相同的主体。如果涉及相同的主体，其他报告责任可以在审计准则所要求的同一报告要素部分中列示。当其他报告责任和审计准则规定的报告责任涉及同一主体，并且在审计报告中措辞能够将其他报告责任与审计准则规定的责任予以清楚地区分(如存在差异)时，允许将两者合并列示(即包含在"对财务报表出具的审计报告"部分中，并使用恰当的副标题)。]

天职国际会计事务所　　　　　　中国注册会计师：叶华

(盖章)　　　　　　　　　　(签名并盖章)

中国北京市　　　　　　　　二〇一八年二月一日

(5)第五种假设情况下审计意见的确定

在此情况下，天职国际会计事务所应出具无法表示意见的审计报告。其理由是：前6个月的会计凭证因故丢失，无法恢复，导致审计人员无法实施审计程序，这种限制的影响是非常重大而广泛的。

审计报告格式如下：

审　计　报　告

新光铸件股份有限公司全体股东：

一、对财务报表出具的审计报告

(一)无法表示审计意见

我们接受委托，审计新光铸件股份有限公司(以下简称"新光公司")财务报表，包括2017年12月31日的资产负债表，2017年度的利润表、现金流量表、股东权益变动表以及相关财务报表附注。

我们不对后附的新光公司财务报表发表审计意见。由于"形成无法表示意见的基础"部分所述事项的重要性，我们无法获取充分、适当的审计证据以作为对财务报表发表审计意见的基础。

(二)形成无法表示意见的基础

新光公司前6个月的会计凭证因保管不慎，在火灾中受损，已无法恢复，我们无法实施审计程序以获取充分、适当的审计证据。

(三)管理层和治理层对财务报表的责任

管理层负责按照企业会计准则的规定编制财务报表，使其公允反映，并设计、执行和维护必要的内部控制，以使财务报表不存在由于舞弊或错误导致的重大错报。

在编制财务报表时，管理层负责评估新光公司的持续经营能力，披露与持续经营相关的事项(如适用)，并运用持续经营假设，除非计划清算新光公司、停止营运或别无其他现实的选择。

治理层负责监督新光公司的财务报告的产生过程。

(四)我们注册会计师对财务报表审计的责任

我们的目标是对财务报表整体不存在由于舞弊或错误导致的重大错报获取合理保证，并出具包含审计意见的审计报告。合理保证是高水平的保证，但不能保证按照审计准则执行的审计在某一重大错报存在时总能发现。错报可能由于舞弊或错误导致，如果合理预期错报单独或汇总企业可能影响财务报表使用者依据财务报表作出的经济决策，则通常认为错报是重大的。

在按照审计准则执行审计的过程中，我们运用了职业判断，保持职业怀疑。我们同时：

(1)识别和评估由于舞弊或错误导致的财务报表重大错报风险；对这些风险有针对性地设计和实施审计程序，获取充分、适当的审计证据，作为发表审计意见的基础。由于舞弊可能涉及串通、伪造、故意遗漏、虚假陈述或凌驾于内部控制之上，未能发现由于舞弊导致的重大错报风险高于未能发现由于错误导致的重大错报风险。

(2)了解与审计相关的内部控制，以设计恰当的审计程序，但目的并非对内部控制的有效性发表意见。

(3)评价管理层选用会计政策的恰当性和作出会计估计及相关披露的合理性。

(4)对管理层使用持续经营假设的恰当性得出结论。同时，根据获取的审计证据，就可能导致新光公司持续经营能力产生重大疑虑的事项或情况是否存在重大不确定性得出结论。如果我们得出结论认为存在重大不确定性，审计准则则要求我们在审计报告中提请报表使用者注意财务报表中的相关披露；如果披露不充分，我们应当发表非无保留意见。我们的结论基于审计报告日可获得的信息。然而，未来的事项或情况可能导致新光公司不能持续经营。

(5)评价财务报表的总体列报、结构和内容(包括披露)，并评价财务报表是否公允反映相关交易和事项。

我们与治理层就计划的审计范围、时间安排和重大审计发现(包括我们在审计中识别的值得关注的内部控制缺陷)等事项进行沟通。

我们还就遵守关于独立性的相关职业道德要求向治理层提供声明，并就可能被合理认为影响我们独立性的所有关系和其他事项，以及相关的防范措施(如适用)与治理层进行沟通。

从与治理层沟通的事项中，我们确定哪些事项对本期财务报表审计最为重要，因而构成关键审计事项。我们在审计报告中描述这些事项，除非法律法规禁止公开披露这些事项，或在极其罕见的情形下，我们合理预期在审计报告中沟通某事项造成的负面后果超过在公众利益方面产生的益处，我们确定不应在审计报告中沟通该事项。

二、按照相关法律法规的要求报告的事项

[本部分的格式和内容，取决于法律法规对其他报告责任的性质的规定。法律法规规范的事项(其他报告责任)应当在本部分处理，除非其他报告责任与审计准则所要求的报告责任涉及相同的主体。如果涉及相同的主体，其他报告责任可以在审计准则所要求的同一报告要素部分中列示。当其他报告责任和审计准则规定的报告责任涉及同一主体，并且在审计报告中措辞能够将其他报告责任与审计准则规定的责任予以清楚地区分(如存在差异)时，允许将两者合并列示(即包含在“对财务报表出具的审计报告”部分中，并使用恰当的副标题)。]

天职国际会计事务所　　　　中国注册会计师：叶华

(盖章)　　　　(签名并盖章)

中国北京市　　　　二〇一八年二月一日

参考文献

[1]耿慧敏，景刚，张丽. 审计实训教程[M]. 3版. 大连：东北财经大学出版社，2014.
[2]蔺宁，邵华标. 审计基础与实务[M]. 2版. 北京：中国人民大学出版社，2001.
[3]彭俊英，陈艳芬，幸倞. 审计实务教学案例[M]. 北京：中国人民大学出版社，2018.

图书在版编目（CIP）数据

审计学实训 / 沈航，朱纪红，伍赛君主编. —长沙：中南大学出版社，2018.10

ISBN 978 - 7 - 5487 - 3445 - 1

Ⅰ.①审… Ⅱ.①沈… ②朱… ③伍… Ⅲ.①审计学—高等学校—教材 Ⅳ.①F239.0

中国版本图书馆 CIP 数据核字(2018)第 239467 号

审计学实训

主编　沈　航　朱纪红　伍赛君

□责任编辑　彭达升
□责任印制　易红卫
□出版发行　中南大学出版社
社址：长沙市麓山南路　邮编：410083
发行科电话：0731 - 88876770　传真：0731 - 88710482
□印　　装　长沙市宏发印刷有限公司

□开　　本　787 mm×1092 mm 1/16　□印张 15.25　□字数 386 千字
□版　　次　2019 年 9 月第 1 版　□2019 年 10 月第 2 次印刷
□书　　号　ISBN 978 - 7 - 5487 - 3445 - 1
□定　　价　40.00 元